유학의 현대적 가용성 탐구

나남출판

■ 저자 약력

윤 사 순

고려대학교 철학과 및 동대학원 졸업 (철학박사)
고려대학교 철학과 교수, 한국공자학회장, 한국동양철학회장,
한국철학회장, 국제유교연합회 (북경소재) 부회장 역임
현 고려대학교 명예교수, 중국사회과학원 명예교수,
중국 곡부(曲阜) 사범대학 객원교수

주요 저서
《퇴계철학의 연구》, 《한국유학논구》, 《한국의 성리학과 실학》
《한국유학사상론》, 《신실학 사상론》, 《조선시대 성리학의 연구》
《우리사상 100년》(공저)
《퇴계선집》(역서) 등

나남신서 1178

유학의 현대적 가용성 탐구

2006년 9월 25일 발행
2006년 9월 25일 1쇄

저자_ 尹絲淳
발행자_ 趙相浩
편집_방순영 · 윤인영
디자인_이필숙
발행처_ (주) 나남출판
주소_ 413-756 경기도 파주시 교하읍
출판도시 518-4
전화_ 031) 955-4600 (代)
FAX_ 031) 955-4555
등록_ 제 1-71호(79. 5. 12)
홈페이지_ www.nanam.net
전자우편_ post@nanam.net

ISBN 89-300-8178-9
ISBN 89-300-8001-4 (세트)
책값은 뒤표지에 있습니다.

나남신서 · 1178

유학의 현대적 가용성 탐구

윤 사 순

NANAM
나남출판

Modern Applicability of Confucianism

by

Youn, Sa - soon

NANAM

NANAM Publishing House

책 머리에

내가 유학을 전공으로 택하고 이것을 대학에서 가르친 기간이 짧지 않지만, 그 유학의 '현대적 유용성'을 체계적으로 생각한 것은 많지 않다. 이 점을 나는 늘 부끄럽게 여긴다. 철학과 사상을 문제해결의 학문이라고 함에 동의하고, 유학에는 생활관을 이루는 그 문제해결의 성격이 매우 강한 사유가 많이 있음에 생각이 미치면, 더욱 그러할 수밖에 없다. 철학다운 유학을 하려고 했다면, 나는 마땅히 유학에서 오늘날의 문제해결에 필요한 요소들을 찾아냈어야 한다.

현대인이 당면한 문제들이 많음은 다 아는 사실이다. 역사 이래 최고조에 이르렀다는 현대문명의 발달로 해서, 오늘날 인류가 감당하여야 할 문제도 과거 어느 시대의 문제보다 복잡하고 심각하고 난해하다. 이러한 현대 상황은 이제는 문명의 온축 자체가 아예 괴멸되지 않을까 하는 우려를 자아내는 정도라 하여 지나침이 없을 것 같다.

상황이 이러함에 현대의 철학계가 곤경에 처하게 됨은 필연이다. '철학의 위기'라는 인지가 절로 생기지 않을 수 없다. 이 학문적 위기의식이 이제 '문명의 위기'라는 진단과 짝을 이룬 시점이 현대라는 주장이 나올 만하다.

전근대적인 요소 또한 많이 지니고 있는 유학의 경우는 그 과거의 흠결로 해서, 보기에 따라 위기보다 더한 쇠잔상태에서 지금 겨우 명맥을 유지하고 있다. 유학의 처지는 성리학의 발흥과 전개 이후, 실학 발흥 시기보다 더한 '최대의 학문적 전환기'에 직면하였다고 판단된다. 이러한 처지의 유학이 무슨 현대문명의 병리에 해당하는 것을 다룰 수 있는가 반문이 쏟아질 것 같다.

그 반문에 일리가 없지 않지만, 한 가지 유학이 이천 년 이상 명맥을 유지하고 있음에 주목해야 할 것이다. 이 사실은 결코 우연한 일이 아니고, 유학에 일정한 시대의 문제를 해결할 지혜와 아울러, 일정한 시대를 초월하여 적용되는 보편적 진리가 함재되었기 때문이라고 생각된다. 이 점은 크게 변하는 시대마다 그 역사와 더불어 변천하면서 오늘날까지 존속되는 유학사의 내용이 실증한다.

유학의 역사적 흐름도 다른 철학사·사상사처럼 시대에 따라 굴절하고 변천하고 발전하는 내용으로 이어져 왔다. 그 변천들도 문제해결의 성질이 강한 특성으로 해서 일어난 현상들이다. 유학이 이천여 년의 세월을 이어왔다는 사실에서 보편적 진리의 내재를 나는 확인하였고, 아울러 시대에 따라 변천한 내용이 이루어진 사실에서 유학자들이 각 시대환경에 적합하게 진리를 응용하여 문제들을 해결하는 특수한 지혜를 읽었다.

유학이 당면한 오늘의 문제라고 하여, 다른 지역 다른 철학·사상이 맞는 오늘의 문제와 별로 다르지 않다. 다 아는 대로 그 원인은 오늘날 지구범위의 세계가 나날이 하나로 되고 있는 데에 있다. 인류 공통의 문제로 통하는 이 유학의 문제는 대체로 다음과 같이 집약된다.

① 혼란에 빠진 윤리적 가치관의 정립, ② 냉전 이후 정치적 이념의 갈등해소, ③ 신자유주의적 시장경제의 폐단극복, ④ 과학기술의 비

약적 발달이 야기하는 가공할 위험성 제거, ⑤ 현대사회 발전을 위한 근본사유방식의 계발 등이다.

이러한 문제의식을 가지고 나는 평소에 유학사상을 빌려, 시대에 따라 이룬 특수철학보다는 주로 본원유학 이래 유학의 흐름에 일관하는 보편적 원리에 의한 대안을 탐색하여 보았다. 그 탐색의 결과를 소략하고 미약하나마 한데 모아 엮은 것이 바로 이 책이다. 모아놓고 보니, 때와 장소를 달리하여 서술한 것이어서 중복되는 언구가 많다. 이 점 독자에게 미리 밝혀두면서 양해를 구하고자 한다.

이 책에 담은 내용이 비록 오늘의 문제해결을 위한 뚜렷한 대안제시에 미치지 못하였음은 말할 나위 없다. 이것들은 다만 그러한 의도에서 하나의 작은 실마리 역할이라도 하길 바라는 마음으로 낸 제언일 따름이다. 부디 이 길에 들어선 동학 제현의 질정이 있길 바란다. 어려운 여건을 무릅쓰고 책을 흔쾌히 간행하여 주신 나남출판사의 조상호 사장님과 편집의 노고를 감수하신 방순영님께 마음 깊이 사의를 표한다.

2006년 9월 초가을날

윤 사 순

나남신서 · 1178

유학의 현대적 가용성 탐구

차 례

제 2 부 유학변천의 옛 고비와 오늘의 고비

제 3 부 유학윤리사상의 기반

제 5 부 유학의 공리주의적 이상

제 6 부 유학의 공생적 인도정신의 함의

1

유학을 지탱하는 본질적 특성

제 1 장

유학의 변천과 그 정체성 문제

1. 드는 말

역사의 변천에 따라 어느 사상이나 변하게 마련이다. 사상이 역사적 환경과 불가분의 관계에서 이루어지는 생활관이므로, 역사적 흐름에 따라 사상이 변하는 것은 불가피하다. 유학도 오랜 역사를 지내오면서 여러 가지 이름으로 불릴 만큼 변천을 거듭하여 왔다. 선진 - 본원(원초) 유학, 한당 - 훈고학, 송대 - 성리(리) 학, 명대 - 심학, 청대 - 실학이 그러한 현상이다.

사상이 시대에 따라 변천함을 감안하면, 다른 사상과 구별하게 하는 그 사상의 정체성을 상실하지 않을지 의문이다. 만일 일정한 핵심개념이 변한다면, 그 사상의 정체성은 뿌리부터 변질되는 결과를 가져올 것이 분명하다. 유학이 긴 역사를 이어오면서 끊임없이 변한 사실은 그 정체성에 대한 의문을 자아내기에 충분하다.

변천하여 왔음에도 유학을 유학이라 부르는 데는 통시대적으로 일관하여 불변하는 요소가 있었기 때문일 것임도 자명한 일이다. 그 요소가 이른바 유학의 본질 같은 '정체성'임은 물론이다. 시대에 따라 유학을 분별하게 하는 특징이 있음에도 그 특징들을 넘어 하나의 유학이라고 하게 하는 유학의 그 '정체성'이 무엇인지 밝히려는 것이 곧 이 장의 목적이다.

유학이 출발하던 시대(춘추전국시대)와 현대는 너무도 판이하다. 현대의 상황은 춘추 전국시대는 고사하고, 1~2세기 전과도 크게 다르게 초고속적인 변화를 보이고 있다. 이러한 시대에도 유학은 그 정체성이라고 할 그 무엇을 견지할 수 있을지, 그러한 것을 유지하더라도 그것이 과연 현대에도 유용한 생활관으로 이용될 수 있을지 의문이다. 이러한 것도 이 기회에 검토를 필요로 하는 문제에 속한다.

2. 본원유학과 그 핵심개념

유학에 본격적인 학문의 성격과 체계를 갖추도록 하는 데 크게 기여한 인물이 공자임은 다 아는 사실이다. 춘추시대까지의 유학적 전통을 정리 종합하고, 사상적 근거를 정립하기 시작한 것은 분명 공자로부터 비롯된다. 유학을 도가사상, 불교사상 또는 기독교 등 타사상과 변별할 수 있는 독자성을 마련한 것은 공자의 업적으로부터 출발하였다. 초창기의 본원유학은 공자사상이 대표한다.

공자는 개인의 수양에 대한 사상을 비롯하여 도덕·정치·종교·자연 등의 사상을 폭넓게 안출하였다. 그는 자신의 사상이 다양하지만, 그것들을 관통하는 하나의 핵심사상이 있음을 공언하였다. 그 핵심사상을 증자는 '충서'(忠恕)라 하였지만,[1] 공자의 여러 언구들로 보아 그것은 '인'(仁)임에 틀림없다. 충서는 인의 실현방법에 해당한다. 따

---

1) 《論語》, 〈里仁〉: "子曰, 參乎, 吾道一以貫之. 曾子曰, 唯. 子出, 門人問曰, 何謂也, 曾子曰, 夫子之道, 忠恕而已矣."

라서 본원유학은 인의 개념파악을 중심으로 살피지 않을 수 없다.

유학의 연원으로는 이미 공자 이전부터 예(禮) 교육의 전통에서 출발하였으므로 공자의 인 개념도 예와 무관치 않다. 춘추시대의 혼란〔無道〕한 시대를 질서 있게〔有道〕하려는 데 사상 목표를 두었던 공자였으므로 그도 예를 매우 중요시하였다. "예가 아니면 보지도 듣지도 말하지도 움직이지도 말라"[2]는 그의 가르침이 그 좋은 예증이다. 이러한 사유에서 그는 인에 대한 설명에서도 "극기하여 예에 부합토록 하는 데서 인이 이루어진다"[3]고 한다. 극기(克己)의 수양을 통하여 예에 부합하는 행위를 해야 한다는 데서 인에 도덕적 성향이 농후함을 알 수 있다.

극기의 수양을 선행조건으로 하는 점으로 해서 인(仁)은 인(忍)을 전제한다고 때로 해석되지만, 예와 연관지어 고려되는 성격으로 본다면, 이것은 타인과의 관계를 예상하고 표현되는 개념이다. 그 타인과의 관계를 고려하면서 낸 공자의 설명이 바로 "인이란 곧 사람을 사랑하는 것〔愛人〕"[4]이다.

사람에 대한 사랑의 성격이 인의 본질적 특성이므로, 그 구현은 남에게 호의로 배려함, 곧 '서'(恕)로 이루어진다. 공자의 구체적인 예시를 인용하면, "자신이 바라지 않는 것은 남에게 시키지 말고",[5] "자신이 바라는 것이면 나에게도 베풂"[6]의 태도가 그 '서'라는 배려의 태도다.

남에 대한 호의적인 배려란 실상 남의 인격을 존중함이고, 상호 공존 공생을 전제한 겸양으로 통한다. 겸양으로 이어지는 호의적 배려는 결국 예를 형성하는 마음가짐에 다름 아니다. 이 점은 맹자가 "공경

---

2) 앞의 책, 〈顔淵〉: "子曰, 非禮勿視, 非禮勿聽, 非禮勿言, 非禮勿動."
3) 앞의 책, 〈顔淵〉: "子曰, 克己復禮爲仁."
4) 앞의 책, 〈顔淵〉: "樊遲問仁. 子曰, 愛人."
5) 앞의 책, 〈衛靈公〉: "己所不欲, 勿施於人."
6) 앞의 책, 〈衛靈公〉: "己欲立而立人, 己欲達而達人."

또는 사양의 마음을 곧 예의 단서"로 간주한 것[7]으로도 알 수 있다. 이로써 인을 이루기 위한 극기로 지향하는 예가 기존에 형성된 예이지만, '서'의 방법으로 이루는 예는 새로 형성되는 예라 하겠다. 같은 예라도 이런 형성상의 차이가 있는 셈이다.

인의 실현으로 예만 성립되지 않는다. 인의 본성이 구현되면, 용(勇)도 절로 따라서 있게 된다고 공자는 주장하였다.[8] 인의 이런 성향으로 해서, 공자의 인은 인간의 다른 덕목을 포괄하는 대표적 덕목으로 간주되었다. 이러한 특성을 고려해서였던지, 《중용》에서는 "인을 인(人)이라"[9]고 해석하여, 이것을 인간을 인간답게 하는 기본적인 본성이자 기본적인 덕목으로 이해하였다. 맹자에 이르면 이것은 "측은(惻隱)의 마음" 또는 "차마 못하는 사람의 마음(不忍人之心)"[10]으로 드러나는 기본 본성으로 간주되고, 아울러 "인심"(人心)이라[11] 하여 인간의 본질적인 마음씨로 이해된다. 이 또한 위와 같은 사유이다.

'인'이 이처럼 인간의 대표적인 본성이자 기본 덕목으로 간주되어, 본원유학에서는 인의 구현을 마침내 당시 가부장적인 사회질서의 핵심요소 또는 핵심원리로 이해되었다. 인이 '효'(孝) 또는 '친친'(親親)의 양상으로 출발하여 사회, 국가, 세계의 범위로 확대된다고 하는 이론이 곧 그것이다. 맹자의 중심사상인 성선설(性善說), 사단설(四端說) 및 오륜관(五倫觀)이 모두 인을 중심에 두고 이루어졌으며, 그의 정치설도 공자의 이상정치설인 덕치(德治), 예치(禮治)를 계승한 인정(仁

---

7) 《孟子》, 〈公孫丑〉 上 : "辭讓之心, 禮之端也."

8) 앞의 책, 〈憲問〉 : "仁者必有勇."

9) 《中庸》, 20장 : "仁者人也."

10) 《孟子》, 〈公孫丑〉 上 : "孟子曰, 人皆有不忍人之心. 先王有不忍人之心, 斯有不忍人之政矣. 以不忍人之心, 行不忍人之政, 治天下可運於掌上. 所以謂人皆有不忍人之心者, 今人乍見孺子將入於井, 皆有怵惕惻隱之心, 非所以內交於孺子之父母也, 非所以要譽於鄕黨朋友也, 非惡其聲而然也. 由是觀之, 無惻隱之心, 非人也."

11) 앞의 책, 〈告子〉 上 : "孟子曰, 仁, 人心也."

政, 不忍人之政)을 근본으로 하고 있다. 《대학》에서 이상시하는 '혈구지도'(絜矩之道) 또한 '인의 정치'의 다른 표현에 지나지 않는다.

본원유학에서 인 같은 본성을 중요시하여 이에 대한 기초를 제공한 이론이 없지 않다. 본성의 선천적 본구성을 밝히려는 의도에서 《중용》에서 "성이란 하늘이 부여한 것(天命)이라"[12] 하였고, 《맹자》에서는 "그 마음을 다 하면 그 성(性)을 알고, 그 성을 알면 하늘을 알게 된다. 그 마음을 보존하고 그 성을 기르는 것이 하늘을 섬기는 근거"라[13] 하였다. 《중용》에서는 "오직 천하의 지극한 성(誠)의 마음가짐이라야 그 성(性)을 다 실현할 수 있고, 그 성(性)을 다 실현할 수 있으면 사람의 성을 다 할 수 있고, 사람의 성을 다 할 수 있으면 물성(物性)을 다 할 수 있고, 물성을 다 할 수 있으면 천지의 화육을 도울 수 있으며, 천지와 더불어 병립할 수 있다"[14]고 하였다.

비록 본원유학에 이렇게 하늘을 알게 된다든가, 하늘을 섬기게 된다든가, 천지의 화육을 돕고 천지와 병렬될 수 있다는 표현으로 본성을 우주 자연과 관계되는 범위로 사유하였지만, 이러한 철학의 비중이 컸던 것은 결코 아니다. 본원유학의 중점은 어디까지나 도덕과 정치문제에 있었다. 바로 그 도덕론과 정치론을 이루는 핵심원리가 공자에게서 비롯된 '인'의 덕목 또는 그 본성이었다. 따라서 공자와 맹자, 특히 공자가 이룬 인 사상(仁思想)을 제외하면 본원유학은 성립될 수 없다. 이렇게 보면 '본원유학의 정체성'은 결국 '공자 등의 인 사상'이라는 결론에 이른다.

---

12) 《中庸》, 1장 : "天命之謂性."

13) 《孟子》, 〈盡心〉: "孟子曰, 盡其心者, 知其性也. 知其性, 則知天矣. 存其心, 養其性, 所以事天也."

14) 《中庸》, 22장 : "惟天下至誠 爲能盡其性 能盡其性則能盡人之性 能盡人之性則能盡物之性 能盡物之 性則可以贊天地之化育 可以贊天地之化育則可以與天地參矣."

3. 핵심개념에 대한 성리학의 해석

통일국가인 한(漢)이 기틀을 다짐에 따라, 동중서(董仲舒)와 같은 학자는 유학을 다시 통치원리로 채택하도록 하였다. 그가 삼강(三綱)의 발상을 제기한 것은 그것이 오륜(五倫)과 같은 수평적 도덕의 성격과 다른 수직적 질서의 성격을 지녔다는 점에서, 당시 통일국가의 강력한 통치를 위한 왕권강화의 의의를 지닌다.

유학을 통치원리로 채택하도록 하였다는 사실은 본원유학에서 이상시한 인정사상(仁政思想)을 계승하여 구현하려는 의도의 표명이었다고 볼 수 있다. 사실 그는 과거의 의인화된 상제(上帝)·천(天)의 관념을 이용하여, 천인상감(天人相感)설과 왕에 대한 천명관(天命觀) 및 그것을 기초로 한 천견설(天譴說)을 강조하였다.[15] 천명관은 근본적으로 왕권강화의 의의를 지니지만, 천견설의 강조는 본래 인정(仁政)에 내포된 위민(爲民), 민본(民本)의 강화의의를 지닌다.

동중서는 자연사상까지 전보다 크게 보강하였다. 자연을 의인화된 생명체로 이해하면서, 자연의 변화를 《주역》에서보다 더 생성의 시각으로 풀이하였다. 특히 계절적인 변화를 생장, 성숙하는 식으로 설명한 것이 그 증거이다.

하지만 본원유학 이후 가장 큰 변화를 보인 것은 송명시대의 유학, 즉 이학(理學)·심학(心學)이다. 이는 중국으로서는 외래사상인 불교의 충격에 대한 반응으로 변모된 유학이다. 한말에 전래된 불교가 수당시대로 올수록 시대를 이끄는 대표적 사상으로 군림함에 자극받아, 유학자들이 유학에 의하여 불교를 극복하려는 일종의 유학부흥의 시각에서 이루어진 유학이 곧 이학(理學)이다. 이러한 까닭에 이학에는 내

---

15) 《春秋繁露》, 〈審察名號〉: "受命之君, 天意之所予也, 故號爲天子者, 宜視天如父, 事天以孝道也."; 《漢書》, 〈董仲舒傳〉: "天人相與之際, 甚可畏也, 國家將有實道之敗, 而天乃出災害以譴告之."

용은 불교와 판이하지만, 그 사상의 체계나 성향은 서로 비슷한 점이 많다.

이학자(理學者)들은 우선 불교가 가정과 사회 국가의 생활을 경시함에 유의하여, 도덕의 측면에서는 삼강오륜을 정비하여 강조하고, 정치적으로는 인정인 덕치(德治)와 아울러 예치(禮治)를 강화하는 데에 노력을 경주하였다. 이들은 특히 덕치에 의한 애민의 정치를 강조하였고, 과거의 '천견설'을 이용하여 왕권의 남용 오용인 '왕도로부터의 일탈'을 방지하려 한 현상도 주목할 만하다. 그렇지만 이때 특히 강조한 정치사상은 예치의 측면이다. 삼강오륜을 철저히 실천한 사례를 담은 서적을 많이 간행하는 한편, 삼례인《예기(禮記)》,《주례(周禮)》,《의례(儀禮)》를 전보다 훨씬 중요시하여 정책적으로 구현하는 데에 열의를 보인 것이 다 그러한 실상이다.

이학자들은 물론, 심학자(心學者)들까지도 오륜을 단순히 강조하는 데서 그치지 않았고, 더욱 확고히 할 수 있는 이론을 마련하였다. 예를 들면《중용》의 "성을 따를 때 도덕이 이루어진다"는[16] 사고에 기초하여, 오륜의 원리인 '친(親)·의(義)·별(別)·서(序)·신(信)'이 '오성'(五性 또는 五常)인 '인(仁)·의(義)·예(禮)·지(智)·신(信)'의 자연발로로 이루어진다고[17] 한다. 오륜은 인위적으로 제정한 것이 아니고, 선천적으로 본구된 명덕(明德)과 같은 본성의 자연적 발로라고 하여, 그것을 일종의 필연적인 현상으로 간주하였다. 그들은 또 그 오성이 각각 천도인 '원형이정성'(元亨利貞誠)과 같은 것이라고 주장하며, 인도(人道)의 오륜은 천도(天道)와 동일시함으로써 그것의 절대화를 도모하였다. 그들은 이와 같은 방법으로 오륜뿐만 아니라 예까지도 절대시하였다.

---

16)《中庸》, 1장 : "率性之謂道."

17)《中庸章句》, 1장, 朱熹 주 : "人物之生 因各得其所賦之理 以爲建順五常之德 所謂性也 率順也 人物各順其性之自然 則其日用事物之間 莫不各有當行之路 是則所謂道也."

오륜의 첫자리를 차지하며 '친'(親)의 원리와 짝하는 '인'을 근본적으로 전덕(全德)으로 간주하는 한편, 다른 본성의 덕목을 편덕(偏德)에 지나지 않는 것으로 크게 차별한 것도 이때의 두드러진 사상경향이다.[18] 이러한 경향은 공자 이래 인이 대표적인 덕목이라는 사고에서 비롯된 것이었다. 그러나 이학(理學)에 이르러서는 단순히 그러한 이유만으로 인을 전덕임을 강조하지 않았다. 그들에 의하면 '인'의 특성이 오성에 일관함은 마치 천도인 원(元)의 특성인 '봄에 생하는 생명'이 겨울에 결실로 일단 끝맺는 정(貞)에까지 이어지는 것과 같다는[19] 것이다.

이와 같이 설명되던 '인'의 사상은 이학, 심학의 본체론에 해당하는 이기론의 발달과 짝하여 더 보충·강화된다. 이학자들은 '리'가 원리 법칙의 의미뿐만 아니라, 모든 자연현상을 이루는 원인(所以然)이라는 정이(程頤)의 발상에 착안하여, 우선 '천즉리'(天卽理)라는 명제를 제기하였다. 이러한 천관(天觀)의 변이는 캐고 보면, 본원유학으로부터 보이던 내재적 천관의 발달현상이라 할 수 있다. 본성이 천의 품부로 내재한다는 사고는 곧 천 자체가 인간에 내재하였음으로도 이해될 수 있기 때문이다. 천이 리(理)로 이해되는 이법천관(理法天觀)이 대두함에 따라, '천명'(天命)마저 태극(太極)과 같은 궁극의 리로 간주되었다. 이러한 사고는 자연히 내재천(內在天)인 본성마저 리라고 하기에 이르렀다. 정이(程頤)가 제기한 '성즉리'(性卽理)라는[20] 명제가 바로 그것이다.

이학자들은 이 '인'에 대한 공자의 해석인 '사람을 사랑하는 것'(愛人)이라는 견해를 일단 계승한다. 그렇지만 그들은 이미 성을 인간 차원에 국한시켜 이해하지 않고 우주 전체의 차원에서 이해한 나머지 공자의 사상을 계승하는 데 머무르지 않는다. 정호 같은 학자는 '인'을

18) 《二程遺書》, 二, 上 : "仁義禮智信五者 性也, 仁者全體, 四者四支."

19) 《朱子語類》, 권20, 권68, 권95 등 참조.

20) 《二程遺書》, 二十二, 上 : "性卽理也."

'생의'(生意) 라고 하여, 인간을 사랑하는 본성일 뿐만 아니라, '인간을 만물과 일체로 될 수 있게 하는 것'(可以與萬物爲一體) 이라고 주장한다. 주희(朱熹) 는 한 걸음 더 나아가 '인'을 "생물하는 마음씨"(生物之心) 또는 '생물하는 리'라 하여, 역시 만물과 인간이 일체로 될 수 있게 하는 것으로 생각한다. 왕수인(王守仁) 의 경우에는 인(仁) 에 의하여 그러한 현상이 가능함을 더 역설한다.

논자가 다른 자리에서도 해명하였듯이,[21] 이는 《주역》에서 우주의 본래적인 특성을 '생'이라고 한 데 근거한다. 우주와 인간은 역시 《주역》에 의거하여 '부모와 자식 관계'라고 하면서, 크기만 다를 뿐 원질로서는 서로 같다는 것이 당시 유학자 일반의 사고였다. 인간과 우주를 소아(小我) 와 대아(大我) 로 간주한 것도 같은 종류의 사고이다. 이러한 우주의 특성이 '생'(生) 이라면, 그 우주로부터 태어난 인간도 '생'의 특성을 타고났음은 더 말할 나위가 없다. 이때 '인'이 인간의 대표적 본성임을 감안하면, 인의 특성도 생의(生意) 이든 생물의 마음씨가 아닐 수 없는 것이다. 따라서 이러한 인은 애인에서 머물지 않고 애물로 확대된 끝에, 마침내 인간이 만물 전체인 우주와 일체로 되는 이른바 '천인합일'(天人合一) 을 가능케 하는 것이라는 이론이 나오게 된다.

이와 같이 송명(宋明) 의 이학, 심학에서는 사회적 차원에서 말하던 본원유학의 인 사상을 계승하면서도, 그것을 또 우주 자연이라는 차원에까지 확대적용함으로써 유학의 변이된 면모를 보인다.

---

21) 《조선유학의 자연철학》, 〈유학의 자연철학〉, 예문서원, 1998 참조.

4. 핵심개념의 실학적 변이

청대(淸代)의 사상은 대체로 명(明)의 유로(遺老)들인 황종희(黃宗羲), 고염무(顧炎武), 왕부지(王夫之)로부터 비롯된다. 황종희, 고염무의 경세치용, 이용후생이 그 특징인 정치 사회의 개혁사상이 장학성(章學誠), 이홍장(李鴻章)의 양무운동과 강유위(康有爲), 양계초(梁啓超)의 변법유신사상을 거쳐 장병린(章炳麟), 손문(孫文)의 혁명사상으로 이어지는 사조가 그 한 줄기이다. 이 계열에서 담지한 사상의 내용은 유학 본래의 위민 민본사상을 비롯하여 민족·민주·자유·평등을 위주로 한 근·현대화의 사상임은 다 아는 것이다.

고염무, 염약거(閻若璩)에서 비롯한 흐름인 금문경학, 고문경학 음운학의 연구가 청말에 완원(阮元)의 실사구시(實事求是)와 요평(廖平)의 공경학(孔經學)을 낳은 계열 또한 간과할 수 없다. 그러나 이 계통이 한(漢)대의 훈고 고증의 성격을 공통의 경향으로 한 이상, 대체로 사상의 방법론에 속하는 것으로 보아 무방하다.

왕부지로부터 시작하여 안원(顔元), 대진(戴震), 완원, 담사동(譚嗣同)으로 흘러온 이기론 위주의 순수 철학사상이 또한 청대 실학을 대표하는 사상이다. 이들의 이기론(理氣論)은 모두 기(氣)에 비중을 둔 주기론(主氣論) 내지 기론(氣論)인 것이 특색이다. 초감각적인 보편자〔形而上者〕인 리보다 감각이 가능한 것〔形而下〕인 기에 치중하는 까닭에, 이들의 일반적인 사상 경향은 경험을 중요시하는 것이다. 그 점이 바로 주희나 왕수인의 사상과 전혀 다른 사상을 이루는 기본요인이다.

이학자들은 명실론(名實論)에서 실(實)보다 명(名)이 앞선다고 생각하였다. 실이 유한하게 존속하는 데 비하여 명은 무한히 존속하고, 명이 일정한 의미뿐만 아니라 이념 명분과 같은 가치상의 내용을 지니는 한, 더욱 그렇다는 것이다. 그러나 장학성, 담사동은 명이 없어도 실(내실, 실물)은 존재할 수 있고, 명을 알지 못하여도 실만은 안다는 사실을 들어, 실이 명보다 앞선다고 생각하였다. '명은 실의 객(客)'이라는 것이다.[22)]

이 사고는 곧 리기 관계에서 리가 앞서는가, 기가 앞서는가 하는 문제와 연결된다. 정주(程朱)는 리를 실재하는 원인으로 간주함으로써 생멸하는 기의 생성에 앞선다고 생각하였다. 그러나 왕부지, 안원, 대진은 리를 기의 운동변화에 따라서 있게 되는 '조리', '법칙'에 불과하다는 의미에서, 기가 리보다 앞선다고 하였다. 이들의 사고로는 리가 기 속에 섞여 있고, 리가 사(事) 속에 있다는 것이다.[23)] 이들에 있어 리는 기의 일종의 속성에 불과하다.

리와 기는 각각 이성적인 것과 감성적인 것으로도 사용된 개념이다. 리가 기 중에 있다는 주장은 이학의 표현으로는 천리가 인욕 중에 내재함을 의미한다. 이는 인욕을 떠나 천리가 따로 없다는 견해로 통하는 사고이다. 이것은 "인욕을 제거하고 천리를 보존하여야 한다"는 사고와 완전히 배치되는 것이다. 이들이 심학의 경우보다도 더 '정욕'(情欲)을 적극적으로 긍정하게 된 근거가 바로 여기에 있다. 송대에도 장재(張載)와 같은 기철학자가 있었지만 이러한 이론을 제기하지는 못하였다. 오히려 근대 서구의 '욕구체(欲求體)로서의 인간관'과도 이는 상통한다. 더욱이 대진에 있어서는 '리재기중'(理在氣中)일 뿐만 아니라, '음양 오행이 곧 (理로서의) 도(道)의 실체'라고 한다.[24)] 따라서 '리일분수'(理一分殊)를 그로서는 인정할 수 없고, 태극, 천명 역시 부정한다. 장재가 말한 기의 본체인 '태허'(太虛)도 긍정하지 않는다.

한국의 실학을 집대성한 정약용도 이 점은 마찬가지이다. 그에 의하면 '리일분수'나 '성즉리'의 발상 자체가 불교에서 나왔다는 것이다. 다

---

22) 章學誠, 《文史通義》, 〈內篇〉, 6.

23) 王夫之, 《周易大象解》, 〈內篇〉, 6 : "理氣渾淪", "理在事中" 顔元은 '融爲一片'이라 한다.

24) 戴震, 《孟子字義疏證》, 〈性〉.

만 한 가지 흥미로운 점은 정약용이 태극을 부정하고 그 대신 상제천(上帝天)을 다시 믿었던 것과 달리, 완원은 태극을 경험적으로 이해한 나머지 '북극'이라고까지 주장한 사실이다. 이러한 경향에서 강유위는 우주의 기원을 기로서의 '원'(元)이라고 하면서, 그 '원'을 '태일'(太一)과 '태극'과 같은 것이라고 하였다.

박지원은 '오행'(五行)을 우주의 형성요소로 간주하여 오던 전통적 사고를 벗어나, 그것들을 다만 다섯 가지 실물로 인정하여 그것들의 이용을 역설한다. 홍대용이나 정약용은 '음양'(陰陽)을 기로 이해하는 전통마저 부정한다. 그들에 의하면 그것은 본래 (고대에) 햇빛에 의하여 생긴 음지와 양지를 가리키는 것일 뿐이라는 것이다. 그러나 실학이 그 이전의 모든 사상에 대하여 부정 일변도의 태도만 취하지는 않았다. 그것은 특히 이학, 심학 사상을 부분적으로 부정하면서 부분적으로는 인정하기도 하고, 변천시킨 측면도 가지고 있는 사상이다. 아래와 같은 예가 특히 그러한 실학의 면모이다.

이학자나 심학자들이 '성즉리'라고 하였던 것은 '오륜'을 절대시할 정도로 확고히 하려는 의도에서 비롯된 것임은 앞에서 살폈다. 실학자들에 오면 대다수가 '성즉리'의 명제부터 부정하므로, 오성이나 오륜을 상대적으로 파악하지 절대시하지 않는다. 신해혁명 이후에는 그 절대시가 낳은 폐해를 이른바 "리로써 살인한다"는 식으로 판단하면서,[25] 도덕을 새로운 방향으로 이해하려 하였다. 정약용 같은 학자는 인의(仁義) 등에 해당하는 행위를 하는 데서 인의의 도덕이 있게 되지, 과립과 같은 입자의 본성이 마음 안에 있어서 오륜으로 표출되는 것이 아니라고 역설한다.

오륜과 같은 도덕 자체의 필요성만은 부정하지 않고, 더욱이 왕부지나 대동원(戴東原), 강유위 등과 같이 '인성의 선함'을 믿은 실학자들이므로, 그들은 인성 중에서도 '인'에 대한 관심이 높았다. 완원은 '인'

25) 《東原集》, 〈與某書〉.

을 효로 실현되는 유자(有子), 증자의 견해를 답습하는 한편, 그 자의(字義)에 입각하여 "인은 사람이 서로 함께 함"(人之相與也)이고, "두 사람이 짝한다는 말"(相人偶者 謂人之偶之也)이라 하여, 본원 유학에 돌아가 다시 해석하였다.[26] 강유위는 이것을 일단 완원처럼 해석하는 한편, "인은 하늘에 있어서는 생생(生生)하는 리이고, 인간에 있어서는 박애(博愛)하는 덕이라"고[27] 한다. 이는 공자나 한유의 이론과 주희의 이론까지 합한 견해이다. 그는 더 나아가 "모든 인정(仁政)이 차마 못하는 사람의 마음에서 생기고, 모든 변화의 바다가 되며, 모든 것의 근거이고 근원이다. … 인도(人道)의 인애, 인도의 문명, 인도의 진화, 태평, 대동에 이르기까지 다 이것으로부터 나온다"[28]고 한다. 인도주의 성격을 띤 정치 문명 진보 및 평화로 집약되는 대동사회까지 이루게 하는 것이 곧 인이라는 주장이다. 강유위는 결국 인을 유학의 이상사회인 대동세계를 이룰 수 있게 하는 근거로 파악하였던 것이다.

이에 이어 담사동은 "인이라는 글자는 이(二)와 인(人)으로 서로 짝한다는 뜻이다"를 전제하고, 그 짝하여 느끼는 사랑을 묵자(墨子)의 '겸애'(兼愛)로 보아, 공자의 '애인'(愛人)을 확대 해석하였다. 인에 대한 그의 해석은 여기서 그치지 않는다. 그에 의하면 우주의 근원을 뜻하는 '원'도 이(二)와 인(人)으로 된 것으로서 인과 같다. '무'(无) 역시 허신(許愼)의 설문에서 원(元)과 통하는 것이라고 하였으므로, 이인(二人)으로 해석되어 결국 인이라는 것이다. 그래서 인을 말하는 사람은 원을 알지 않을 수 없고, 그 작용은 무에서 지극하게 된다[29]고 주장한다. 인을 이렇게 해석하는 이면에는 인을 원이나 무와 같은 우주의 궁극적인 근원으로 간주하려는 의도가 있는 것이다.

이러한 의도를 구체화하는 방법으로 그는 또 통(通)과 에테르〔以

---

26) 阮元, 《硏經案集》, 上, 권8, 〈論語論仁論〉.

27) 康有爲, 《中庸注》.

28) 같은 이, 《孟子微》, 권1.

29) 《仁學》, 〈自敍〉.

太〕, 전기, 심력(心力) 등의 개념을 동원한다. "인은 통으로써 제일의(第一義)를 삼는다. 에테르, 전기, 심력이 다 통의 도구됨을 가리킨다."[30] 그의 이 발언은 유명종 교수에 의하면 통이 곧 인의 속성을 의미하고, 에테르, 전기, 심력은 그 통을 실현하는 도구임을 의미한다.[31] 담사동은 통에 네 가지 의미가 있다고 하면서, 중외통(中外通), 상하통(上下通), 남녀내외통(男女內外通), 인아통(人我通)을 그 구체적 내용으로 들어,[32] 단순한 개념이 아님을 알 수 있게 한다.

여기에 원용한 에테르 또한 주요한 개념인데, 이것은 마치 오늘날 에너지에 비유될 수 있는 것으로 보인다. 이것은 파동〔浪〕의 운동을 하는 것으로서, 광랑(光浪), 성랑(聲浪), 기랑(氣浪), 전랑(電浪) 등의 상태로 일종의 '전달성'을 가졌다고 한다. 그런 점에서 이것은 우주에 가득히 충만한 기의 세계를 설명하는 개념이라고 할 수 있다. 사실 담사동은 기본적으로 "이른바 천은 기이다"고[33] 하는 전제적 사고를 바탕으로 하여 그의 철학을 이룬다. 이러한 그의 철학에서 "에테르는 천지만물과 남과 나를 통하여 일체로 되게 한다"[34]는 것이다. 이것은 통과 아울러 전달성뿐만 아니라 일종의 '통일성'을 지닌 것으로도 보인다. 따라서 통이라는 것을 통로로 하여 에테르와 전기 및 심력의 개념을 원용한 이론은, 담사동이 자연계의 존재와 운동에 대한 설명을 위하여, 서구의 근대 과학지식을 전통적인 인의 개념에 접속시킨 이론이기도 하다.[35]

---

30) 《仁學》, 〈仁學界說〉 : "仁以通爲第一義. 以太也, 電也, 心力也, 皆指出所以通之具."

31) 劉明鍾, 《淸代哲學史》(以文出版社, 1989, 496쪽).

32) 《仁學》, 〈仁學界說〉(《潭嗣同全集》, 中華書局, 1981) 참조.

33) 《潭嗣同全集》, 〈思篇〉(中華書局, 1981년, 126쪽) : "所謂天者, 氣也."

34) 《仁學》, 권上, 3장 : "以太者通天地萬物人我爲一身."

35) 사실 그는 〈仁學界說〉에서 "자연과학의 지식(格致)을 정밀히 하지 않더라도, 천문학, 지리학, 생리(全體)학, 심리(心靈)학 네 학문은 알지 않으면 안 된다"고 한다(格致卽不精, 而不可不知天文, 地輿, 全體, 心靈四學).

심력이라는 단어를 담사동이 사용하는 것은 반드시 자연계의 설명을 목표로 한 것은 아닌 듯하다. 그것 자체만 보면 주체의식과 연결된 자유의지로 보인다. 인간사회를 위한 어떤 원리로 작용하는 것으로 추측된다. 사실 그는 통의 첫째 의미인 "중외통은 대부분 《춘추》에서 그 의미를 취하였는데, 태평세(太平世)에는 원근 대소의 나라가 하나같은 것이라고 하기 때문이다"[36] 라고 밝힌다. 이러한 맥락에서 그는 또 '통의 상(象)은 평등'[37] 이라고 하면서, '평등이란 하나로 됨을 말한다. 하나로 되면 통하고, 통하면 인이다'[38] 라고 한다. 이러한 언명은 인을 평등이 구현되는 근본 사회원리로도 사용하는 성격이 짙다. 논자의 견해로는 담사동이 평등을 논하고 있는 것은 마치 강유위가 대동사회의 이상을 원(元)에 근거하여 이론화한 것과 같다고 생각된다.

5. 맺음말

유학사상은 위와 같이 많이 변하면서 흘러왔다. '천(天) 사상'만 예로 들더라도 단순한 창천(蒼天)의 의미는 논외로 해야겠지만, '상제천관'으로부터 '자연천관'을 거쳐 '천즉리'라는 '리법천관'으로, 또는 '천즉기'라는 '기천관'(氣天觀)으로 변천하여 왔다. 유학에서 천사상이 차지하는 비중이 막중함을 고려할 때, 이러한 사실은 실로 유학의 정체성이 무엇인지, 의문을 일으키게 하는 요인이 아닐 수 없다.

더욱이 본원유학의 핵심적 위치를 차지하였던 인(仁) 사상은 그 의미내용이 몇 차례 크게 변하였다. 공자에 의하여 '애인'(愛人)으로 이해되었던 '인'은 불교의 충격으로 발흥한 리학에 의하여 '애인'은 물론

---

36) 《仁學》, 〈仁學界說〉: "中外通多取其義於春秋, 以太平世遠近大小若一故也."

37) 《仁學》, 〈仁學界說〉: "通之象爲平等."

38) 《仁學》, 〈仁學界說〉: "平等者, 致一之謂也, 一則通矣, 通則仁矣."

이고 더 나아가 '생의'(生意), '생물지심'(生物之心), '생물지리'(生物之理)의 의미로서 이해되는 한편, 심학에서는 '명덕'(明德)과 같은 '양지'(良知)로도 이해되었다. 그러던 것이 근대 서구의 과학기술과 천주교의 도전을 받고서는, 담사동에서와 같이 '애인'의 의미는 물론이고, 묵가적 박애와 아울러, 우주의 근원인 '원'(元), '무'(无) 등으로까지 이해되었다.

이학, 심학의 경우만 하더라도, 본원유학에 근거하여 인의 의미를 확대 재해석한 것임에 비하여, 담사동 같은 학자는 종래에 이단시하였던 묵가의 사상을 포섭함은 물론, 서구 근대 물리학 개념인 '에테르' 개념까지 포섭하여 이용하고 있는 점이 바로 그것이다. 이러한 현상은 유학 역시 인류의 삶을 이끌어가는 생활철학이 되기 위하여서는 그 시대상황, 특히 그 시대정신을 도외시할 수 없는 데에 기인한 불가피한 현상이다. 담사동은 비록 이 글에서 인용하지는 않았지만, 불교와 서구철학 등에 관하여서도 상당한 조예를 가진 학자였다.[39] 현대에 이르러서는 웅십력(熊十力) 이후의 현대 신유학자들이 전통사상인 묵가뿐만 아니라 그 이상으로 이단시하던 불가사상을 비판적으로 수용하는 동시에 구미의 사상들마저 선별적으로 과감히 수용하고 있다.

이러한 사실들을 고려하면 청대 또는 조선후기 실학사상마저 이미 지난날의 철학에 불과하다. 유학의 흐름은 어느 사이에 실학사상의 성격이나 내용에서도 벗어나고 있다. 유학은 앞으로도 시대상황의 변화에 짝하여 계속 변하지 않을 수 없음에는 의심의 여지가 없다. 그러므로 유학의 정체성과 계승가능성에 대한 의문은 더욱 증폭될 수밖에 없다.

유학의 정체성 여부와 그 존속에 대한 의문의 답은 원론상으로는 간단하다. 비록 확대·재해석되기는 하였지만 본원유학과 다른 외견상의 변화가 있었더라도 기본적인 내용만은 지금까지 일관되게 계승되

---

39) 그런 까닭에 그의 仁說에는 불교와 서구사상까지 참고한 흔적이 보인다.

어, 유학을 다른 사상과 구별시켜 주는 그 무엇이 있다면 그것이 곧 유학의 정체성이다. 그리고 그것이 통시대적으로 인류에게 적용될 수 있는 보편성을 지닌다면 그것은 미래에도 계승될 것이다.

이러한 원론적 조건에 부합하는 유학의 정체성은 바로 위에서 고찰한 바인 공자의 '인 사상'에 내포된 '애인'의 정신임에 틀림없다. 위에서 거론한 학자들은 물론이고 그 밖의 모든 유학자들 역시 '인'의 '애인' 의미를 부정한 학자는 이제까지 하나도 없었다. 더욱이 '인'이 유학을 기독교와 불교 등 다른 사상과 구별할 수 있게 하면서, 동시에 이러한 사상들과 일맥상통할 수 있는 보편적 특성을 지닌 것으로 보더라도 그 애인의 정신은 미래에도 계승될 것이라는 예단이 나오게 된다.

2

유학변천의 옛 고비와 오늘의 고비

제 2 장

유학의 성리학적 변개

회암성리학이 동아사상사에 끼친 영향

1. 문제와 방법론

여기서 논구하는 회암(晦庵 朱熹, 1130년~1200년)의 사상은 주로 그의 성리학이다. 그의 성리학은 다 아는 대로 동아시아의 역사에서 약 '6세기(13C~18C) 동안 영향'을 끼쳤다. 이 지역 문화형성에, 특히 '역사의 전면'이라 할 정치문화의 차원에까지 이렇게 장기간 영향력이 컸던 사상은 흔치 않았다. 이것은 비록 공자사상과 비교될 정도는 못되지만, 불교와 비견될 만한 영향력이다.

그의 성리학의 출현과 영향은 실상 시대사상의 관점으로 보아서는 '불교시대의 사상풍토를 대체'한 것이다. 그 영향은 중국에서뿐 아니라 한국과 일본 등 동아시아의 '불교 역할을 대행'한 셈이다.

당 말부터 송대에 걸쳐 출현한 성리학은 그 성립계기 자체가 불교에 대한 비판과 배척에 있었다. 북송성리학을 자기사상 성격으로 집대성한 회암성리학도 그 성립 초기부터 말기까지 '불교배척의 이론'을 줄곧 작성하여 포함한 것이다. 그의 성리학의 영향이 곧 불교대체의 결과를 가져온 사실은 이런 의미에서 그의 성리학에 내포된 '불교배척론의 시대적 승리'라 할 수 있다. 그 역사적 현상은 곧 '불교극복'에 해당된다. 그의 불교비판론이 불교의 입장에서 볼 때의 타당여부와 관계없이 사실적 현상은 그렇게 귀착되었다.

이런 점을 고려할 때 그의 사상이 지닌 '동아사상사적 영향'은 곧 그의 성리학이 불교를 대체한 성과에서 찾지 않을 수 없다. 그 영향은 곧 불교배척을 겨냥한 그의 '불교비판론의 함의'에서 찾아지게 마련이다. 이에 이 장에서는 먼저 그의 불교비판론을 살핀 다음, 그 비판론의 사상적 특성이 지닌 역사현상과의 관련을 탐색코자 한다. 아울러 가능하면 회암성리학 일반의 특성과 그 후 역사현상과의 관계에 대한 성찰도 시도할 계획이다.

회암의 성리학과 그것을 근거로 수립한 '그의 불교비판론'은 그 홀로 이룬 것이 아니다. 그것들은 모두 당 말 이후 특히 북송성리학자들의 사상을 섭취하고서 이룬 그의 사상이다. 그런 만큼 그의 성리학에 기초한 불교비판론 고찰에서는 그에게 '영향을 준 선행사상'들을 대표적인 것만이라도 잠시 일별하는 과정을 거쳐야겠다. 그의 불교비판론에 대한 고찰은 당연히 그의 문집 전체(全集)를 시야에 넣고 진행해야 하지만 주어진 준비기간이 너무 단기간이라서, 저자의 능력으로는 주로 예전에 한 번 읽은 《주자어류(朱子語類)》를 중심으로 하는 수밖에 없음을 밝혀둔다.

2. 회암 이전 성리학자의 척불설

1) 창려의 효시적 척불설

유학자들이 유학부흥의 수단으로 성리학을 이룩한 동기가 도가사상과 불교의 흥성, 특히 불교가 당대(唐代)에 들어 그 시대사상으로 풍미함에서 받은 자극에 있었음은 다 아는 사실이다.

화엄종(華嚴宗), 천태종(天台宗), 선종(禪宗) 등 중국불교의 색채로 독특하게 발달한 그 불교흥성의 자극적 영향은 결국 당 말 창려(昌黎, 韓愈) 같은 유학자의 불교비판을 낳은 계기였다. 창려가 불교의 약점에 대한 비판과 그 점을 근거로 하여 낸 불교비판론은 성리학자들이 낸 그 종류의 이론 가운데 '효시'를 이룬다. 그 후 그것은 이후 성리학자들의 불교배척론의 '대표적 논거'로 되었다.

창려의 견해로는 불교가 가장 역점을 두는 것이 '정심'(正心), '성의'(誠意)인데, 불교의 정심은 그 자체의 수양에서 머물 뿐이어서, 그 밖에 무엇을 이루는 이른바 유위(有爲)가 없이 무위(無爲)로 그친다. 바로 여기에 그 약점이 있음을 그는 지적한다.[1] 그에 따르면, 유학은 원천적으로 이와 같지 않다. 본원유학인 《대학》에서부터 유학에도 '정심'의 수양이 있지만, 그 수양은 앞으로 더 나아가 '제가'(齊家), '치국'(治國)과 '평천하'(平天下)까지 하는 유위에 궁극의 목적이 있고, 이런 목적으로 해서 수양을 한 다음에는 반드시 그 범위를 넘어서려 한다. 무위로 그치는 불교의 수양은 별 의미나 가치가 없다. 그것은 오히려 '무부'(無父), '무군'(無君), 곧 가정생활과 국가생활을 외면하는 폐해만 가져온다.[2] 이런 주장에는 불교란 도덕과 법을 무시하는 식의 비현실 또는 현실부정 성향을 지닌 무가치한 사상이라는 뜻이 내재한다.

창려에 따르면, 가치 있는 것은 유학의 '정심의 정신'이다. 유학의 정신은 요·순·우·탕·문무·주공·공자·맹자로 이어져 오다 그 후 계승되어 오지 못하였고, 그 결과 만적(蠻狄)의 사상인 불교가 중국(당)을 휩쓸게 되었다.[3] 그러므로 시급히 요청되는 것은 불교를 배척하고 유학을 부흥토록 하는 길이라는 것이 그의 판단이다.

---

1) 《昌黎全集》, (四部叢刊本) 권11, 1~3쪽.

2) 앞과 같음.

3) 앞과 같음.

바로 이러한 논거에서 창려는 척불에 의한 '유학의 부흥'을 도모했고, 그 유학의 부흥이 곧 '유학의 변성'인 성리학(性理學)의 성립을 시도하였다. 그가 성리학의 선구자로 간주되는 이유나, 그의 척불론 논거가 곧 모든 성리학자들의 '척불론의 기본 논거'로 원용되는 이유도 미약했던 당시 유학을 척불로써 부흥시켜 유학자들의 자존심을 앙양한 데 있다.

2) 횡거의 기철학적 척불설

성리학은 특히 리기설(理氣說)로 그 근본철학을 이루는 만큼, 성리학자들은 그것을 토대로 불교배척론을 제기했다. 기철학자는 기(氣) 개념을, 리철학자는 리 개념을 토대로 척불론을 제기하는 데 골몰하였다. 그 선편을 친 것이 기철학쪽, 횡거(橫渠, 張載)의 기론이다.

원래 '현상세계의 존유'를 의심 없이 설명하여 오던 철학도구가 곧 '음양'(陰陽)과 '오행'(五行)으로 구체화되는 '기'개념이었다. 횡거는 그 기 개념을 상당히 체계적인 그의 철학에서 구사했다는 점이 그 전 학자들과 다르다. 그에 따르면 기는 본래 허(虛)하다〔氣本之虛〕.[4] 그런 점에서 그는 그 본체를 '태허'(太虛)라고 한다. 하지만 '태허도 기'(太虛卽氣, 太虛不能無氣)[5]임을 그는 강조한다. 따라서 그것도 결국 '실'한 셈이다.

이러한 철학을 견지한 횡거는 불교에서 현상(天地日月과 人世)을 다 '환망'(幻妄)이라고 함을 오류로 판단한다. 그는 그 오류의 원인을 불교에서 감각기관인 육근(六根)보다 우월한 '천성'(天性)과 '천용'(天用)을 모르고 육근의 미약함에만 의지함으로써 현상계의 유래를 궁구하지 못하기 때문이라 주장한다.[6] 이는 그 당시 특히 불교에서 《반야

4) 앞의 책, 권2, 10쪽.

5) 《正蒙》, 〈太和篇〉, 全集, 上, 권20, 9쪽.

6) 《近思錄》, 권13, 12항.

심경》을 통하여 현상계를 '공'(色卽是空) 이라고 주장하는 데 대하여, '허'의 특성을 지닌 그의 기설로 대립하는 동시에, 근본적으로 '본성'과 연관된 그의 명시하지 않은 주재천관(主宰天觀) 을 가지고 불교를 배척하는 이론이다.

이어 횡거는 특히 '문자'로 된 지식을 외면하고 '돈오'(頓悟) 를 추구하는 '선불교(禪佛敎) 의 마음 다스림'을 비판한다. 그에 따르면, 선불교에서는 수양하지 않고 '성인'(聖人) 이 될 수 있고, 배우지 않고 '큰 도'(大道) 를 알 수 있다고 하지만, 이것이 틀린 생각이다. 틀린 이 생각이 결과적으로 인륜을 살피지 않게 하고, 사물들을 밝히지 않게 하고, 정치를 소홀하게 하고, 덕성을 교란케 하는 원인이 된다.[7] 이 정도만 살펴도, 인식론과 존재론을 혼합하여 독특하게 이룬 '불교의 세계관'과, 불교의 초이성적 직관에 의한 방법에 깃든 '비실제성'이 곧 그의 불교배척의 구실이 되고 있음이 밝혀진다.

3) 명도의 리철학적 척불설

리철학을 회암 이전에 숙성할 정도로 구상한 학자가 명도(明道, 程顥) 와 이천(伊川, 程頤) 형제임은 다 아는 대로다. 이들 역시 그 철학의 구상과 함께 그것을 토대로 척불설을 냈다.

명도는 불교의 사상적 특성을 '허'(虛) 로 판단하는 반면, 유학의 특성을 '실'(實) 로 판단한다. 그 구체적인 근거로 그는 '경'(敬) 의 수양을 든다. 그의 판단으로, 불교의 수양은 '경이직내'(敬以直內) 로 말하자면 다만 공활하여 '의이방외'(義以方外) 를 못하는 데 비하여, 유학의 수양인 '경이직내'는 담연허명(湛然虛明) 하여 모든 리(萬理) 를 구비하여 마침내 '의이방외'를 할 수 있다고 한다.[8] 이때 그가 의미하는 '방외'(方外) 는 '오륜의 도'를 바르게 행함이다.[9] 이에 그는 불교를 "상달

---

7) 앞의 책, 권13, 14항.

8) 《朱子語類》, 권126, 31항.

(上達)에 힘쓰되 하학(下學)이 없다"고 지탄한다.[10)]

그에 따르면, 유학은 수양론 부문의 상달을 가졌을 뿐 아니라 오륜의 도덕설도 가지고 있어, 하학을 결여한 불교와 달리 상하를 다 구비하였고, 그런 만큼 '실'의 특성을 지녔다. 반면 불교는 수양을 한들, 실생활의 도덕론 같은 하학과 무관하므로 '허'하다.

명도는 지옥에 대한 불교의 언설을 "허위의 가르침을 세움(立僞敎)"에 불과하다고 본다. 선불교의 핵심인 '식심견성'(識心見性)에 대하여서도 그는 맹자(孟子)의 '존심양성'(存心養性)만 못한 것으로 평가하고 비판한다.[11)]

이천(伊川)의 척불설은 잘 눈에 띄지 않지만, 그 이론의 성격은 회암의 척불설 속에서 실마리 정도가 잡힌다. 그는 불교배척을 실증할 수 없는 것에 의거하여 하지 않고, 실증할 수 있는 것에 입각하여 하려고 한 것으로 추정된다.[12)]

3. 회암척불설의 요지와 그 특징

회암이 불교를 배척하는 이유는 매우 많다. 그 주요한 것만 간추리면, 첫째, 불교에는 극락왕생으로 대표되는 기복을 위한 여러 재계(齋戒)형식의 허구와 미신이 있다는 것, 둘째, 특히 인륜 도덕에 대한 불교의 경시가 현실의 가정과 국가생활을 교란 붕괴시킬 가능성이 있다는 것, 셋째, 불교에서 유학과는 근본적으로 '상이한 이론'으로 그 파

---

9) 《近思錄》, 권13, 3항.

10) 앞의 책, 권13, 4항.

11) 앞의 책, 권13, 4항.

12) 회암은 불교의 '空'에 대하여서는 논할 필요(또는 가치)가 없음을 주장하기 위해, 이천의 말임을 밝히고 "'跡'에 입각하여 단절해야 함(只消就跡上斷)"이라는 언구를 인용한 적이 있다. 이로 미루면 그의 불교비판 태도가 실증적인 것을 위주로 하였음이 짐작된다(《朱子語類》, 권126, 2항).

괴적인 성향을 뒷받침하고 있다는 것이다.

이 가운데 둘째까지는 어느 성리학자나 다 불교배척에서 공통적으로 지적한 주장이므로, 회암의 경우에 이것들을 되풀이할 필요가 없다. 특히 둘째 항은 창려를 필두로 불교배척에서 가장 큰 논거로 이용하였음을 이미 위에서 지적하였으므로 그것을 재론해야 할 이유가 없다. 이 대목에서는 셋째 항에 해당하는 내용만 살피는 것이 중요하다.

회암이 불교의 심층철학으로 주목한 것은 대체로 두 가지로 압축된다. 하나는 《반야심경》에 뿌리를 두고 연찬되어 온 승조(僧肇)의 '조론'(肇論)에 담긴 '공론'(空論)이고, 또 하나는 달마(達磨)가 중국에 전해온 선불교로서, 혜능(慧能) 이후 남종선파(南宗禪派)에서 번성하였던 '선(禪)사상'이다. 회암은 주로 불교철학 가운데서 이 두 이론에 반응을 보인다. 그는 불교의 이론 가운데 이 두 사상이 낳는 폐해가 가장 크다고 판단한 듯하다. 심층적 철학 차원에서 행하는 그의 '불교이론 비판'은 실상 이 두 가지 사상에 대한 것이라 하여 과언이 아니다.

1) 공설에 대한 비판

불교의 '공'사상에 대한 유학자들의 이해는 원초적으로 노장철학적인 시각이 적용되었듯이, 불교입장 아닌 유학의 입장에서 편의에 따라 이루어진다. 여기에 그 이해의 한계가 있게 된다. 이는 이미 번역불교시대부터 불가피하게 띠었던 격의불교(格義佛敎) 경향이지만, 회암도 이 경향에서 완전히 자유롭지는 않았다.[13] 하지만 그가 불교이론의 어떤 점을 어떻게 비판하는가 하는 '그의 불교비판론 자체'만을 여과없이 고찰함이 이 글의 목적인 만큼, 그의 불교이해의 타당성 여부의 검토는 이 글에서 대부분 생략한다.

불교의 공론이 기본적으로 현상계에 대한 이해를 "비유(非有) 비무

13) 金美榮, 〈朱熹의 佛敎批判과 工夫論 硏究〉(고려대 대학원 박사학위논문, 1998, 147쪽).

(非無)이므로 공이라고 한다"는 논리에서 출발함을 회암은 일단 받아들인다. 이 공론이 마치 진속불이(眞俗不二)임을 깨달아 유무로 인식되는 현상계에 인간들의 집착이 없도록 하기 위한 방법으로도 강조됨에 대한 그의 고려는 찾아지지 않는다. 그는 '공'을 논하게 되는 '유무'를 일단 '현상(사물)의 속성' 같은 것으로 보고서 논의를 편다.

회암은 사물의 유무를 넘어선 그 본체에 해당하는 불교의 공에 두 가지가 있음을 환기한다. 그는 특히 승조가 공을 '현공'(玄空)과 '진공'(眞空) 두 가지로 말한 것에 대하여 아래와 같은 견해를 피력한다. "현공을 말하고 또 진공을 말하였다. 현공은 곧 어떤 사물도 없는 것이고, 진공은 오히려 무엇이 있는 것이니, (이는) 우리 유학에서 말하는 것과 대략 같다. 하지만 그것은 천지사방과 관계없고, 다만 하나의 심(心)을 이해할 뿐이다."[14] 그는 본체로서 그 안에 아무것도 없는 현공은 무시하고, 거기에 무엇이 있다고 상정된 진공만 유학의 사유와 비슷하다고 긍정한다. 하지만 그것도 실물과 관계없이 심만을 이해한다는 이유로 그는 마침내 부정한다. 성리학으로 볼 때에는 '심'도 공과 비슷한 '허'의 특성을 가졌기 때문이다.

회암은 사물의 본체로서 '공허'하지 않고, 오히려 '충실'한 특성을 가진 것은 무엇이라 생각했을까? 그 의문을 풀 열쇠가 그의 다음 글 속에서 발견된다. "석씨는 도리(道理)를 공허하고 부실한 것으로 보기 때문에, 초탈하여 사물과 얽힘을 다 제거해야만 비로소 번뇌가 없는(無漏) 부처의 지위로 된다. … 우리 유자는 도리를 깨달으면 곧 (자신도) 실하여진다. 그러므로 처음부터 끝까지 서로 합치되지 않는다."[15] 이 글로 미루면 그가 충실한 실체로 간주한 것은 도리라고 표현한 '리'(理)다. 리야말로 '실'한 특성을 지녀, 그것을 이해한 사람까지 실하게 되는 것이라는 의미가 이 문맥에 함축되었다.

14) 《朱子語類》, 권126, 17항.

15) 앞의 책, 권126, 39항.

이에 하나의 의문이 일어날 수 있다. 리는 기와 달리 감각을 초월하는 보편적 원리인 만큼, 기와 대비될 때에는 성리학자들도 '리를 허하다'(理虛氣靈)고 하기 때문이다. 기와 비교할 경우 성리학자들이 그렇게 말하는 것은 사실이다. 그러나 본체로서의 '리'는 특히 이천의 표현을 빌리면, "(형상이 없이) 비어서 아무 조짐도 없지만(沖莫無朕), 모든 상이 다 갖추어진 것(萬象森然已具)"으로 상정된다.16) 이는 리가 모든 현상을 이룰 가능성 같은 잠능이 구비된 것이라는 의미인 셈이다. 이렇게 모든 것을 이룰 가능성을 구비하였음을 전제한 데서 '리를 실하다'고 하게 된다.

리를 '도리'라고 표현할 때에는 구체적인 도덕규범의 원리 같은 의미가 짙지만, 그렇더라도 그 '도덕규범의 실용성'을 감안하여 회암 같은 학자들은 리를 실하다고 함이 이 개념의 일반적인 용법이다. 이런 용법에 이르면 회암은 리의 실함을 강조하기 위해 '실리'(實理)라는 용어를 구사한다. 이 점을 그의 문장으로 확인할 수 있다. "'하늘이 부여한 것을 성이라 한다'(天命之謂性)는 것을 불자들(석씨)은 알지 못하고, 서둘러 공의 깨달음을 말한다. 우리 유학자가 말하는 것은 실리여서, 저들이 틀렸음을 간파한다"17)라는 언구가 그러한 것이다. 그렇지만 이것은 그가 리에 대해 언급하는 서두에 불과하다.

회암은 이에 이어 다음과 같이 적는다. "저 공한 점〔空處〕을 말하는 데 이르면 더는 귀착할 것이 없다. 사람의 마음이란 그 가운데 스스로 부자·군신·형제·부부·붕우가 있어야 하는데, 불자가 철저히 하는 것은 부자·군신·형제·부부·붕우와 다 친하지 않는 것이다. 우리 유학자들이 철저히 하는 것은 부자유친·군신유의·형제유서·부부유별·붕우유신이다. 우리 유학자들은 (이것을) 하나의 성실한 도리로 인지할 따름이다. 성실은 모든 선(善)의 골자다."18) 이로 보면 회암이

---

16) 이황은 沖莫無朕을 理의 體라 하고, 萬象森然已具를 리의 用이라 한다.

17) 《朱子語類》, 권126.

18) 앞과 같음.

서두에서 '하늘이 부여한 것을 성이라 한다'를 언급한 의도는 그《중용》에 쓰인 대로 '성을 따르면'(率性) 오륜의 도리로 나타내는 '도덕의 리'를 실행하게 됨을 논하려는 데 있었다. 그는 "성이 곧 리(性卽理)임"을 앞세워, 그 성과 리를 논하는 귀착점이 불교의 공설과 달리 오륜으로 상징되는 실용적 도덕의 실천임을 역설하여, 결국 불교보다 '유학의 우월성'을 확보하려 하였다.

이러한 것은 앞의 인용문을 반추할 때, 더 명백하고 확실해진다. 회암의 견해로는 진공(眞空)에는 무엇이 있다고 하더라도 그것은 "천지사방"이라는 이 세계와 무관하므로, 세계의 모든 것을 이룰 수 있는 '리'와 다를 뿐 아니라 보다 저열하다는 평가를 내리게 된다. 설령 거기에 '심'이 있어 그것만은 이해하려 하더라도, 그 불교의 심은 결국 공적(空寂)에 귀착할 뿐 아무 실제적인 실용성을 지니지 않는다. 이에 비해, 유학의 심은 비록 기보다 허하지만, 오히려 허하기 때문에 "모든 리를 다 갖추었고(具衆理)", 나아가 그 리가 심을 "모든 처지의 사물에 대응하게(應萬事)" 한다는 것이 그의 생각이다. 그로서는 어느 모로 보나 자신이 상정한 '리가 공보다 우월하다'는 판단에 이른다.

2) 선사상에 대한 비판

중국의 선사상은 엄밀히 살필 때 선학(禪學)과 선종(禪宗)이 구분되는 것을 비롯하여 상당히 복잡하다. 선종 역시 그 갈래에 따라 주장하는 이론에 약간의 차이가 있다. 이렇게 다양한 종파들에 공통되는 기본이론은 있다. 그것은 "직지인심(直指人心), 견성성불(見性成佛)"이다. 회암이 비판의 이견을 보이는 것은 주로 "견성성불", 특히 "견성" 부분이다. 그리고 송대에 논란이 된 '간화선'(看話禪)을 그는 비판의 대상으로 삼는다.[19)]

---

19) 논자의 이 판단은 대체로《朱子語類》를 근거로 한 것이므로 확실하지는 않다.

회암이 독해한 "견성성불"은 혜능(慧能) 문하에서 성립된 《단경(壇經)》에 기록된 것이었던 듯하다. 이 서적에서 논의되는 '견성'의 '성'(性)은 흔한 해석대로 '불성'(佛性)의 의미를 일단 함유한다. 이것은 또한 "자성(自性) 중에 만법(萬法)이 현현된다"[20] 고 설명되는 데서 보듯이, 법신불을 이루는 일종의 '본체로서의 성'으로 상정된 데에 그 독특한 특징이 있다.

이에 대한 회암의 비판은 견성하는 방법과 그 결과에 대한 두 가지로 분류된다. 첫째, 정주계 학자라면 모든 사물에 대한 지식은 그것이 무슨 지식이든지, 이치를 궁구하는 궁리(窮理) 형식의 이른바 격물(格物)로 이루어진다고 생각한다. 어떤 매개도 없이 '직접 마음에서 불성을 깨달음'이란 그들에게는 납득되지 않을 이론이다. 둘째, 성에 대한 직관적인 깨달음(頓悟)으로 모든 번뇌가 사라진 열반 해탈의 경지에 이른다는 이론은 설령 그 경지가 실제로 성립되더라도 문제다. 본원유학 이래 유학에서도 존심양성(存心養性), 진심지성(盡心知性), 명명덕(明明德), 성심진성(誠心盡性)을 수양법으로 강조하여 오는 터지만, 그 수양은 다 바른 나와 가정과 국가생활을 이루기 위한 수단이다. 그런데 "견성성불"은 비록 방법을 논외로 하더라도, 그 결과가 가족 등 타인들과 상관없이 자신만이 '홀로의 행복'에 젖는 경지에서 그친다. 이 점이 유학의 목적과 달라 마땅하게 여길 수 없는 점이다.

먼저 '직지인심(直指人心)을 토대로 견성'하는 방법에 대한 회암의 비판부터 보자. "하늘이 사람들을 낳으매, 사물이 있으면 법칙이 있다. 그대가 본 것과 불교의 설은 사물만 있을 뿐 법칙이 없다. 그러므로 유학(성인의 문하)과 차이가 있다. 하물며 맹자가 지성(知性)이라 한 것은 곧 물격(物格)을 말함인 데에야!"[21] 라는 것이 그의 비판이다.

회암의 견해로, 모든 사물에는 각기 리칙이 있어, 어떤 사물을 안다

---

20) 《壇經》, 354중 하. 앞 金美榮의 論文(158쪽)에서 재인용.

21) 《朱子語類》, 권126, 53항.

는 것은 그 사물의 리칙을 궁구하여, 곧 '물(物)을 격(格)하여', (그것을) 아는 것이다. 맹자가 "성을 안다"(知性)고 한 것은 성의 리칙이 궁구되었음, 곧 '물이 격하여졌음'을 뜻한다. 이런 사유로 볼 때 '직지인심'이란 리칙의 궁구함이 없는 것이고, '견성'은 물론 깨달은 것이 있음이다. 결국 불교의 '견성'은 회암에 따르면, '궁구와 리칙 없이 성이라는 대상물만 있는 것'이어서 수긍될 수 없다. 직지인심에 의한 견성의 방법부터 틀렸다는 것이 회암의 주장이다. 이는 리칙을 추리하여 얻는 '유학의 지식습득 방법'으로 불교의 직관적으로 얻는 지식추구의 방법을 그 방법의 상이라는 점에서 비판하는 내용이다.

이에 대하여 불교로서는 그들대로 반론의 여지가 없지 않지만, 그렇더라도 그 반론은 이 글의 대상에서 제외할 수밖에 없다. 오히려 여기서 주목해야 할 점은 선종에서 특히 '리칙', 곧 '리'를 간과 또는 결여한다는 것에 회암 비판의 중심이 놓인다는 점이다. 그는 '견성설'이 리를 결여하였다는 것을 꼬집어 (견성을) "추 없는 저울(無星之秤)이고, 눈금 없는 자(無寸之尺)"라고[22] 한다. 이리하여 두 번째 문제는 회암이 '견성'을 '리의 견지'에서 비판하는 문맥에서 절로 나오게 된다.

다 아는 대로 회암은 명도의 '성즉리'(性卽理) 명제를 계승하였고, 기와 상대되는 리는 무작위한 특성을 지녔다고 한다. 이런 그에게서 리로 환치되는 성도 무작위하다고 함은 필연이다. 그런데 문제는 견성의 성이 위에서 이미 언급하였듯이, "자성(自性) 중에 만법(萬法)이 현현되는 성"이고, "법신불(法身佛)을 이루는 본체로서의 성"이라는 이른바 '작용하는 것'이라는 데 있다. 이는 이른바 '작용시성'(作用是性)으로 이해되는 사유다.

이 사유에 대한 회암의 견해는 물론 부정적이다. 그의 부정은 바로 아래와 같이 술회된다. "불자는 원래 이 리일절(理一節)을 알지 못하여, 지각(知覺) 운용(運用)하는 것을 성이라고 여긴다."[23] 이 언구는

22) 앞과 같음.

성을 작용하는 것으로 불교에서 말함은 곧 '리의 무작위성'을 모르기 때문에 하게 된 결과라는 뜻이다. 이것도 그의 성리설에 입각한 비판이지만, '작용하는 것이 성'이라는 이론은 있을 수 없다는 것이 곧 그의 견해이다.

회암이 본 불교는 특히 선종의 간화선까지 살핀들 어느 사상이나 다 '리를 결여'하거나 '리를 잘못 알았거나' 한 데서 야기된 오류로 점철된 사상인 셈이다. 그가 간화선에 대하여 언급하는 자리에서 불교의 '궁극의 경지'에 대한 그의 견해가 피력된다. 그는 이렇게 적고 있다. "만약 이에 마음을 전일(專一)하게 쓴다면 스스로 통달할 수 있을 것이다. …그러나 그들은 다 의리가 없이 오직 공적일 따름이다. 유자의 학문은 많은 의리를 지니고 있어서, 투철히 깨우치면 사물을 관통할 수 있고, 고금을 통찰할 수 있다."[24] 이 글에서 회암이 간화선에서 행하는 '전일의 방법'만은 인정한 것이 이채롭다. 이는 성리학의 '경'(敬)의 마음가짐이 곧 '전일'(또는 精一)로 흔히 설명됨을 감안하면, 심성수양에서 불교와 성리학의 공통점이 있음을 그가 인정한 증거다.

하지만 그는 그 수양의 결과에서 초래되는 두 사상의 차이를 크게 문제시하였다. 바로 그 점이 유의해야 할 점이다. 이 글에서 회암은 리를 '의리'로 더 구체화하여 그의 견해를 표명하였다. 의리로 구체화한 이유는 이렇게 할 때라야 리가 지닌 '도덕규범의 원리' 성격이 더 명백해지기 때문이다. 그에 따르면, 불교는 궁극에 가서도 결국 의리로서의 리를 결여한다. 그것도 단순히 리를 결여하지 않고 '공적'(空寂)에 빠진다. 이는 '인간 및 세계의 도외시'에 해당하는 표현이기도 하다.

이로써 회암의 불교비판은 유무의 '공설'에 대한 비판에서나, 선종의 '견성설'에 대한 비판에서나 한결같이 '불교에서는 리를 결여하고 공적

---

23) 앞의 책, 권126, 52항.

24) 앞의 책, 권126, 44항.

에 빠진다'는 주장으로 이루어졌음이 확인된다.

4. 회암성리학의 위상 성찰

1) 불교의 영향

사상의 교류에서는 으레 서로 영향을 주고받게 마련이듯, 불교를 비판 배척한 회암의 성리학은 실상 불교의 영향을 받으면서 된 '유학의 변개'다. 본원유학과 이론체계나 내용이나 그 전에 볼 수 없는 정도로 다르게 된 점에서, 회암사상으로 대표되는 성리학의 성립은 유학의 변개 가운데 가장 큰 것으로 꼽게 된다. 이는 상대편 사상을 극복하기 위하여서는 상대편 사상의 특장을 이 편에서도 갖추지 않으면 안 되는 거의 불가피한 조건에서 오는 현상이기도 하다. 그런 점에서 회암의 불교배척을 성찰하는 자리에서는 '불교의 영향'을 약간이나마 일별함이 성찰에 더 도움이 될 것이다.

정심(正心) 성의(誠意)로 대표되던 유학의 수양설은 창려를 기점으로 점차 복잡하여지고 중요시되었는데, 그 원인은 불교의 선과 대등하려는 성리학자들의 대립의지가 작용하였기 때문이다. 창려에게서 정심 성의 등의 심설과 '성삼품설'(性三品說) 그리고 성과 정의 관계를 논한 습지(習之, 李翱)에서[25] '복성서'(復性書)가 나온 것, 북송성리학자들에 의해 원초유학의 갖가지 심성 수양설이 재조명되면서 강조된 것이 그 한 사례다.[26] 이어 염계(濂溪, 周敦頤)는 중정(中正) 지향의

---

25) 李翱는 "情을 因性以情이라 하고, 性을 由情以明"이라 하였는데, 馮友蘭은 그의 《中國哲學史》에서 이를 각각 불교의 '淨明本覺之心'과 '無明煩惱之心'에 해당한다고 하여 불교의 영향을 밝히려 하였다.

26) 북송성리학자들은 공자의 '克己復禮說'을 비롯하여 맹자의 '寡慾說'과 '存養性說 및 '明明德'을 언급한 《大學》과 《中庸》의 '愼獨' 및 《中庸》의 '戒愼', '恐懼', '精一執中' 등 본원유학의 수기설을 총체적으로 상기하면서, 그것이 지닌

'주정설'(主靜說)을 제기했고, 횡거(橫渠, 張載)는 성을 천지의 성(본연성)과 기질의 성으로 변별하면서, '심통성정'(心統性情)을 창안하였다. 그러다가 이천(伊川, 程頤)은 염계의 주정설을 불교색채라고 반대하면서 '거경궁리설'(居敬窮理說)을 제창하였다. 회암은 이것을 계승하여 '경'이 '심의 주재자'로서 지닌 의의를 밝혔다. 이에 정주계 성리학에서는 창려가 원용한 정심이 '경의 심법'으로 확립되어 '선법'에 적극 대립하는 데 이용되었다.

성리학에서 잘 사용하는 '체용의 사유'가 학자들의 지적대로 불교의 영향이었을 것을[27] 감안하면, 비록 본원유학에 '현미무간'(顯微無間) 같은 사유가 있었지만, '심의 동정'에 체용의 이해를 적용한 여러 심성정설[28]의 성리학적 비중은 곧 불교의 영향을 짐작케 한다.

회암 등이 허령불매(虛靈不昧)로 나타내어 불교의 심설보다 정교한 이론을 성립한 '심의 지각'도 원천적으로는 불교의 영향으로 알려져 온다. 불교의 유식설에서 사용되는 '각지'(覺知)나 선의 '돈오'(頓悟) 개념은 심에 지각능력 있음을 이미 전제한 것이라는 데 그 영향설의 근거가 자리한다.

성리학의 존재론 분야에 속하는 '리일분수'(理一分殊)의 사유도 '일(一)의 리'가 체인 데 비하여 '그 분수'(分殊理)는 용에 해당한다. 이리를 회암이 태극으로 환원하여 낸 그의 태극설(즉 總體一太極, 物物各有一太極說)은 비록 내용은 다르지만, 그 본디 사유체계가 화엄종의 '인타라망경계'(因陀羅網境界)와 천태종의 '법성론'(法性論)에서 받은 영향임을[29] 인정하면, 불교의 영향은 결코 심성론 분야에만 한정되지 않는다.

가치의 재발견에 힘썼다.

27) 林果堂이 대표적이다.

28) 예를 들면, '寂感'(寂然不動, 感而遂通), '未發 已發', '性情'이 그러한 것이다.

29) 馮友蘭, 《中國哲學史》, 1959, (홍콩판), 902~903쪽.

불교의 법계설에 사용된 '리(理)와 사(事)'의 개념은 성리학자들의 필수적 이론도구인 '리기' 개념과 크게 다르지 않다. 크게 다르지 않은 점에서 이 개념들의 의미일부는 불교에서 암시받지 않았을까 추측된다. 하지만 원천적으로 그렇다고 해도, 리기개념은 그 나름의 독특한 의미를 지니고서 불교의 리사와는 전혀 다르게 사용되었다. 그 결과 이것들은 불교와 완전히 변별되는 철학사상인 '성리학의 성립'에 적극 이용되었다. 이렇게 고찰하면, 불교는 '회암 성리학의 성립'에서 하나의 디딤돌 또는 반사경 같은 구실을 한 사상에 해당한다.

2) 회암 성리학의 시대사상 역할

시대사상의 위치에서 불교를 제거한 회암 성리학이 기여한 역할, 곧 그 영향은 어떤 것인가? 동아시아의 13세기부터 18세기는 실로 '회암의 성리학시대'라 해도 과언이 아님을 감안하면, 이제 그의 성리학이 이룬 사상풍토를 그 전 불교시대와 어떻게 다르게 영향을 끼쳤는지 구체적으로 살펴야겠다.

회암 성리학의 영향을 살피는 방법으로는 여러 가지가 있을 것이다. 그 영향은 환원하면 회암 성리학이 지닌 '성향의 발로'라고 할 수 있으므로, 이 고찰에서는 '불교극복의 시각'에서 드러난 회암 성리학의 '특징적 성향에 따른 현상'을 찾는 방법을 구사하려 한다.

회암은 불교의 '공론'과 '성론'을 가리켜, 그것들이 각기 '실'(實)을 모르는 데서 오는 '공허한 주장'이고, 마침내 '부실한 공적(空寂)'에 빠지는 사유라고 비판하였다. 그는 그러한 공과 성에 대비될 자신의 대안적 개념을 도리, 의리로 구체화되는 '리'(理)로 제시하였다. 그 리야말로 공허하지 않고 공적에 빠지지 않는 사유의 본원이라는 것이 그의 견해였다. 리가 곧 불교의 근본 약점을 극복할 사유의 핵에 해당한다는 것이 그의 판단이다.

'리'의 개념도 '기' 개념과 비교하면 허한 특성을 지닌 것임은 그도 부정할 수 없었다. 그렇기 때문에 그는 때로 리를 "지극한 무지만 지극한 유(至無而至有)이고, 지극히 허하지만 지극히 실함(至虛而至實)"이라고 한다. 이는 감각을 기준으로 보면 리는 '무와 허'의 특성을 지녔지만, 그 의미내용으로 보면 '유와 실'의 특성을 지닌 것이 리임을 가리킨다. 위의 고찰에서 그가 리를 도리, 의리로 나타낸 것도 바로 그 의미에 입각하여 리를 말한 증례다.

도리의 리는 천도(天道)에 대비된 인도(人道)인 예·인륜·도덕을 상징적으로 나타내는 개념이다. 부자·군신·형제·부부·붕우 관계에 적용된 친(親)·의(義)·서(序)·별(別)·신(信)의 '오륜으로 대표되는 도덕규범'이 곧 도리인 리의 내용이었다. 그 오륜의 도리야말로 창려 이후 회암에 이르기까지 성리학자들은 가정·사회·국가생활이라는 현실을 진실되고 성실하게, 한마디로 '실'하게 이끄는 수단이라고 판단하였다. 오륜의 확립에 의한 '현실의 긍정'과 '도덕의 확립'은 이들의 불교배척의 대표적 논거이며, 불교배척의 명백한 목적으로 명시되었던 것이다.

이런 내용의 리를 불교의 공허에 대안적 가치로 제시한 회암 성리학은 그 후 오륜적 '도덕규범 확고화'의 현상을 초래함이 필연이었다. 그가 제자인 유청지(劉淸之)에게 저술을 권하여 간행한 《소학》의 주요 내용이 '삼강오륜'으로 된 것이 그 하나의 증거다. 회암 성리학이 '동아시아에 끼친 영향'으로는 불교의례를 버리고 유교예속과 삼강오륜을 철저히 실천한 사실이 첫손으로 꼽히게 되었음은 결코 우연이 아니다.

도덕규범을 투철히 실행하던 '사상풍토의 조성'으로 해서, 회암 성리학을 명(明)과 마찬가지로 통치원리로 이용한, 곧 이데올로기화한 조선시대에는 정치의 양상마저 '예치'의 성향이 매우 두드러지게 나타났다. 이와 같은 회암 성리학이 만연함에 따라 사회적으로 '의리'로 통하는 '명분'(名分)을 대단히 중요시하는 사유경향이 일반화되었다. 그 경향은 또한 이성에 의거하여 합리성을 추구하는 일종의 '합리적 사유경향'이라 풀이되는 것이다. 중국에서나 한국에서나 성리학을 통치원리로 채택한 뒤로 '과거제도의 시행'이 정상적으로 된 것은 이러한 합리적 사유경향이 발로된 현상, 곧 그 영향력의 실제적 현상이라고 보인다.

도덕의 철저한 실천은 자연히 그에 선행하는 요건인 수기의 적극화를 가져왔다. 그것의 적용범위는 제왕과 지식층이고 특히 중소지주 신분의 지배층인 사대부들에 거의 한정되었지만, 그 범위에 드는 인물들, 특히 회암 성리학의 지식을 약간이라도 가진 인물들의 수기는 불교승려의 그것 못지않은 엄격주의적 수련을 해야 했다. 그러한 수기는 덕성이 두드러진 이상인(理想人)인 '군자의 태도형성'에 부합하였지만, 또한 '예치에 적합한 인물의 본보기'로도 적합성을 띠었다.

선종의 '성'은 "자성 중에 만법(萬法)이 현현되는 것, 또는 법신불을 이루는 것"으로 논의되고 "작용"으로 표현되었다. 이는 이 성이 윤회의 주체인 '아라야식'(識)과 맞먹을 만한 것임을 의미한다. 그 성론은 풀어 말하면, 인과응보 사유의 실체적 표출 이론인 윤회설(輪回說)의 기반을 이루는 단초의 성격을 지녔다고 할 수 있다. 이런 점을 고려하면서, 회암이 공적에 빠질 것을 이유로 그 성을 부정한 사실을 성찰하면, 그 부정은 이론 자체의 타당성 못지않게 '부정의 여파'가 몰고올 파급영향의 큼에 유의하지 않을 수 없다.

그 여파란 우선 윤회설을 무의미하게 함이고, 다음은 자유로운 의지를 간과한 숙명론적인 인과(因果)의 제약을 벗어나게 함이다. 그 부정은 결국 불교의 인과응보(因果應報) 사유를 버리게 함으로써 인간 '의지의 자유(自由)'를 보다 더 인정하는 길을 텄다는 의미를 지닌다. 회암계 성리학자들이 그 전보다 '엄정한 과거'를 통하여 인재선발에 힘쓴 사실은 곧 출신성분보다 실력이라는 '능력본위'의 길을 연 것이고, 그런 점에서 이런 사유와도 결코 무관하다고 할 수 없다.

이 대목에서 논자는 회암의 성리학이 시대사상 역할을 하였던 시기인 동아시아의 13세기~18세기를 유학자들의 시대구분에서 자주 중세도, 근대도 아닌, '근세'(近世)로 표현하는 것에 주목한다. 좀 애매한 구분임에도 불구하고, 그 근세라는 시대구분을 하는 데에는 합리적이고 실력본위로 선발된 이른바 '과거를 통한 관료들' 또는 관료와 관료 후보까지 합친 '사대부들'이 역사의 실질적인 주역으로서 합리적인 정신을 중세보다는 더 강하게, 그러나 근대보다는 약한 상태로 그 시대를 이끌었다는 판단이 작용한다고 이해된다.

3) 근세사상적 한계

이제 시야를 회암의 불교배척범위 이상으로 넓히면, 그의 사상은 어떻게 심찰될 수 있을까? 사실 그가 불교의 공허에 대립하여 말한 유학의 '실' 특성은 반드시 '리'의 측면에만 한정되지 않는다. 그것은 기세계(器世界)로 표현되는 '기'(氣) 측면에도 해당된다. 이 경우가 오히려 감각 경험되는 세계라는 점에서 더 실감되는 측면이기도 하다.

이 기의 실한 측면도 따지자면 불교에서 '환망'이라고 함을 상기할 때 더욱 대칭되는 사유 측면임을 깨닫게 된다. 회암은 이 기세계를 결코 환망으로 간주하지 않았다. 그도 유학자들이 다 그렇듯이 감각되는 대상세계를 의심하지 않기 때문에 기의 존유를 그대로 긍정하였다. 그리고서 특히 기로 된 '자연계와 인간의 관계'를 공자가 말한 인(仁)을 매개로 연결코자 하였다.

회암은 인을 공자의 설명대로 '인간사랑'〔愛人〕으로 이해함은 물론, 명도의 규정인 '생의'(生意)라는 풀이를 받아들인 다음, 나아가 '생물지심'(生物之心) 또는 '생물지성'〔生物之性, '생물지리'(生物之理)〕으로 해석한다. 이 해석을 앞세워 그는 인성의 발현을 애물 차원으로 확대·구현하면, 명도의 천인합일설인 "나와 만물의 합일"이 가능하다고 하였다. 이런 사유는 물론 우주를 생명체로 여긴 일종의 유기체관의 발상에 해당한다. 유기체관을 바탕으로 한 그의 '우주 자연과의 합일설'에서, 그가 지향하던 '실' 사상은 현세적 삶을 실질적으로 충실하고 성실하게 하려는 의도의 극치를 이룬다. 이는 그의 사랑하는 심성인 '인성(仁性)의 극대화'가 곧 우주 자연과의 합일임을 확인시키는 사유이기도 하다. 여기에 깃든 자연애호사상이 현대적인 자연친화의 의의까지 함유함은 물론이다.

현상 전체를 환망으로 간주하는 불교사상과 그렇지 않은 회암사상은 이 대목에서 잘 대조된다는 평가가 나온다. 그러나 불교도 세계를 사대(四大)의 집합으로 설명하면서, '자비(慈悲)의 마음'을 인간뿐 아니라 만물에까지 구현하려 함을 상기해야 한다는 반론이 있을 수 있다. 소극적으로는 '불살생'의 계율을 비롯하여, 적극적인 사유로 대승불교의 '요익유정'(饒益有情) 이상이 다 그러한 반론의 근거가 될 것이 분명하다.

불교에서 이 경지에 오는 과정이 문제다. 자신을 위하여 돈오 성불을 주장함과 달리, 이 경지의 도달은 현실의 부정을 재부정해야 하는 어려움이 있다. 수도자가 아닌 경우 인간 심정의 가변성으로 보아, 한 번의 부정에서 그칠 가능성마저 농후하다. 그렇게 되면 현세의 삶에 소홀해질 위험은 유학자 일반이 지적하는 것이다. 처음부터 고멸(苦滅)을 지향하고 출발한 불교의 성격이 이기적이라는 비판을 면하기 어렵다. 이런 점에서 회암 사상은 다시 힘을 얻게 된다.

문제가 자연애호 이전에 '인간의 평등사상'을 얼마나 강도 높게 실현하였는가에 이르면, 회암사상도 비판의 대상에서 자유롭지 못하다. 물론 불교에서 "모든 인간이 부처로 될 가능성(불성)이 있다"는 정도로, 유학에서도 "누구나 성인(聖人)으로 될 수 있다"고 함은 원초유학부터 회암사상에 이르기까지 일관된 사유다. 부처로 됨에서 평등이 상정되듯이, '성인으로 됨에서 긍정되는 평등' 정도가 회암사상에도 함유되었다. 보다 더 심층적인 평등문제는 회암 후 성리학계에서 보인 '민인에 대한 배려'에 있다. 이 점에 있어 회암성리학은 과거 불교가 대지주 위주로 보인 배려에서 대체로 '중소지주 위주로 보이는 배려 정도'의 차이가 있을 따름이다. 그 점은 특히 《주자증손여씨향약(朱子增損呂氏鄉約)》에서 확인된다. 회암은 '지주와 전호의 관계'를 오륜의 연장선에서 '엄격한 주종(主從)의 관계'로 설정하고 있기 때문이다. 노비제가 여전히 회암에게서도 당연시됨은 물론이다. 따라서 적극적 또는 본격적인 '인권 차원의 자유'는 그의 성리학에서 아직 고려되지 못하고 있다. 그의 사상이 근대사상에 들지 못하는 원인이 바로 이러한 데 있다. 그의 사상을 중세보다 진보된 듯이 보이도록 한 '근세사상'(近世思想)이라는 평가는 유학자들이 한껏 호의로 내린 평가이다.

여기서 논자는 기독교가 박애를 구호화 하기까지 종교개혁과 아울러 부단한 '자기변신의 신학'이 있었음을 상기하게 된다. 물론 불교나 유학에서도 여러 차례 자기 변신의 신학설이 있었다. 소승, 대승, 밀교 그리고 원초유학, 훈고유학, 성리학, 실학 등이 그 실례다. 성리학은 원초유학과 훈고유학을 한 번에 아울러 수용하고 변개한 이른바 '신유학'(新儒學)이다. 허나 불교가 대승 이후 설득력 있는 이론 창출에 무기력하듯이, 회암성리학 이후 유학계 역시 현대의 지성에 파고들 새로운 사상의 창발에는 등한한 것 같다. 이에 회암사상으로 대표되는 성리학의 미래는 그 장단점을 엄격히 가려 '재활의 활력소로 될 이론'들을 얼마나 더 잘 키워내느냐에 달렸다고 논자는 예단한다.

제 3 장

현대사회와 유학의 재변용

유학과 사회발전

1. 유학의 사회관에 대한 재인식

금세기 초기까지도 유학(儒學)이 주도하는 사회는 미래지향적 시대발전의 관점에서 별로 관심을 끌지 못하였다. 그 이유는 역사상 동양 후진사회 또는 정체사회의 대표적 예에 속하는 것이 바로 전근대적인 유학에 기초한 사회라고 믿었던 통념에 있었다.

전통적 유학사회에는 실제로 그렇게 판단될 요소가 많았음을 부인할 수 없다. 유학문화권의 사회에서는 이미 B.C.11세기경(周代)에 이루어진 중국의 '봉건'적 사회체제가 실로 20세기 초에 이르기까지 점차 쇠미하여지는 추세로나마 잔존해왔다.

그 봉건제로 지칭된 유학사회란 가부장적 종법의 관념이 가정(가족)과 사회와 국가의 구조적 준거로 된 사회였다. 그 사회에서는 삼강·오륜에서 보듯이 가정에서는 부친(父親)과 부군(夫君)이 자식(子息)과 부인(婦人), 사회에서는 연장자(年長者)와 남자(男子)가 연소자(年少者)와 여자(女子), 국가에서는 제왕이 신민에 대하여 각각 우위를 점유하였다. 농경 위주의 생산·소유에서는, 지주와 소작(佃戶)의 관계가 마치 주인과 노비의 관계와 비슷하였고, 관료제의 발달과 더불어, 그 사회는 부귀영욕의 관념이 그대로 귀족·평민·천민의 계층관념으로 통하게 되었다. 직업의 상이까지도 '사농공상'(士農工商)의 이른바 사민(四民)적 차등을 초래하였다.

유학사회의 이런 위계질서는 대체로 수평적 평등의 성격이 매우 희박하고, 반대로 상하 수직적 계층의 성향이 강한 '불평등'의 비민주적 질서였다. 여기에 근대화의 특징적 현상인 공업화·산업화에서도 유학권역은 일본 이외에는 낙후된 상태를 면치 못하였다. 과거 구미인들이 유학권역을 전근대적·정체적 후진사회의 본보기처럼 간주한 것은 이와 같은 전통유학이 야기한 사회적 요소에 근거한 것이다.

그러나 유학에도 어느 종교나 철학 못지않게 이상사회에 대한 설계가 있었고, 그것을 현실생활 속에서 실현하려는 사유가 있었다. 그것이 바로 고대유학에서 이루어진 '대동세계'(大同世界)의 사회상이다. 《예기(禮記)》에 명문화되어 있는 이 사회는 다분히 공자(孔子)의 이상세계인 "부보다 균등을 중요시하고 균등보다 화평을 중요시한 사상"[1]을 구체화한 구도다. 이것은 천하(인류) 전체를 공(公)개념의 기준으로 삼아, 공익(公益)으로서의 인류 전체의 이익을 도모하는 시각으로 고안된 것인 데에 그 대표적인 특징이 있다. 그 다음 특징은 현인의 정치로 부(富)의 편중이 없는 균등이 실현되고, 이기심을 극복한 상호 협화(協和)로 도덕적(윤리적)으로 안정되어 도적이 없는 내용으로 되었다. 불우한 처지의 인간들에 대한 사회보장적 복지시설이 완비되어, 신분상의 귀천이나 계급이 문제시되지 않거나 실제로 그러한 것이 부재한다고 할 특징을 지닌 사회상이다.[2]

---

1) 《論語》, 권16, 〈季氏〉: "丘也聞有國有家者, 不患寡而患不均, 不患貧而患不安. 蓋均無貧, 和無寡, 安無傾."

2) 《禮記》, 〈禮運〉: "大道之行也, 天下爲公. 選賢與能, 講信脩睦, 故人不獨親其親, 不獨子其子, 使老有所終, 壯有所用, 幼有所長, 矜寡孤獨廢疾者,

불완전하지만 이 얼마나 이상사회로서 구비조건을 많이 갖춘 발상인가! 어느 시대 어느 사회에서나 현실개선의 준거로 삼기에 충분한 이상사회가 대동사회(大同社會)라 할 만하다. 유학문화권에서는 실제 그런 평가가 작용하여, 이것은 항상 인류의 역사와 문화를 형성하고 평가하는 데서 하나의 부동의 기준으로 간주되어 온 것이 사실이다.[3] 다만 유학자들이 전통적으로 이러한 이상사회의 구현된 모델을 '요순시대'(堯舜時代)였다고 믿었고, 그로 인해 이것은 현실사회의 개선과 문화형성에서 진취적 동인으로 작용하지 못하고 '복고적인 인상' 속에 묻히게 되었다. 요순시대 모델로 해서, 대동사회의 이상이 간과된 채, 유학권역의 역사가 정체·무진보·무발전의 왜곡된 인상으로 각인되었다.

유교권의 사회와 역사에 대한 정체적 이해는 대체로 구미인들이 민주화와 산업화, 즉 근대화에 앞선 그들의 사회를 기준으로 하고, 그들의 과학·기술에 의한 문명의 전개를 진보·발전으로 간주하면서 내린 견해다. 그것은 근대의 구미세력이 (일본을 제외한) 유학권역을 무력으로 강점한 상태에서 갖게 된 이해다. 그 이해를 앞세운 구미인들로는 '유학의 사회관'에 대해 이제까지 깊이 고찰하지도 않은 상태에서, 유학권의 빈궁한 사회상을 위주로 평가하였다. 유학권의 철학적인 사회관 자체에 착목한 경험이 없는 그들로서는 유학권에 대하여 미래지향적 발전의 관점에서도 별로 고려의 가치를 지니지 못하였다고 판단할 수밖에 없었다.

이러한 과거와 달리, 오늘날의 구미인들은 유학의 사회관에 크게 관심을 쏟고 있으며, 학술 차원의 세밀한 고찰과 진지한 연구의 열정을 기울이고 있음은 다 아는 사실이다. 이렇게 된 데는 언제까지나 열

皆有所養. 男有分, 女有歸. 貨惡其棄於地也, 不必藏於己; 力惡其不出於身也, 不必爲己. 是故, 模閉而不興, 盜竊亂賊而不作, 故外戶而不閉, 是謂大同."

3) 清代 康有爲의 경우가 그 대표적임은 더 말할 필요가 없을 것이다.

세·후진을 면치 못할 것으로 믿었던 유학권에서 민주화와 더불어, 그 민주화 이상으로 급속도의 산업화를 이룩하면서, 구미적인 근대화·현대화에 육박하는 현상을 목도한 경험이 자리한다. 그것은 유학권의 발전원인을 사상적 차원에서까지 밝혀내려는 데서 비롯되었다. 유학권에서 특히 '용'(龍)들로 불리는 국가들의 산업화추세가 미래의 세계경제에서 이른바 환태평양시대의 도래라고 불릴 만한 세력을 보유할 가능성까지 예견됨에, 그 유학권역 사회의 사상적 원인 규명의 열의가 일어나게 되었다.

거기에다 구미의 현대문명은 바야흐로 기술화·정보화로 특징지어지는 후기산업화의 시기로 접어들면서, 인류에 대한 문명의 혜택 이외에 예기치 못한 폐해들을 많이 노정하고 있다. 기술화·정보화로 이끌어가는 현대문명이 특히 '생활의 질'의 측면에서 일종의 장벽에 부딪치고 있다. 그 장벽으로서의 폐해를 극복하려는 구미학자들의 열의에서 또한 궁여지책의 하나로 동방의 지혜에 눈을 돌리게 되었고, 그에 따라 동방의 대표적 사상인 유학에 관심을 쏟게 되었음도 간과할 수 없다. 문명의 새로운 '전환기'에 그들은 일종의 고전부흥의 시각에서 고전으로서의 유교의 사회관에 주목하게 된 것 같다.

유학의 전통적 분위기에서 생활하고 있는 동방인의 사정도 실제로는 구미인들의 유학중시 경향과 크게 다르지 않다. 특히 현대문명의 폐해 방지와 그 극복, 그리고 안락하되 질 높은 미래생활의 설계를 위해, 동방인들이야말로 동방의 고전에 담긴 지혜를 방기해서는 아니된다. 동서의 구분이 벌써 무의미해진 오늘날, 인류의 미래에 대한 우환의식을 가지고 대처방안을 모색하는 길에서는 유학권의 학자라 하여 예외로 자유로울 권리를 확보했다고 할 수 없다. 오히려 전통의 계승과 소생을 위해서라도 유학권의 학자들이 선두에서 유학의 사회관이 미래에 공헌할 수 있는 요소를 발견해 내는 데 노력을 아끼지 말아야 할 것이다.

2. 유교권 산업화의 잠재력

알다시피 막스 베버(Max Weber) 같은 학자는 근대화 또는 산업화(공업화)가 기독교적 문화 배경에서나 가능할 뿐 유학의 문화권 같은 데서는 불가능하다고 생각하였다. 그 이유는 다음과 같다. 기독교에서는 전지전능한 초월적 신을 상정한 다음, 그 신이 인간과 자연을 창조하였다고 믿는다. 이때 자연은 어디까지나 인간의 도구적 의미로 제작된 것에 불과한 만큼, 프란시스 베이컨(F. Bacon)의 "아는 것이 힘"이라는 말처럼, 그 자연의 이법을 파악하고 그에 대한 그 모방적 기술개발을 통하여 자연의 이용을 의도함으로써 근대의 산업화가 이루어졌다. 반면, 유학에서는 애당초 유일·절대의 신도, 그 신에 의한 인간과 자연의 창조도 믿지 않았고, 자연의 도구적 이용을 당연시하거나 의도하질 않았던 만큼 기술개발에 의한 산업화가 이루어질 수 없었다는 것이다. 따라서 이와 같은 견해로 판단한다면, 오늘날 유학문화권에서 급속도로 진행되는 산업화는 한낱 구미의 그것을 단순히 모방한 현상에 불과하다.

논자는 이와 같은 견해에 동의하지 않는다. 오늘의 유교문화권의 산업화가 어느 정도 구미의 선진적인 기술개발을 습득하고 이전받으면서 출발한 측면이 전무하지 않지만, 그것이 구미 산업화의 속도를 능가할 정도로 급속히, 그리고 나름대로 농업적 토대를 살려가며 독특하게 진행되는 데는 유학의 문화에서 전통적으로 이루어 놓은 독특한 요인이 있기 때문이라고 생각한다. 유교문화권의 근대화·산업화가 불가능이 가능으로 이루어지는 기적이 결코 아니라, 잠재되어 있던 가능성이 실현된 것이라고 판단한다.

그 근거는 다음의 몇 가지로 집약된다.

(1) 공자(孔子)에 의해 비로소 철학적 체계를 본격화한 유학은 원래 동방의 농경생활의 풍토에서 배태되었다. 농경생활은 물론 자연에 순응하는 태도의 생활방식을 기본적 특색으로 하여, 자연이용의 의식에 개척·정복·착취 등의 적극성이 결여된 소극성을 보이는 것이 사실이지만, 그렇다고 거기에 진보·발전의식이 전혀 없지 않다. 그 생활에도 미래지향의 '증산과 번영'을 꾀하는 의욕과 의지가 있다. 이 미래지향의 증산과 번영의식이 곧 농경문화가 지닌 근본적인 진보·발전의 관념이다. 이것은 자연과의 접촉에서 일정한 계기를 만날 경우, 인간의 현실개선의 방향으로 더 적극적인 진보발전을 촉진시킬 수 있는 잠재의식이다.

(2) 사계절이 뚜렷한 극동의 농경생활에서는 생산물에 의한 수입이 연1회 내지 2회에 불과할 정도로, 수입기간이 매우 장구하다. 실농하는 경우는 연1회도 불가능하다. 이것이 상공업이나 목축·해양업과 크게 다른 점이다. 수입기간의 장구함이 바로 '절약과 검소한 태도'의 근원이 된다. 그 1회의 수입조차 '근면'하지 않고서는 불가능한 것이 농경생활이다. 《효경》 등에서 절약과 검소가 지적되고,[4] 《서경》 등에서 무일(無逸)이 강조됨[5]은 이와 같은 생활배경에서 나온 지혜라고 보아야 한다. 지금도 유학권에서의 저축률이 구미의 그것을 크게 상회하는 사실은 바로 그 절약과 절검이 이 권역에서 아직까지 습성화되었음을 입증하는 실례다.

(3) 적어도 가족을 거느리는 집단생활을 이루면서 농경을 본격화하게 되면, 소극적인 절약이나 개인의 근면만으로는 농산의 조건이 충분

4) 《孝經》, 권3, 〈庶人〉: "用天之道, 分地之利, 謹身節用以養父母, 此庶人之孝也."

5) 《書經》, 권9, 〈無逸〉: "周公曰, 嗚呼, 君子所其無逸. 先知稼穡之艱難, 乃逸, 則知小人之依."

할 수 없다. '협동·협업'의 형식을 택해야 소기의 성과를 거둘 수 있다. 유학의 가부장적 성향 자체가 가족단위의 협동이 고대서부터 일찍 발달되었던 데 기인하지 않았나 생각된다. 유교의 윤리 역시 효(孝) 개념을 출발점으로 한 '가족윤리'의 특징이 짙게 된 것도 원천적으로는 협업의 농경에 기초한 혈연공동체의 질서를 수립하기 위한 목적의식에 기원했을 것이다. 가(家)의 집합이 국(國)이고 그 국의 집합 역시 가로서의 사해(四海)라는 것이 유학의 사회관임을 감안하면, 유학의 '가족공동체적 협동의식'은 산업체 등 어느 집단에서나 유도하기에 따라서 개별적 역량의 집합적 강화로 될 수 있는 크나큰 잠재력이다.

(4) 《논어》의 첫편이 "학이"(學而) 편으로 되었듯이, 유학은 어느 사상보다도 지식의 탐구(궁리, 격물 등)를 중요시하여 주지주의적 성향이 매우 강하다. 유학의 종교성이 자주 문제시되는 것도 그 종교의 개념규정이 일정치 못함에 원인이 있지만, 합리성에 대한 지적 탐구와 그 합리성에 따른 윤리적 실천을 강조하는 유교의 '이성중시의 정신'이 투철한 데 연유한다. 그리하여 지적·윤리적 차원의 교육과 교화를 유교는 어느 무엇에 대한 신앙 이상으로 비중 높게 다루고, 그 결과 유교의 '교'(敎)는 종교의 의미 이상으로 교육과 교화의 의미가 더 두드러진다.

이와 같이 학문과 지식을 중요시하면서 윤리성 추구의 정신이 드높은 만큼, 유학에서는 농경생활의 여건에서 비록 자연순응 자연조화의 태도를 고대부터 일찍 취하였지만, 그 자연의 이법(理法)에 대한 파악이 고대부터 고도로 발달하게 되었다. 동아의 고대부터 시작된 천문(天文)·지리(地理)·역산(曆算)의 발달이 그 점을 입증한다. 자연의 이법에 대한 파악이 곧 과학이라면, 유학의 '자연조화사상' 자체가 '과학지식'을 기초로 한 형이상학이다. 이와 같은 사실들은 바로 유학에 전통적으로 과학의 소양이 다른 어느 사상의 그것보다 우월했으면 우월했지 결코 열등하지 않았음을 의미한다. 인간과의 조화를 위해 탐지한 수준 높은 자연과학의 지식은 어느 때라도 필요성만 인정되면 인간을 위한 도구화 방향으로 전향될 수 있는 것임은 물론이다. 고대로부터 발달된 유교의 합리성 추구와 자연조화의 정신이 유교권의 '근대적 산업화'를 촉진시키는 또 하나의 큰 잠재적 자산이라고 논자는 판단한다. 이런 요소들로 해서 유교권의 근대화 · 산업화는 구미인들의 예상보다 급속히 이루어지고 있고 앞으로도 그렇게 진행될 것이라고 전망한다.

3. 현대 후기산업사회의 폐해

유학권에서 현재 진행되고 있는 산업화가 비록 위에 제시한 이 권역 특유의 잠재적 가능성으로 해서 급속히 이루어지고 있긴 하지만, 서두에서 이미 언급했듯이 그것은 실상 구미 기술의 습득과 모방에 의하여 촉발되었다. 하지만 촉발 뒤의 본격화는 (일본 이외에는) 제국주의화한 열강의 침탈로부터 유학권의 국가와 민족을 보전하기 위한 자강의식으로 분기독려된 현상이다. 이런 점에서 유학권의 산업화는 한낱 사회경제적 측면에서 일면적 · 단층적으로 파악되어서는 아니되고, 보다 포괄적 · 심층적으로 파악되어야 한다.

산업화 문제의 바람직한 파악을 위해 이제 이 고찰을 산업화의 또 다른 특징과 그에 대한 대응의 시각에서 진행하여야겠다. 산업화가 가져온 그 유익한 강 · 장점은 새삼 열거하지 않아도 다 익히 안다. 기계기물의 이용에 의한 자동화 · 능률화 · 대량생산은 인력의 감소, 편의의 조건을 조성했고, 식량의 증산을 가져왔다. 의학의 발달은 질병의 감소, 수명의 연장을 이루어냈다. 그리고 작게는 원자세계, 크게는 우주의 법칙에 대한 지적 욕구의 충족과 더불어 자원화한 막대한 에너지 등이 다 그 장점에 해당한다. 또한 과거에는 특정한 기관이나 국가에서 독점하던 정보를, 전자·전산기기의 발달에 의하여 개인도 세계적인 범위로 손쉽게 접근·이용하게 된 것도 과거에는 상상 못한 장점이다.

그 약·단점인 폐해가 문제다. 인류를 공멸시킬 수 있는 무기와 전 지구적 범위의 자연을 거의 파괴시킬 공해 등 이미 상식화된 가시적인 폐해를 비롯하여 불가시적인 폐해 또한 심각하다. 이미 초기산업화 단계에서부터 지적된 인간소외, 인간과 기계와의 주객전도적 비인간화, 인간 물화(物化), 개성 상실의 대중적 획일화, 물량적·이기적 가치관의 증대와 윤리의식의 혼란·부재, 핵가족마저 유지 못하는 가정일탈의 독존적 인간 원자화, 정보홍수 속의 인간 무력화, DNA 조작에 의한 인간복제의 예측불능의 결과 등 허다하다.

지구 전체의 자연이 전반적으로 파괴될 위험에 직면하고 사회의 질서가 전례 없는 혼란에 빠지고, 인간 자신마저 자아상실의 증후를 드러내고 있는 것이 기술과 정보로 상징되는 현대 산업사회의 폐단이다. 인간의 생활이 자기 자각에 기초한 자아의식의 바탕 위에서, 사회적으로 타인과의 관계 및 자연과의 관계를 원활하게 하고서야 가능함을 고려하면, 위와 같은 현대문명의 폐단은 곧 인간의 생활은 물론, 생존마저 근본적으로 위협하는 것이다. 자연관·사회관·인간관, 실로 철학의 모든 측면이 근본적인 재검토를 거치고 수정을 가하지 않고서는 아니될 인류의 큰 '전환기적 상황'이 바로 현대 후기산업사회가 맞이한 실상이다. 새로운 세계관, 새로운 윤리관이 수립되지 않고서는 사회발전을 기대할 수 없는 상태가 현금의 상황이다. 이런 상황에 유학은 어떻게 대응할 수 있을까?

유학이 미래지향의 사회를 그리면서 사회의 발전을 도모하려면, 유학도 새로운 성격과 내용으로 변천하지 않고서는 곤란할 것이다. 전통적인 유학만으로는 이 시대의 향방을 바르게 제시할 수 있다고 믿을 근거가 없어 보인다. 유교에 과거부터 대동사회(大同社會)의 이상이 있었다고 해서, 그 대동사회의 상념이 그대로 현대의 위기를 구제할 수 있는 현대 사회발전의 모델로 적용될 것이라고 믿기에는, 그것은 너무 단조로운 원초적 상념에 불과하다. 그런 만큼 유학이 오늘과 내일의 시대를 이끌 살아있는 지혜를 내놓으려면, 적어도 유학 자체가 예로부터 대동사회론 외에 어떤 지혜들을 가지고 있었으며, 그것들을 어떤 형식으로 현대인들에게 제시할지 진지하고 엄정한 자기성찰이 먼저 행하여져야겠다.

4. 유학변천의 역사적 실례

유학은 춘추전국시대 제자백가 사이에서 그 많은 사상들과의 경쟁을 통하여 중국의 대표적인 사상의 위치를 차지하였다. 그 대표적 위치란 중국 역사상 유학이 그 사회규범을 가장 오랫동안 가장 큰 영향력으로 이용되었음을 의미한다. 윤리규범을 비롯하여 정치·법률·제도를 규정하는 데 어느 사상보다 유교가 가장 많이 응용되었다. 이러한 대표적 사상이라는 의미가 대체로 관학이라는 명칭으로 표현되었지만, 그 명칭은 또한 '통치원리', 즉 이데올로기에 해당되기도 한다.

대표적 사상의 위치점유는 내용상 공자의 '인'(仁)의 근본원리를 핵심으로 한 사상[6]이 벌써 고대부터 특히 노장(老莊)·양주(楊朱)·묵자(墨子) 등의 법자연(法自然, 無爲), 위아(爲我), 겸애(兼愛) 사상의 결함을 극복하는 데 성공함으로써 가능하였다.[7] 유학은 인(仁)에 의하여 자아의 확립(復禮·立於禮)을 비롯하여[8] 가정과 사회, 국가에

---

6) 《論語》, 권4, 〈里仁〉: "子曰 參乎, 吾道 一以貫之. 曾子曰唯. 子出, 門人問曰 何謂也. 曾子曰 夫子之道, 忠恕而已矣"; 권3, 〈八佾〉: "子曰 人而不仁 如禮何 人而不仁 如樂何."; 권6, 〈雍也〉: "夫仁者, 己欲立而立人, 己欲達而達人."; 권12, 〈顔淵〉: "顔淵問仁 子曰 克己復禮爲仁."; 권12, 〈顔淵〉: "仲弓問仁. 子曰 出門如見大賓, 使民如承大祭, 己所不欲 勿施於人, 在邦無怨, 在家無怨."

7) 이러한 극복에는 물론 楊朱의 無爲爲我와 墨翟의 兼愛를 비판하면서, 儒家의 心性論·修養論·經世論을 確立한 孟子의 業績도 看過할 수 없다.

질서를 수립하는 데 성공함으로써,[9] 유교가 다른 사상의 추종을 제치고 중국의 전통사회를 이끄는 데 대표적 역할을 수행하였다.

유교는 내세를 부정하는 것으로 해서 현세치중 경향의 특징을 지니며, 신에 헌신하거나 자연에 매몰되는 것을 반대함으로써 인본적 성향의 강함이 그 사상적 특징으로 꼽힌다. 유교의 핵심원리인 인(仁)을 공자(孔子)가 '인간애'(人間愛)로 설명한 데서,[10] 그 특징적 성향은 분명히 확인된다. 그러므로 인(仁)의 인본적 성향을 해명·고양함으로써, 공자는 타사상들을 물리치고 고대 중국사회의 발전적 기초를 확립하였던 셈이다. 그 결과로 유교는 선진 특히 한대 이후 청대까지 이른바 관학으로 군림할 수 있었다.

이러한 유교의 위치에 동요가 일어 마침내 크게 환골탈태하는 자체 변이를 하지 않으면 안 되었던 시기가 바로 송대 내지 송·명시대였다. 혼란했던 위진·남북조시대부터 벌써 인심을 크게 획득, 유행한 노장(老莊, 道家)사상에게도 그 위세를 많이 잃었지만, 한말에 전래되어 격의(格義)시대를 지낸 불교가 수·당대에는 완전히 토착화한 중국불교로서 그 교세가 당시 시대사상을 대표하기에 이르렀다. 이에 유교로서는 노불, 특히 불교를 새롭게 능가할 길을 찾아 부흥하지 않고서는 당시 시대사상이나 사회사상으로서의 역할을 할 수 없게 되었다. 그 노불 능가의 길이 바로 유교의 본질에 해당하는 보편적 불변적 요

8) 《論語》, 권8, 〈泰伯〉: "子曰 興於詩, 立於禮, 成於樂." ; 권12, 〈顔淵〉: "顔淵問仁. 子曰 克己復禮爲仁. 一日克己復禮, 天下歸仁焉. 爲仁由己而由人乎哉. 顔淵曰 請問其目. 子曰 非禮勿視, 非禮勿聽, 非禮勿言, 非禮勿動. 顔淵曰 回雖不敏, 請事斯語矣."

9) 《論語》, 권1, 〈學而〉: "君子務本, 本立而道生, 孝弟也者, 其爲仁之本與." ; 권13, 〈子路〉: "樊遲問仁. 子曰 居處恭, 執事敬, 與人忠, 雖之夷狄, 不可棄也." ; 권7, 〈陽貨〉: "子張問仁於孔子. 孔子曰 能行五子於天下, 爲仁矣. 請問之. 曰恭寬信敏惠. 恭則不侮, 寬則得衆, 信則人任焉, 敏則有功, 惠則足以使."

10) 《論語》, 권12, 〈顔淵〉: "樊遲問仁. 子曰 愛人."

소를 유지하면서, 가변적 특수요소를 첨가하는 자체변이였다. 그 유학의 변천이 송명, 특히 송대의 신유학(新儒學)으로서의 성리학(性理學) 발흥으로 이루어졌다. 따라서 송대 성리학의 형성과정과 그 성격에 대한 분석은 유교의 역사적 변이의 모델을 알아보는 하나의 방법이 된다.

성리학의 발흥은 당말(唐末) 한유(韓愈), 이고(李翺) 등에서 비롯된다. 이들의 업적은 강한 척불의식[11]과, 과거 유교에서 소홀히 하여 노불보다 빈약한 자기수양과 형이상학적 탐구의 중요성을 강조하면서, 《논어(論語)》, 《맹자(孟子)》, 《대학(大學)》, 《중용(中庸)》(四書) 등에 그러한 것이 수록되어 있음을 지적하여, 불교이론에 대적하는 방향을 제시한 것이다.[12]

이어 송대의 주돈이(周惇頤), 장재(張載), 정호(程顥), 정이(程頤)의 성리학과 그것을 집대성한 주희(朱熹) 등이 이룩한 작업으로 해서 송학인 정주성리학은 완성되었다고 해도 과언이 아니다. 이들의 업적 중 첫째로 꼽을 것이 불교의 선정(禪定)에 대응할 수양에 관한 이론의 재정리와 정비이다. 공자, 맹자 등의 교시인 중정인의(中正仁義)[13]가

---

11) 韓愈, 〈原道〉: "周道衰, 孔子沒, 火于秦, 黃老于漢, 佛于晋宋齊梁魏隋之問, 其言道德仁義者, 不入于楊, 則入于墨, 不入于老, 則入于佛.", "曰斯道也, 何道也. 曰斯吾所謂道也, 非向所謂老與佛之道也. 堯以是傳之舜, 舜以是傳之禹, 禹以是傳之湯, 湯以是傳之文武周公, 文武周公傳之孔子, 孔子傳之孟軻, 軻之死, 不得其傳焉."

12) 韓愈, 〈原道〉: "傳曰古之欲明明德於天下者, 先治其國, 欲治其國者, 先齊其家, 欲齊其家者, 先修其身, 欲修其身者, 先正其心, 欲正其心者, 先誠其意. 然則古之所謂正心而誠意者, 將以有爲也."; 李翺, 〈復性書〉: "子思曰唯天下至誠爲能盡其性, 能盡其性, 則能盡人之性, 能盡人之性, 則能盡物之性, 能盡物之性, 則可以贊天地之化育, 可以贊天地之化育, 則可以與天地參矣."

13) 《論語》, 권6, 〈雍也〉: "子曰 中庸之爲德也, 其至矣乎. 民鮮久矣."; 《孟子》, 〈盡心〉上: "孟子曰 盡其心者, 知其性也, 知其性則知天矣. 存其心, 養其性, 所以事天也. 夭壽不貳, 脩身以俟之, 所以立命也. 孟子曰 莫非命也, 順受其正, 是故知命者, 不立乎巖墻之下. 盡其道而死者, 正命也. 桎梏

곧 '인극'(人極) 임을 천명한 다음,[14] 주정(主靜 = 無慾) 과 성(誠) 및 경(敬) 을 강조한 끝에[15] 그 경(敬) 의 태도(居敬) 마저 궁리(窮理) 와 겸행해야 기본적인 수양(修養 = 修己) 이 완수될 수 있다[16] 는 이들의 주장이 그것이다. 이 수양론이 바로 당시로서는 새로운 '자아확립의 이론'에 해당한다.

이들은 노불의 약점을 은둔 · 출세간으로 인한 윤리의식의 박약으로 간주한 반면, 유교의 강점을 주말(周末) 이후 '상례자'(相禮者) 의 전통에서 나온 예(禮) 또는 윤리의식의 투철함이라고 간주하였던 만큼, 삼례(三禮: 《周禮》, 《禮記》, 《儀禮》) 의 새로운 주해와 함께 《가례(家禮)》 등을 제작하는 한편 '삼강 · 오륜'(三綱 · 五倫) 을 정비하고 그 근거이론을 제시하였다. 즉, 《맹자》에 있던 다섯 윤상(倫常) 에 오륜(五倫) 의 명칭을 붙이는 동시에, 동중서(董仲舒) 에서 명칭만 있던 삼강(三綱) 에 내용을 부여하였다. 그리고서 《중용》 이래의 '솔성지위도'(率性之謂道) 의 사유에 따라, 인(仁) · 의(義) · 예(禮) · 지(智) · 신(信) 의 오성(五性) 이 각각 부자(父子) · 군신(君臣) · 부부(夫婦) · 장유(長幼) · 붕우(朋友) 사이에서 행해져야 할 규범인 친(親) · 의(義)

死者, 非正命也."; 《孟子》, 〈離婁〉 下 : "舜明於庶物, 察於人倫, 由仁義行, 非行仁義也."

14) 周惇頤, 〈太極圖說〉 : "聖人定之以中正仁義, 而主靜, 立人極焉."

15) 周惇頤, 《通書》, 〈聖學〉 第20 : "聖可學乎. 曰可. 曰有要乎. 曰有. 請聞焉. 曰一爲要. 一者無欲也. 無欲則靜虛動直."; 周敦, 〈太極圖說〉: "聖人定之以中正仁義, 而主靜, 立人極焉."; 張載, 《經學理窟》, 〈學大原〉 上 : "仁之難成久矣, 人人失其所好, 蓋人人有利欲之心, 與學正相背馳. 故學者要寡欲."; 《二程集》, 권15 : "敬則自虛靜, 不可把虛靜喚做敬. 居敬則自然行簡, 若居簡而行簡, 却是不簡, 只是所居者已剩一簡字."

16) 《二程集》, 권15 : "格物窮理, 非是要盡天下之物, 但於一事上窮盡, 其他可以類推. … 所以能窮者, 只爲萬物皆是一理, 至如一物一事, 雖小, 皆有是理"; 朱熹, 《朱子語類》, 권9, 〈學三〉 : "人須做工夫, 方有疑. 初做工夫時, 欲做此一事, 又碍彼一事, 便沒理會處. 只如居敬窮理兩事便相碍. 居敬是箇收斂執持底道理, 窮理是箇推尋究竟底道理. 只此二者, 便是相妨. 若是熟時, 則自不相碍矣."

·별(別)·서(序)·신(信), 즉 오상(五常)의 실천원리로 구현됨을 역설하였다.[17] 이것이 바로 이들 성리학자들이 공맹 등에서 말하여진 인성에 입각하여 이론화한 새로운 사회규범으로서의 '윤리설'이다. 이로써 유학이 송대 이후부터는 노불에 대하여 더욱 자긍심을 갖게 되었음은 물론이다.

오성(五性)을 오상(五常)의 리(理)와 동일시하는 사유가 곧 '성즉리'(性卽理)의 명제로 표현되는 사유임은 재언을 요하지 않는다. 이것이 또한 인성까지도 리기(理氣) 개념으로써 모든 것을 본체론적으로 이해하려는 성리학의 독특한 철학의 일면이다. 이와 아울러 리기의 본체론이 새로운 '우주관'과 '인간관'의 형성에 의해 발달하기 시작하였다.

성리학의 새로운 우주관 형성과정에는, '이물관물'(以物觀物)이라는 노자의 '무아이임물'(無我而任物)하는 태도[18]로 만상을 상수역(象數易)으로 이해하는 소옹(邵雍)의 이론도 들어 있지만, 그것보다는 역시 주돈이(周惇頤)의 '태극도'(太極圖)와 '태극도설'(太極圖說)로 크게 특징지어진다. '무극이태극'(無極而太極)의 사고를 전제로 하고서, 태극의 동정(動靜)으로 음양(陰陽), 음양의 변합으로 오행(五行), 오행의 응합으로 인간을 포함한 만물의 생성을 논한 주돈이의 이 우주생성설은 기본적으로 《역전(易傳)》의 '태극생양의'(太極生兩儀) 관에 기초하여 그것을 적어도 그 당시 유인들 지성의 수준으로 발전시킨 것이지만, 이로써 유학은 노장의 '도생만물'(道生萬物), '유생어무'(有生於無) 및 불교의 사대(四大 : 地·水·火·風)에 의한 법계(法界)의 연기적 변성설에 대응할 수 있게 되었다.

이것이 단초가 되어, 장재(張載)의 《서명(西銘)》에 나타나는 기철학과 정이·주희의 리철학도 가능케 되었으며, 장재와 주희에게서 송학의 우주관이 더욱 대성한 한편, 인간관·사회관마저 새로운 양상을

17) 朱熹, 《中庸集注》, 제 1장 : '天命之謂性, 率性之謂道, 修道之謂教'注 參照.

18) 邵雍, 《皇極經世書》, 〈觀物篇〉.

띠게 되었다. 태허(太虛)의 기(氣)를 우주의 근원으로 본 장재의 기일원론(氣一元論)에서 결국 그의 "민인이 다 나의 동포이고, 타물들도 나와 같은 류다(民吾同胞, 物吾與也)"의 주장처럼 기에 의한 물아일체(物我一體)관이 제기되었다. 기의 존재를 인정하면서도 태극(太極)의 리(理)를 우주의 근원으로 본 정주의 리설은 우주에 대한 그들의 '리일분수'(理一分殊)의 해석으로 '존천리'(存天理)적 '천인합일'(天人合一)의 길을 열었다. 더욱이 정호(程顥)와 주희는 인(仁)에 대한 생의(生意)관이나 생물지성(生物之性: 心)의 새 견해를 냄으로써 생명체적 우주(천지)와 일체로 되게 하는 이론을 실제로 제시하여 장재의 물아일체관보다 더 세련된 자연조화로서의 천인합일을 가능케 하였다. 이는 명대의 왕수인(王守仁)에게서 더 확증된 것이기도 하다. 이로써 노장의 법자연(法自然)관을 무색케 하였음은 물론이다.

이들은 이러한 우주관의 형성에 그치지 않고, 또 다른 한편으로 전통적인 '인간관'을 계승하여 그것을 위의 우주관적 체계에 부합하는 성격으로 발전시켰다. 《역경(易經)》에서부터 이미 제시된 인간영장관에 대한 리기론적 추가해설이 곧 그것이다. 인간의 기질(氣質: 五行之氣)은 어느 물체의 그것보다 가장 우수한 것이고, 그렇기 때문에 가장 뛰어난 정신과 지능을 발휘할 수 있으며, 오성(五性: 仁義禮智信)을 구비하여 특히 인의(仁義)와 중정(中正)으로써 인륜(人極)을 구현할 수 있다는 주돈이(周惇頤)의 이론이 그러한 것이다. 그리고 성즉리(性卽理)의 명제를 기초로, 사단과 칠정을 리발(理發)과 기발(氣發)로 해석하고, 인심(人心)과 도심(道心)을 각각 형기(形氣)와 성명(性命)과의 관계로 이해한 주희의 이론 역시 같은 범주에 드는 것이다. 인간영장관의 성리학적 강조는 실상 조선에서 '천명도'(天命圖)와 그 '설'(說)에 의해 더욱 크게 이루어졌다.

성리학자들에 따르면 인간이 천인합일을 통해 스스로 자족감(安身立命)을 얻고 오륜적 도덕을 행한다고 해서 영장의 지위를 다 누리거나 그 임무까지 마치는 것은 아니라는 데 또 주의할 점이 있다. 장재

(張載)는 천지를 부모로 생각하는《역경(易經)》의 사고를 기일원론(氣一元論)으로 계승하여, 국가는 물론 우주마저 확대된 일가로 간주하였다. '민오동포'(民吾同胞)를 역설하였던 까닭에, 그는 전통적 이상사회인 대동세계(大同世界)의 실현을 이 이론 위에서 다시금 역설하였다. 이미 맹자에게서부터 지적된 경독환관(惸獨鰥寡)과 함께 피륭잔질(疲癃殘疾)의 불우인들을 마치 나의 도움을 기다리는 형제로 알고 도와주어야 마땅하다는 것이다. 이리하여 주희(朱熹)에 이르러 불우인의 구휼은 대동법(大同法)이라는 명칭의 법제 형식으로 시행되고, 향약(鄕約: 朱子增損呂氏鄕約)의 한 조목으로 되어 지방자치 형식으로 시행되었다.

5. 유학의 미래지향적 변천

오늘의 당면한 문제는 유학의 경우로 한정할 때, 현대사회를 미래지향의 방향으로 이끌려는 데 장애가 되는 것이 노불사상이 아니라는 데에도 있다. 그렇다고 18세기나 19세기와 같이 단순히 천주교와 구미의 무력이 유교권을 위협하고 있는 것도 아니지만, 현대가 유학으로서는 송명(宋明) 이후 가장 큰 '역사적 전환기'라는 데 문제의 심각성이 있다. 위에서 살핀 바에 의하면, 자연 전체의 파괴와 인류의 공멸까지 초래할 가능성을 점증시키는 현대문명의 근본적 폐단의 원인은 대체로 무한한 지적 욕구와 끝없는 자연정복욕에 의하여 계속되는 무제약적 기계·기술 개발과 그 이용에 있어 무규범적 남용에 있다. 현대사회의 혼란 역시 이와 같은 원인의 여파에 지나지 않는다고 생각된다.

논자의 견해로는 이러한 폐단의 해결을 위한 접근은 (성리학의 발흥에서와 같이) '인간·사회·자연'의 세 방면에서, 특히 새로운 인간관·사회관·자연관을 형성하는 형식으로 시도되어야지, 전통유교의 고수로는 불가능할 것 같다. 현대에 적용될 수 있는 유교의 본질적 보편적 사상요소만은 계승하면서, 현대에 이용될 수 없는 유교의 요소는 과감히 제거하고, 새로운 개념 해석을 첨가하는 사상적 변이를 감행해야 할 것이다. 새로운 사회질서와 새로운 사회발전은 그 주인공으로서의 인간과 그 공간으로서의 자연에 대한 새로운 이해에서만 가능하기 때문이다.

근대화 자체가 우주·자연을 이용하고 정복하려는 욕구로서 출발한 만큼 공해 등으로 인한 자연파괴의 원인은 서구의 몰가치적 기계적 자연관에서 비롯되었다고 보아야 한다. 이와 관련하여서는 유학의 유기체적 자연관이 대조된다. 유학에서는 원래 천지를 부모로 믿었듯이, 자연을 인간 생명의 원천이고, 삶을 영위할 자원의 보고·자산이며, 인생을 음미하고 향유할 터전이며, 마지막에는 그리로 되돌아 갈 고향, 즉 인간이 합일(合一)할 대상으로 간주하였다. 자연은 부모와 같은 생명의 원천이라고 여긴 점에서 유학의 우주·자연은 결코 기계 같은 것이 아니라 일종의 생명체(有機體)로 파악되었다. 《역전(易傳)》의 "천지의 특성을 생이라 한다."(天地之德日生), "끊임없이 생생하는 것을 역이라 한다."(生生之謂易) 등의 언구가 이런 사유방식을 입증한다. 더욱이 이러한 자연은 특히 가용의 시각에서 예로부터 유한하다고 생각되어 왔다. 그 생성은 무궁하게 계속되어 가되, 자원으로서의 자연(천지)은 한정되었다고 유학에서 믿어왔다. 그 자연은 설혹 이용의 대상으로 여기더라도 무제한으로 이용하다 버릴 대상으로 생각되지 않았다. 부모와 같은 것이므로 자연은 인간이 잘 보존하고 자신의 몸처럼 아끼고 위해야 할 대상으로 대하였던 만큼 결코 마구 파괴해도 좋을 대상이라고 여긴 자연관과는 거리가 멀다. 서구적 무생명적·기계적 자연관을 불식하는 데 유학의 자연관은 시사하는 점이 많은 것임이 분명하다.

유학에서 그리는 도원경(桃源境)과 같은 심미적 대상도 자연 이외의 것이 아니다. '천지의 화육을 돕는다'(贊天地化育)느니, '천지와 더불어 조화롭게 병존한다'(與天地參)[19]느니, 또는 '천지와 더불어 함께 흘러간다'(與天地同流)[20] 고 하는 천인합일의 경지에 이르는 자연관이 곧 유학의 자연관이다. 요컨대, 인간 생명의 원천이며 인간생활을 원활케 하는 터전으로 아끼고 영구보존해야 할 대상으로는 간주하는 의식의 전환이 요구되는 점에서 보면 유학의 자연관은 확실히 새롭게 재생하고 세련화의 손길을 대야 할 자연관이다. 인간 생명의 보존 차원에서, 생명의 특성으로 인간과 우주 자연의 유대가 맺어져 있어, '천지와 더불어 그 특성을 합칠'(與天地合其德)[21] 의지가 요구되는 한, 유학의 자연관은 절로 그 가치를 인정받게 된다.

문명이 앞으로 무슨 명칭의 특징을 띠고 발전한다고 하더라도, 그것은 인간을 위하는 방향에서 이루어져야지 동물이나 로봇이나 우주인을 위하여 이루어져서는 아니된다는 것이 논자의 소신이다. 이런 점에서 유교의 '인본주의적 사상'은 영구히 계승되어야 하고, 그 인본의 사고는 시대의 흐름과 함께 더 '인도'의 방향으로 구현되어야 할 것이다. 이런 사고를 앞세운다면, 이제 인존의 측면부터 성찰해야겠다. 현대인들은 문명의 여건을 빙자로 '나' 자신에 대한 투철한 자아의식을 가지려는 의지가 대체로 희박하다. 오늘날은 욕구체·육체로서의 자기의식만이 있는 인간들이 대부분이라 하여 과언이 아니다. 자아의식의 확립을 위해 송명 성리학자들은 신독(愼獨), 계구(戒懼), 거경(居敬) 심지어 정좌(靜坐) 등을 행하였음을 언급했지만, 그렇게는 못할망정 연면히 이어지는 인류의 생명을 내가 소유했음에 대한 인식, 그리고 나의 생명과 함께 있는 내 마음씨, 곧 인간성을 성찰하려는 노력이 있

19) 《中庸》: "惟天下至誠, 爲能盡其性, 能盡其性則能盡人之性, 能盡人之性則能盡物之性, 能盡物之性則可以贊天地之化育, 可以贊天地之化育則可以與天地參矣."

20) 《孟子》, 〈盡心〉 上: "夫君子所過者化, 所存者神, 上下與天地同流, 豈曰小補之哉."

21) 여기서 天地와 合致하여야 할 '德'이란 곧 '生'의 의미이다. ; 《周易》, 〈文言〉 乾卦: "夫大人者, 與天地合其德, 與日月合其明, 與四時合其序, 與鬼神合其吉凶."

어야겠다. 그 이유는 이 정도의 자각의식마저 없고서는 인격 차원의 주체의식이 성립되지 않기 때문이다.

인격 차원의 자아와 주체의식이 있고서야 스스로 인생을 개척하고 향유함은 물론, 책임(의무)과 권리를 적용하는 하나의 사회인으로 대인관계를 맺을 수 있게 된다. 일정한 인생에서의 가치관의 수립마저도 인격적 자아의식이 없고서는 전혀 불가능하다. 그러므로 오늘날 윤리의식의 박약, 도덕의식의 부재 및 인명경시의 풍조 등은 바로 자아의식의 불완전에 근본원인이 있다고 해야 한다. 개인의 집합이 사회임을 감안하면, 나의 생명과 나의 인간성에 대한 각자의 자각이 사회발전의 기초로서 요망됨을 우리는 인정하게 된다. 자신의 인간성을 발견하려 하면, 우리는 여전히 인(仁)·의(義)·예(禮)·지(智)·신(信) 등을 인식해야 할 것이다. 이렇게 살피면 공자(孔子)가 '애인'(愛人)의 본성이라고 설명한 인(仁)은 애인(愛人) 이전에 우선 '애기'(愛己), 즉 '인간으로서의 자기긍정'의 근원적 본성으로 이해되어야 하겠다. 원래 '인'(仁)이 '인'(人)으로 해석되었음[22]을 감안하면 더욱 그렇다고 할 수 있다.

타인과의 원활한 관계를 맺도록 하는 이론은 공자(孔子)에 의해, 인(仁)의 실현방법인 자신의 마음을 미루어 남을 대하는(推己及人) '서'(恕)로서 교시되었다. "자신이 바라지 않는 것은 남에게도 베풀지 말고",[23] "자신이 서고 싶으면 남도 세워주고, 자신이 도달하고 싶으면 남도 도달케 하라"[24]는 것은 하나의 정언명제다. 그런 점에서 매우 이성적·합리적 성향이 짙지만, 인(仁)이 원천적으로 측은과 같이 '애인'(愛人)하는 정감으로 발로되는 것임을 감안하면, 근본특성으로는 정서적 성향이 강함을 부인할 수 없다. 이런 성향은 이 이론이 심정윤리(*mind ethics*) 측면으로 개발될 소지가 많음을 시사한다. 인(仁)에

---

22) 《中庸》 제 20장 : "仁者人也, 親親爲大. 義者宜也, 尊賢爲大."

23) 《論語》 권12, 〈顔淵〉 : "己所不欲, 勿施於人"

24) 《論語》 권6, 〈雍也〉 : "己欲立而立人, 己欲達而達人"

대한 공자(孔子)의 서(恕)의 설명은 자신 못지않게 타인의 존재를 인정하면서 그에 대한 배려를 의미하는 까닭에, 타인과의 원활한 공존·공생을 가능케 하는 인간간의 관계론으로서 매우 뛰어난 이론이다. 여기에는 또한 인간 평등의식 또한 잠재해있음도 주목해야 한다. 특히 도덕적 질서가 계급적 질서와 다르다는 점을 인정할 때 그렇다.

인간의 자아형성이 개인의 자유를 누리는 기반이라면 서(恕)는 평등 실현의 기반이 된다는 점에서 매우 중요시되어야 한다. 더욱이 인(仁)이 공자에 의하면 '극기복례'(克己復禮)[25] 하는 데서 이루어진다는 것이고, 그 극기(克己)가 봉공(奉公)을 위한 기사(棄私)의 의미가 짙음을 감안하면, 앞으로의 인(仁)의 사회적 실현은 (비록 '살신성인'하는 정도는 아니더라도) 공익 위주의 봉공행위의 실천으로 보다 적극화하는 것이 바람직할 것이다.

이와 같이 인간본성인 인(仁) 등이 제대로 실현될 때 사회윤리가 공고해질 것을 예상할 수 있지만, 그렇다고 유교의 오상(五常)으로 통하는 오성(五性) 실현으로 과거와 같은 오륜(五倫)을 구체적으로 재현해야겠다는 것은 결코 아니다. 오륜 자체가 민주화의 시대를 맞으면서 수정, 해석된 것은 이미 오래 전부터의 일이다. 예를 들면 군신(君臣)·부부(夫婦) 관계에서의 충의(忠義)·별서(別序)는 국가·민족에 대한 충의(忠義)로, 성인 남녀의 애정을 바탕으로 한 인격적 별서(別序) 등으로 수정, 해석된 것이 그러한 증거이다.

새로운 사회윤리의 수립이 사회를 발전적으로 새롭게 성립시킨다는 점에서, 그리고 오륜도 과거의 윤리적 기본정신은 살리되 시대에 맞게 더욱 수정 보완되어야 한다는 취지에서, 오륜의 근본원리인 오상(오성) 역시 더욱 수정 보완되어야 할 것이다. 인(仁)이 사회관계만을 고려할 때는 공자의 '애인'(愛人)의 설명으로 족하였지만, 우주·자연과의 관계를 염두에 두고서는 '생의'〔生意, '생물지리'(生物之理:性)〕로

---

25) 《論語》 권12, 〈顔淵〉: "顔淵問仁. 子曰 克己復禮爲仁. 一日克己復禮, 天下歸仁焉. 爲仁由己而由人乎哉."

보완해야 했던 것처럼, 기술화·정보화의 특징을 지닌 이 시대에는 유교사회를 이루는 기본적 가치체계인 오상 역시 더욱 수정 보완해야 한다는 주장이 설득력을 지닌다.

이런 시각에서 논자는 오상(오성)의 과거 의미[26]를 인정한 위에, 다음과 같은 보완적 이해를 첨가하고자 한다. "인(仁)은 산물지성(産物之性), 의(義)는 용물지의(用物之宜), 예(禮)는 화인지서(和人之序), 지(智)는 통세지능(通世之能), 신(信)은 실인지방(實人之方)"이라는 이해가 그것이다. 왜냐하면 이런 의미가 추가되어야 위에서 지적한 산업사회의 폐단을 상당히 극복하면서 인간 본래의 사회생활을 중심으로 한 자연과의 관계 등 '관계 속의 생활'이 원활히 영위될 것이라고 생각되기 때문이다.

6. 오상(五常)에 대한 새로운 해석

인(仁)을 논자가 '산물지성'(産物之性)이라고 하는 데는 유학에서도 이제 인간에 대하여 '도구를 제작하고, 그 도구로 생산하는 존재'로 인정하는 뜻이 들어 있다. 인간에게 도구를 제작하고 도구로 생산하는 능력이 어느 생물보다 뛰어난 것은 누구도 부인 못할 사실이다. 사실의 외면이나 부정은 위선과 허위에 속한다. 그런 점에서 이 해석에는

---

26) 《北溪先生字義詳講》, 〈仁義禮智信〉: "仁是愛之理, 義是宜之理, 禮是敬之理, 智是知之理. … 擧其全體而言, 則謂之仁, 而義禮智, 皆包在其中. … 仁道甚廣大精微, 何以用處, 只爲愛, 而發見之端爲惻隱, 曰仁, 是此心生理全體, 常生生不息. … 故仁乃是愛之根, 而惻隱則根上之萌芽, 而愛則又萌芽之長茂已成者也. … 義就心上論, 則是心之裁制決斷處. … 禮者, 心之敬, 而天理之節文也. … 智, 只是心中一箇知覺處, 知得是是非非, 恁地確定是智. … 信, 在性只是四者都實底道理, 及發出來, 便爲忠信之信, 由內面有此信, 故發出來, 方有忠信之信. 忠信只是一物, 而判作二名. … 仁者, 心之全德, 兼統四者, 義禮智信, 無仁不得."

사실을 사실대로 인정하려는 의도가 담겨 있다. 원래 '도구제작과 생산'은 근대 아닌 고대부터 인간생활을 위한 필요불가결의 요건으로 인지되어 왔고, 인간은 그 요건에 부응하면서 살아왔다. 그것을 지금 와서 부정할 수 없음은 물론, 오히려 인정해야 마땅할 것 같아 논자는 이런 해석을 내렸다.

이 해석이 인(仁)에 대한 과거의 해석을 폐기하려는 뜻에서 나오지는 않았다. 논자는 '인'에 대한 과거의 해석을 다 계승한 위에 이 해석을 더하려 할 따름이다. 그 이유는 무엇보다도 인에 대한 공자의 애인(愛人) 규정을 버리면, 유학의 기본지혜이고 근본특성을 상실하여, 서(恕)나 효(孝)로써 출발하는 유교윤리사상이 사실상 와해되는 데 있다. 그 와해는 인류에게 크나큰 손실을 안긴다. 원래 애인(愛人)하는 심정에 생의(生意)나 생물지심(生物之心)을 더하여 애물지심(愛物之心)을 생기도록 하는 사유는 인간간의 관계인 사회와, 인간과 자연과의 불가분의 관계를 원활히 하는 지혜라고 논자는 판단한다.

오늘의 시점은 애인과 애물의 심정으로 인간 및 자연과 서로 일체로까지 되지는 못할지라도, 서로 큰 마찰 없이 화해롭고 조화롭게 살아가야 함이 절실히 요망되는 시점이다. 이 시대적 요망에 부응하는 길은 애인과 애물의 심정을 가지고, 공소한 이념의 대립과 갈등의 해소와 아울러, 인류생존에 필요불가결한 도구를 제작하여 필수품을 생산하는 생활방식을 필요하고도 당연한 것으로 간주하는 사상이 정립되어야 한다. 이런 뜻에서 논자는 유학의 현대적 응용에 합당한 변개의 일환으로 인(仁)에 산물지성(産物之性)의 해석을 더 첨가해야 함이 옳다고 생각한다.

산물이 있으면 그 산물을 어떻게 이용할 것인지를 생각해야 함은 논리의 필연이다. 그런 점에서 의(義)를 '용물지의'(用物之宜)로 해석하는 것은 매우 자연스럽고 합리적이다. 애인(愛人)·생물지심(生物之心)을 바탕으로 생산하는 한, 맹목적으로 산출하거나 유해한 의지로 생산한 경우와 달리, 생산된 기물들이 인간과 자연에 대해 파괴의 성향을 떨 리 없다. 사용하고 분배하는 경우도 상정해야 하고, 그에 따라 기물의 용물적 가치도 다를 수밖에 없다. 허나 어느 경우에나 위인(爲人)이라는 인본의 목적에 맞도록, '인존과 인도의 가치관'에서 용물(用物)과 분배가 이루어지도록 하는 준칙이 설정되어야 한다. 그 준칙이 바로 어느 때, 어느 경우에나 인존과 인도의 각도로 기물들이 이용될 용물, 분배에서의 이른바 시중지의(時中之宜)다. 용물지의(用物之宜)라는 의(義)는 결국 기물이 인존과 인도의 방향으로 이용될 구체적 기준이고 가변적 원리(權)이다.

애인지심(愛人之心) 없이 단순한 애물지심(愛物之心)만으로 무엇을 생산하는 것은 인본정신에서 벗어난 맹목적 태도와 다르지 않다. 산물과 애물도 근본적으로 인존·인도 지향의 애인정신을 기초로 해야 한다. 현대 문명의 폐단들인 기계에 의한 인간의 도구화, 인간성 소외 및 이기적인 욕구충족으로 인한 윤리의식의 박약 등은 보기에 따라서는 맹목적인 애물(愛物)과 이물(利物)의 결과이다. 그러므로 산물(產物)의 첫 단계에서부터 애인의식이 확고해야 한다. 이런 의미에서 인(仁)의 전통적 인본정신은 시대가 아무리 바뀌어도 버리기커녕 소홀시할 수조차 없는 으뜸의 윤리덕목이다.

인간 존중의 태도로 타인을 배려하고 대접하는 것은 이미 맹자(孟子)에 의해 겸양(사양)으로 표명되었지만, 그것은 공자(孔子)의 인(仁)의 구현방법인 서(恕)를 적극화한 염치(廉恥)에 다름 아니다. 서(恕)가 적극화된 겸양의 태도가 인간들 사이에서 행하여지면, 예(禮)라는 형식의 사회질서인 인도가 수립될 것이다. 인존정신 없이 인도는 이루어지지 않는다. 인존에서 인도가 이루어지는 까닭에, 겸양의 서(恕)로 이루어지는 예(禮)는 비록 질서의 지혜지만, 다른 한편으로는 인간 화합의 지혜이기도 하다. 이런 의미에서 논자는 예(禮)를 사회의 '화인지서'(和人之序)라고 해석하였다. 화인지서(和人之序)라야 전통적인 상하 수직적 질서는 수평적인 것으로 바뀔 수 있고, 나아가 인명경시를 바탕으로 자행되는 극악무도의 범법적·멸륜적 현상이 격감·

극복될 수 있을 것이다. 불우하고 곤경에 빠진 인간을 적극 구하는 복지의 이상도 이런 사상에서 더욱 적극적으로 실현될 수 있을 것이다.

유학의 전통으로는 지식보다는 지혜를 중요시하여 왔다. 그것이 바르고 현명한 행위를 가능하게 하는 인간능력이라는 깨우침이 고대부터 벌써 일어나 계승된 것이 유학이다. 바른 행위가 사회생활에서는 특정한 지식보다 중요할 때가 더 많은 데서 그 중요성의 인지 또한 더하여 왔다. 지혜와 지식은 실상 특별한 변별의식 없이 사용되어 왔지만, 지식 역시 중요성이 인정되어야 함은 그것 또한 바른 행위를 하기 위한 필수불가결의 조건이라는 점에서다. 주희(朱熹)나 이황(李滉) 등이 지행병진(知行竝進) 내지 지행호진(知行互進)을 역설한 것도 이와 같은 지행(知行)의 관계를 파악한 데 연유한다.

오늘의 상황은 개인이 다 소화하기 어려울 정도로 지식의 과잉상태가 전개되고 있는 데에도 눈을 돌려야 한다. 전자·전산술의 발달이 가져오는 정보들이야말로 한 개인이 특정범위에 있어서는 세계 전체의 지식을 가질 수 있게 하고 있다. 이제는 이러한 정보획득이 가능해진 현상에 대하여 폐단만 우려할 것이 아니라, 그 유익성에도 관심을 두어야 한다. 개방화, 세계화가 적극 실행되는 추세가 세계사의 거역할 수 없는 현상인 만큼, 인간들은 누구나 하나의 세계인으로 지구촌을 각 개인의 생활터전으로 삼는 의식이 필요하다. 오늘의 지식은 현명과 통하는 소박한 지혜 못지않게 세계를 하나의 가정처럼 아우르는 능력으로 활용하지 않으면 아니될 환경이다. 논자가 지(智)를 '통세지능'(通世之能)이라 한 것은 이와 같은 의미의 언표이다.

위에서 생활의 기본태도가 인본·인존이기 위해서는 애인(愛人)하기 전에 애기(愛己)가 선행해야 함을 언급했다. 《효경(孝經)》에서는 애기(愛己)가 부모와 조상에 대한 효(孝)라 설명하지만,[27] 실제로는 그것이 연면히 이어지는 '생명외경의 방편'이 되는 데 더 큰 의의가 있

---

27) 《孝經》 권1, 〈開宗明義〉: "身體髮膚, 受之父母, 不敢毁傷, 孝之始也."

다. 애기는 인명존중을 실천하는 출발자세와 같은 기본방법이다. 이때 주의하여야 할 것은 가시적인 신체의 생명만을 중요시할 경우 이기적 욕구만을 충족하려 하여 상호 불신사회를 이루게 되는 성향이다. 이 점은 현대사회의 병폐로서 얼마든지 경험하는 사실이다. 따라서 애기의 생명외경은 위에서도 비쳤듯이 인격측면의 '주체적 자아형성'을 선행시킨 '자기인격의 외경'으로 통하여야 한다. 윤리 차원의 자아형성이 자신의 인간과 인생 및 사회인의 최저의 기초가 된다는 점에서 이렇게 되지 않으면 아니된다.

인격 측면의 주체적 자아가 전통유학의 방법으로는 신독(愼獨), 계구(戒懼), 성의(誠意), 정심(正心), 거경(居敬)으로 이룩된다고 하였다. 다 일리 있고, 유효한 방법이다. 하지만 논자의 견해로는 이를 위하여서는 공자(孔子)의 '충신'(忠信)이 가장 긴요한 방법이라고 생각한다. 충신(忠信)은 주체적 자아의 형성뿐 아니라 나아가 타인으로부터의 자기신임까지 초래하는 태도이다. 충신은 자신에의 충실이며[28] 타인에의 성실을 아울러 기하여 인간에 대한 믿음을 갖게 함을 의미한다.

오늘날 '충'(忠)이 자신에 대한 충실로는 별로 이해되지 않아 현대인에게 이 개념이 익숙하지 않지만, 자기 충실을 원래 제 일의로 삼는 개념이다. 그런 의미인 만큼 '충신'(忠信)이란 무자기(無自欺)의 자기충실과 타인에 대한 성실을 통하여 자신을 비롯한 인간 자체에 대한 믿음을 가져오는 태도다. 현대사회의 병폐인 인간불신을 극복하게 하는 길이 자기충실과 타인에 대한 성실로 해서 얻어지는 믿음성이고 보면 충신을 이 문맥에서 들지 않을 수 없다. 앞서 논자가 '신(信)을 실인지방(實人之方, 인간을 충실히 하는 방법)'이라고 한 것은 이상과 같은 뜻으로 내린 해석이다.

유학이 이러한 자체 변개의 노력을 기울인다고 하더라도 당장 대동사회의 이상조차 완전히 실현되리라고 예상할 수는 없다. 그러나 이러

28) 朱熹, 《論語集注》, 〈里仁〉: "曾子曰 夫子之道, 忠恕而已矣." 注--"盡己之謂忠, 推己之謂恕."

한 노력이 적어도 예측되는 미래사회의 인재(人災)로서의 불행을 인간들이 어느 정도 감소·예방할 수 있을 것만은 개연성 높게 예상할 수 있다. 그런 의미에서 유학의 이런 변이론을 대동사회·이상실현을 위한 유학의 '미래지향적 변개'라고 감히 이름하고 싶다.

여기서 어떤 이는 논자의 이 '유학에 의한 미래지향의 비전'이 지나치게 인존·인도 중심의 인본을 주조로 하고 있음을 지적하면서, 인본위주의 사상이 과연 후기산업사회인 현대나 미래까지도 필요할까 하는 의문을 제기할지 모르겠다. 이에 대한 논자의 답은 다음과 같다.

(1) 우리는 앞으로도 인간 이상일 수도 이하일 수도 없다는 것,
(2) 인간이 미래에도 사회의 주인공으로서 주체적 자율적 태도로 사회생활을 영위하려면 인본사상의 기반 없이는 결코 불가능하다는 것,
(3) 현재도 이미 세계가 하나로 되어 지구촌이라는 용어를 자연스럽게 쓸 만큼 인류가 일가 공동체와 같은 한 단위의 집단체로 인식되고 있으므로, 앞으로 아무리 외형상으로 이익공동체임을 주장하더라도 내용에서는 과거의 혈연공동체와 같은 생활을 하게 되는 측면 또한 많으리라는 예상이다.

집약하면, 인존·인도 중심의 인본사상에 기초하여 위와 같은 새 가치관의 정립이 있어야 유학은 현대와 미래의 인류사회를 자연스럽게 진보·발전의 형태로 이끌어 가는 데 실제적 학문인 '신실학'(新實學)으로서 그 주도적 역할을 할 수 있을 것으로 생각된다.

3

유학윤리사상의 기반

제4장

유학의 인존·인도정신

1. 유학에 대한 새로운 연구시각

유학은 전세나 내세를 믿지 않고, 오직 현세만 믿는다. 거기에는 초월적인 것에 대한 절대적 신앙마저 매우 희박하다. 현실중시의 경향이 강하고, 합리성을 존중하며, 인본적 사고로 충만한 것이 유학이다. 이런 성향으로 해서, 유학은 그 종교성이 자주 문제로 떠오른다.

유학의 종교성은 현세에서의 현실생활을 이상적으로 하려는 의지 속에 있다. 인류의 이상적인 생활, 이른바 '인류의 구제'(博施濟衆)를 '수신(修身)·제가(齊家)·치국(治國)·평천하(平天下)'의 방식으로 철저히, 완벽하게 하려는 의지가 절대적인 데서 그 종교성이 찾아진다.

유학의 이러한 종교성은 결국 그 학문적 열성과 다르지 않다. 그 때문에 유학은 그대로 유교로 통용된다. 나아가 학문으로 추구하는 그 내용이 어디까지나 실제성 및 실용성을 띠었다는 의미에서, 유학은 또 '실학'(實學)으로도 대용된다. 근대에 이르기까지 유학자들이 유학을 생활에 실제적이고 실용적인 학문이나 사상으로 믿어온 것도 이러한 데 근거한다. 특히 도교나 불교 등과 비교할 때, 그들은 유학의 이러한 특징에 확신을 가질 수 있었고, 일종의 자부심마저 지닐 수 있었다.

하지만 근대 이후 과학기술과 무력을 앞세운 서구의 열강이 유교문화권 대부분을 식민지화하면서부터, 유학은 오히려 쓸모없는 사상으로 간주되었다. 유학은 유교문화권의 빈약·패배의 요인으로 지탄받게 되었다. 더욱이 유학에 깃든 봉건 또는 전근대적 사상요소로 해서 이것은 민주화 흐름에 한낱 장애요인일 뿐이라고 매도당하게 되었다.

근대 이후의 서구사상에 장점과 함께 단점이 있듯이, 유학에도 단점만 있다고 할 수는 없다. 고찰하기에 따라서는 유학에도 시대와 장소를 초월하여 적용될 장점이 찾아질 수 있다. 더욱이 서구사상이 주도하는 현대문명에는 그 유용성 못지않게 병폐가 매우 많다. 오늘날의 세계는 이제 어느 한 국가나 한 민족의 것이 아니듯, 그 문명에 대한 책임 역시 인류 전체에게 돌아가고 있다. 유학에 보편타당한 사상이 참으로 있고, 유학자들 역시 인류문명의 진행에 책임의식을 느낀다면, 그들은 긴 역사를 통해 쌓아온 그 사상적 지혜를 오늘날 다시금 발굴해내지 않으면 안 될 것이다. 그들은 현대에 그 유학에 담긴 유용한 지혜를 찾아 내놓음으로써 유학이 지금도 여전히 '실학'임을 입증해야 할 것이다. 유학자들이 그 낡은 부분의 사상을 제거하여 현대사회에 실제적이고 실용적인 사상만을 제시하는 것은 곧 유학을 '새로운 실학'으로 다시 태어나게 하는 길이기도 하다.

2. 유학의 본원적 인간존중의식

현대 기계 · 기술 문명이 인류에게 많은 혜택을 준 사실은 누구도 부인할 수 없다. 그러나 기계 · 기술 문명의 폐해 또한 열거하기 어려울 정도로 막심하다. 인간소외, 인간성 상실, 인류 자멸의 가능성을 계속 증대시키고 있는 것이 현대 기계 · 기술 문명이 낳은 폐해이다. 이에 현대문명의 대응으로서 갖가지 논의가 행하여지고 있음도 다 아는 일이다.

논자와 같은 유학자의 시각에서 판단할 때, '인간 및 생명 존중의식'의 제고가 현대사회에 필요한 하나의 중요한 사상적 지향점이 아닌가 한다. 유학은 이 점에 어떻게 답할 수 있는가? 유학에서도 과학의 중요성을 인정하는 만큼, 기계 · 기술 자체를 무시하지는 않는다. 다만 유학에서는 그러한 것에 대한 관심 이상으로 인간을 존귀한 존재로 생각한다. 무엇보다도 유학에는 인간과 기물과의 관계에 대한 '주객관념'이 뚜렷하다. 이 세계에서 인간 이상으로 존귀한 존재는 없다고 생각하는 것이 유학이다. 이러한 사고가 유학에서 고대 이래로 인간을 영장시하는 관념과 서로 연결되어 오고 있다.

유학의 인간 존중의식은 원천적으로 공자(孔子)의 사상에서 비롯된다. 공자사상의 핵심원리가 '인'(仁)임을 다 아는 사실이지만, 이 인을 공자는 '사람을 사랑하는 것(愛人)'[1]이라고 설명하였다. 공자의 이러한 가르침에 따라 그 뒤 맹자(孟子)는 이것(인)을 '남의 불우한 처지를 측은히 여기는 마음씨'[2]로 해석하였다. 공자의 제자인 유자(有子)는 '효'(孝)를 인의 으뜸가는 실천방법으로 생각하였다.[3] 그 효 개념은 물론 '부모에 대한 봉양'을 비롯하여, '나 자신의 생명과 신체를 온전히

1) 《論語》, 〈顔淵〉: "樊遲問仁. 子曰 愛人."
2) 《孟子》, 〈公孫丑〉 上 : "惻隱之心 仁之端也."
3) 《論語》, 〈學而〉: "孝弟也者 其爲仁之本與."

보존하는 것' 등으로 실현되는 것이라고《효경》등에서 구체적으로 명시하였다.[4] 이처럼 인간을 사랑하고 생명을 귀중히 여기는 인 사상을 그 핵심으로 굳혀옴으로써 유학은 어느 사상보다도 투철한 인간존중 내지 인명존중의 전통을 이루었다. 논자로서는 유학의 이러한 사상적 측면이 오늘날 다시금 재조명되고 재인식되어야 할 것이라 판단한다.

유학에서 굳이 인간 이상으로 존귀하게 여긴 존재를 찾는다면, 그것은 오직 '하느님'(天, 天帝, 上帝)일 것이다. 그러나 유학에서 그 하느님을 믿고 섬긴 것은 초기 유학에서나 두드러졌던 일이며, 그나마도 그 신앙의 정도가 대단치 않았다. 유학에서의 하느님은 오히려 자연으로서의 '하늘'(天)과 크게 다르지 않다고 믿어져 왔다. 특히 근대 이후에는 그것은 하나의 궁극적인 '이법'(理法)으로 간주되는 사상적 변이마저 가져왔다. 이에 우리는 잠시 '하늘' 개념과 연관된 유교의 '자연관'을 살펴야겠다.

유학에서는 인간을 하늘과 땅과 함께 조화롭게 병존하는 존재로 파악한다. 이런 사고가 바로 유학의 이른바 '삼재'(三才)사상이다. 하늘과 땅과 함께 병존하는 정도의 (이것들과 동등한) 지위에 오른 인간을 특별히 '성인'(聖人)에 한정하는 견해가 있지만, 기본적으로는 인간이면 누구나 다 그렇다고 생각하는 것이 유학이다.

이와 같이 인간을 기본적으로 '하늘과 땅'과 밀접한 관계에 있다고 생각하는 근거는 이것들이 각각 인간의 부모에 해당한다는 데 있다. 우주 전체를 상징하는 이 '하늘과 땅'을 유학의 기본경전인《주역(周易)》에서는 일종의 생명체와 같은 것으로 파악하였다.[5] 그 이유는 이것들이 인간이라는 생명체를 부모와 같은 처지에서 낳아 살아가게 하고, 다시 그리로 돌아가게 하는 것이기 때문이다. 하늘과 땅은 인간 생명의 원천인 까닭에, 서로 같은 생명체이고, 인간이 조화롭게 살다

---

4)《孝經》,〈開宗明義章第一〉: "身體髮膚 受之父母 不敢毁傷 孝之始也."

5)《周易》,〈繫辭〉: "天地之德曰生."

가 되돌아갈 본향으로 간주된다. 이런 의미에서 유학에서의 천지자연은 궁극적으로 인간과 '합일'되어야 할 대상이다.

인간은 자연과 합일을 통하여 그 자신을 인격적으로 더욱 성숙시킨다. 자연과의 합일에서는 그 자연의 진실된 원리를 내것으로 하게 된다는 믿음이 있기 때문이다. 나아가 유학에는 천지자연을 생명이 나와 서로 단절되지 않은 '대아'(大我)로 여기는 사유가 있다. 이것은 이미 《주역》 등에서 자연을 소박하게 '인간의 부모로 간주'(乾稱父 坤稱母)하는[6] 데서 확인된다. 인간의 부모이기 때문에 자연은 인간의 애호를 받아야 할 대상으로 여겨졌지, 결코 이용하고 버리거나 정복의 대상으로 간주되지 않았다. 이와 같은 태도로 해서, 유학의 인간존중의식은 결국 자연존중의식으로 반사되어 다시 인간에게 강화되어 오는 형식으로까지 견지되었다.

3. 유학의 본원적 인도 중요시 경향

과학의 눈부신 발달에 힘입은 현대는 그 극도로 개발된 기계·기술로 해서, 역사상 어느 시대보다도 '문명'을 자랑하게 되었다. 그러나 정서를 함양시키고 인격을 고양시켜 양질의 생활을 누리게 하는 '문화' 역시 그렇다고 할 수는 없을 것이다. 문명과 문화의 구분의식을 지닐 때, 전자의 측면에서는 발전하지만, 후자의 측면에서는 오히려 퇴보한 상태에 있지 않은지 우려된다. 특히 문명의 선진을 달리는 국가일수록 그러한 현상이 두드러진다.

선진을 향한 개발과 짝하여 윤리의식의 박약, 즉 도덕의 타락상을 너무 많이 보이는 것이 현대의 실상이다. 실용주의에 기초한 물량 위주의 가치관, 공리주의에 기초한 감각적 욕구충족을 당연시하는 풍조

---

6) 張載, 《西銘》.

및 이기주의의 만연은 도덕적 관념을 망각시킴은 물론, 나아가 온갖 범죄를 야기하고 있다. 오늘의 도덕적 상황은 강도, 강간, 방화, 마약중독, 인신매매, 살인 등, 인간으로서는 차마 못한 냉혈·비정의 범죄가 난무 자행되는 판국이다. 오늘날의 윤리의식의 마비상태는 이제 법치의 사고만으로는 치유불능의 정도라고 판단된다.

앞절에서부터 언급하여 온, 지금 여기서도 또다시 문제로 떠오르는 인간존중·생명외경은 인간을 인격적으로 대하는 윤리의식의 뒷받침이 없고서는 근본적으로 불가능한 것이다. 인간 생명을 보호하며, 나아가 윤리의식의 강화에 의하여 사회질서를 새롭게 확립하는 것이야말로 이 시대의 급선무가 아닐 수 없다. 윤리의식에 기초한 자율적인 도덕질서를 수립함으로써 동물적인 삶을 벗어나 '인간다운 삶'을 꾸려가도록 하는 것이 이 시대의 급선무적인 과제다. 인간들이 인간답게 살도록 하는 '인도정신'(人道精神)의 고취 이상으로 긴요한 현대의 과제가 없다고 할 수 있는 것이 오늘의 현실이다.

이러한 문제의식에서 다시 유학을 돌아보기로 한다. 유교의 윤리·도덕의식은 다른 어느 사상의 그것보다 강렬하다. 유학의 발생부터가 '예를 가르치는 전통'에서 비롯되었기 때문이다. 본래의 유교인(儒者)은 예 교육자(相禮者)였다. 따라서 유교의 도덕의식은 곧 예의식이기도 하다.

공자도 원래는 예 교육자로 출발하였던 까닭에, 예를 매우 강조하였다. 그가 《논어(論語)》에서 "예가 아니면 보지도, 듣지도, 말하지도, 움직이지도 말라"[7]고 한 것이 그 좋은 증거다. 그러나 공자는 예를 다만 묵수 전파하는 데 그친 다른 유교인들과 달리, 그 실천을 강조함과 아울러 그 근거에 해당하는 이론들을 창안하였다. 예의 근거론까지 밝힘으로써 당시 사회의 질서확립〔有道〕을 궁극의 목표로 한 사상가가 공자라 할 수 있다. 이러한 것은 맹자 역시 마찬가지였다. 따라서 논

7) 《論語》, 〈顔淵〉: "非禮勿視 非禮勿聽 非禮勿言 非禮勿動."

자로서는, 시대에 따라 적용의 문제가 야기될 예의 형식적 조목들보다는, 이들이 창안한 예의 근거론들이 오늘에도 주목되어야 할 부분이라고 생각한다.

일찍이 공자는 인간파악의 발언으로서, "습관에서는 서로 차이가 있지만 인성에 있어서는 별로 차이가 없다"[8] 고 하였다. 아울러 그는 "삼군을 거느린 장수를 빼앗아 올 수는 있어도, 보통사람(필부)의 의지를 빼앗을 수는 없다"[9] 고 하였다. 이 발언들은 결국 인간들은 다 '의지의 자유'를 누리려 한다는 것을 가리킨다. 의지의 자유를 가진 것이 곧 인간이라는 뜻이다. 이렇게 공자의 인간관은 인간을 '인격체'로 파악하는 특징을 지녔다. 인격체적 인간관을 바탕으로, 그는 남과의 관계에서는 항상 '진심과 신의'(忠信)로 대할 것을 권한다.[10] 신의로 성립되는 사회를 그리면서, 그것이 나의 진심, 성의로써 가능함을 그는 누누이 강조하였다.

앞서 공자의 인이 "사람을 사랑하는 것"(愛人)이라고 한 것으로도, 그것(仁)이 인간관계의 원활을 위하여 발굴된 개념임을 짐작할 수 있을 것이다. 실로 공자 이후 유학에서, 인간관계의 원활을 위하여 이용되고 있는 개념으로 인보다 더 중요시되는 것은 없다. 인이라는 글자 자체가 '두 사람 이인(二人)'을 상징하는데, 공자는 인의 이러한 상징적 의미를 '사람에 대한 사랑' 등으로 살려내어, 이것을 사회의 화합과 질서를 위한 으뜸개념으로 만들었다.

그에 따르면, '사람에 대한 사랑'은 인의 포괄적 특성이다. 그것을 보다 구체적으로 실현하는 방법은 "나를 미루어 남을 대하는" 이른바 '서'(恕)의 방법이다.[11] 즉, "내가 바라지 않는 것은 남에게도 시키지 않으며, 내가 바라는 것은 남에게도 하게끔 하는 태도"가 곧 그것이

8) 《論語》, 〈陽貨〉: "子曰 性相近也 習相遠也."

9) 《論語》, 〈子罕〉: "子曰 三軍可奪帥也 匹夫不可奪志也."

10) 《論語》, 〈學而〉, 〈子罕〉: "子曰 主忠信."

11) 《論語》, 〈衛靈公〉.

다.[12] 이로 보아 인은 남에 대한 '호의적인 배려'로 이루어지는 것임을 알 수 있다. 사실 공자는 "나의 이기적인 욕구를 이겨내고 예를 지향하는 노력이 있어야 인을 이루게 된다"[13] 고도 한다. 남에 대한 호의적 배려를 위해서는 나의 이기적 욕구마저 포기되어야 한다는 뜻이 여기에 있다. 남에 대한 배려가 이렇게 철저한 점을 고려하면, 인은 결국 '더불어 아끼며 함께 살아가려는 마음씨'라 풀이될 수 있다.

나 자신이 스스로 남과 함께 공존·공생하려는 의사가 없으면, 인간들이 서로 인격체로 대하는 일도, 나아가 자율적으로 도덕질서를 수립하는 일도 다 불가능한 것임에 틀림없다. 이 점을 감안하면, 인이 왜 예로서의 도덕질서 수립을 궁극의 목표로 삼은 공자사상의 핵심적 근본원리로 자리잡게 되었는지 그 이유를 깨닫게 된다.

맹자는 공자사상의 근본성격을 간파하고, 이것을 더욱 도덕질서의 방향으로 발전시켰다. 그는 인을 '측은해 하는 마음'(惻隱之心)[14] 으로 드러나는 본성으로 해석하는 한편, '차마 못하는 사람의 마음'(不忍人之心) 으로 드러나는 본성으로도 새롭게 해석하였다. 그의 새로운 두 해석 중 앞의 것은 공자가 인에 대하여 말한 '사랑'의 뜻을 계승한 것이고, 뒤의 것은 "내가 바라지 않는 것이면 남에게도 시키지 말라"는 뜻을 강화한 것이다.

이 두 해석들은 아래와 같이 하나의 의미체계로 합하여지는 것이다. 먼저 '차마 못하는 사람의 마음'이라는 해석은 인간이 참고 할 수 있는 일과 할 수 없는 일이 있음을 앞세운 해석이다. 이 참지 못하는 마음이란 특히 불우하게 된 사람(孺子入井 등) 을 보고서 느끼게 되는 '측은의 심정'으로 인하여, 호의적인 배려를 아니하고서는 참지 못하는 인정을 의미한다. 호의적 배려에 해당하는 행위는 물론 선행(善行) 이 아닐 수 없다. 그러므로 맹자의 인은 예와 마찬가지의 선행을 하게 하는

---

12) 앞의 책 : "己所不欲 勿施於人" 및 "己欲立而立人 己欲達而達人."
13) 《論語》, 〈顔淵〉 : "克己復禮 爲人."
14) 《孟子》, 〈公孫丑〉 上, 〈盡心〉 上.

본성을 의미한다. 그의 인성설을 성선설이라고 하는 것도 이러한 데 연유한다.

맹자는 선한 행위를 하게 하는 소질과 같은 가능성이 인간의 마음에 본성으로 있다고 믿었고, 그 점을 실제로 증명하기도 하였다. 그리하여 예의 근거를 밝히는 데 그도 크게 기여하였다. 다만 예를 특별히 따로 설명할 때는, 그는 그것이 이기적 욕구의 극복과 남에 대한 배려에서 비롯됨을 고려하여, '사양의 마음' 또는 '공경의 마음'으로 이루어지는 것이라 확언하였다.

이와 같이 인과 예 및 의(義)와 지(智)의 본성이 모든 인간의 마음에 있음은 물론, 나아가 인간을 인간답게 하는 본성이라고 맹자는 생각하였다. 그는 인과 예 등을 인간을 인간답게 하는 본성이라는 뜻에서, "측은, 사양 등의 마음이 없는 사람이 만일 있다면, 그는 인간이 아니다"[15]라고 단언한다. 그런 인간은 인간이 아닌 금수라는 뜻이다. 인(仁) · 의(義) · 예(禮) · 지(智) 등 본성의 마음씨를 지닌 인간이라야 참다운 인간이라는 것이 맹자의 생각이다. 이 중에도 특히 인(仁)이 인간을 인간답게 하는 대표적 본성이라고 생각하여, 그는 이것을 '인'(人)으로 해석하기까지 하였다.[16]

정리하면, 공자 · 맹자 등은 '인간을 사랑하여 더불어 함께 살아가려는 인의 마음씨', '남을 배려하고 남에게 사양할 줄 아는 마음씨'를 발현하여, 당시 혼란한 사회에 도덕(禮) 질서를 수립고자 하였고, 그러한 도덕적 삶을 인간다운 삶으로 간주하였다. 그들은 윤리의식에 입각한 선한 행위를 하는 길만이 인간답게 사는 인간의 길, 즉 '인도'(人道)라고 생각하였던 것이다. 공자가 "금수와는 무리 지을 수 없어, 인간들과 함께 무리 짓고자 한다. 세상에 도가 있게 되면 나는 이 변혁의 노력을 기울이지 않겠다"[17]고 한 고백 자체가 도덕질서의 수립에

---

15) 《孟子》, 〈公孫丑〉 上.

16) 《孟子》, 〈盡心〉 下 : "孟子曰 仁也者 人也."

17) 《論語》, 〈微子〉 : "吾獸不可與同群 吾非斯人之徒與而誰與 天下有道 丘不與

의한 '인도적 삶'을 갈구한 발언이다. 따라서 논자의 생각으로는 공자의 이러한 윤리의식과 인도정신이 현대사회의 도덕적 재건과 인도적 사상의 각성을 불러일으키는 데 크게 도움이 될 것으로 믿어 의심치 않는다.

이렇게 살피면, 우주 자연에 뿌리를 둔 유교의 생명 외경의식과 그에 기초한 인명 · 인간존중 사상 및 윤리적인 측면으로 인간다운 삶을 모색한 인도사상 등은 유학이 현대에 공헌할 사상적 자산이 아닐 수 없다. 특히 유학의 인존 · 인도 사상이야말로 현대문명의 폐해를 시정하는 데 기여할 귀한 지혜이다. 우리는 이러한 사상을 오늘날 계승할 뿐 아니라 더욱 강화하면서 오늘의 사상으로 생활화해야 마땅하다. 이러한 사상의 현대적 유용성을 인식하고 실생활에 응용하는 데서, 인류는 고양된 문화를 향유하게 되고 유학도 오늘의 '새로운 실학'으로 다시 태어나게 될 것이다.

易也."

제5장

유학의 본원적 윤리사상

공자의 중용사상

1. 《논어》 위주의 고찰

공자의 사상을 가장 충실히 전해주는 경전이 《논어(論語)》임에 틀림없지만, 그것에 국한하여 살필 때 '중용사상'(中庸思想)은 공자에게서 큰 비중을 차지하지 않는 듯이 보인다. 그 이유는 공자가 '중용'(中庸)이라는 용어를 분명하게 사용한 예를 겨우 '옹야'(雍也) 편에서 "중용의 덕(德) 됨이란 지극하도다"[1] 라는 것밖에 찾을 수 없기 때문이다. 비록 언표의 빈도가 비중을 판가름하는 절대적인 기준이 될 수는 없지만, 비중을 두어 중요시하는 개념일수록 대체로 많이 언표하게 되는 일반적 관례를 감안하면, '중용'(中庸)은 공자에게서 별로 중요시되지 않은 사상으로 간주되기 쉽다. 그만큼 이것은 그가 되풀이하여 확실하게 역설한 개념에 속하지 않는다.

그러나 공자의 중요사상을 계승하여 더 구체화한 저술 중의 하나에 《중용(中庸)》이 있음을 상기하면, 이것이 그 빈도만큼 경홀시되어도

---

1) 《論語》, 〈雍也〉: "子曰 中庸之爲德也 其至矣乎."

좋은 개념이라고 할 수는 없을 것 같다. 더욱이 《중용(中庸)》이 《예기(禮記)》의 중요한 한 편으로 자리하고 있음을 고려하면, 특히 공자의 윤리사상에서 차지하는 이 비중은 상당히 큰 것으로 추단해야 하지 않을까 한다. 이런 판단에서 논자는 이것이 공자에게서는 어떤 맥락에서 어떤 뜻으로 어느 정도의 비중으로 생각되었는지를 고찰하고자 한다.

이러한 고찰을 어디까지나 《논어(論語)》에 입각하여 진행하기로 한다. 《중용(中庸)》은 다만 부차적인 자료로 참고하겠다. 이를테면 가능한 대로 '이전해경'(以傳解經)을 지양하고, '이경해경'(以經解經)의 방법이 되도록 시도하여 보겠다.

2. 중용의 의미

중용이라는 용어의 의미를 학자들은 다음과 같이 이해하였다. 일찍이 정자(程子)는 '중'(中)을 '치우치지 않음', '기울지 않음'(不偏, 不倚)이고, '용'(庸)을 '변하지 않음'(不易)으로 해석하여, 전자를 '천하의 정도'(天下之正道)로, 후자를 '천하의 정리'(天下之定理)로 이해하였다.[2] 이어 주자(朱子)는 '중'(中)을 '지나치거나 못미침이 없음'(無過不及)으로, '용'(庸)을 '평상'(平常)으로 이해하였다.[3]

주준성(朱駿聲)은 《중용(中庸)》에서 "하늘이 명(命)한 것을 성(性)이라 하고, 성(性)을 좇는 것을 도(道)라 한다"고 한 것에 따라 '중'(中)을 '성'(性)으로 '용'(庸)을 '도'(道)로 파악하여, "마음에 보존된 것이 중이고 일(事)에 발하여진 것이 용이다"라고 주장하였다.

논자의 생각으로도 이것의 이해를 위해 어느 정도 《중용》을 참고할 필요가 있다고 믿어진다. 다만 주의해야 할 것은 《중용》에서 하나의

2) 《中庸章句》, 제 1장.
3) 위와 같음.

'중'이 두 가지 경우의 의미로 (층차가 다르게) 사용되고 있는 점이다. 즉, "희노애락(喜怒哀樂)의 미발(未發)을 중(中)이라 하고, 발(發)하여 중절(中節)한 것을 화(和)라 한다. 중은 천하의 대본(大本)이며 화는 천하의 달도(達道)이다"[4] 라는 것이 그것이다.

중(中)에는 미발시(未發時)의 성(性)과 같은 '대본(大本)의 중(中)'이 있고, 달도(達道)로서의 화(和)를 이루는 중절시(中節 : 已發)의 중(中)인 '시중(時中)의 중(中)'이 있다. 전자가 불변의 본래적 원리의 중이고, 후자가 때와 장소에 따른 가변적(可變的) 원리의 중이다.

그러나 후자도 내용상으로는 결국 전자에 합치·일치해야 한다. 치우치지 않고(不偏), 기울지 않음(不倚) 또는 지나침과 모자람이 없음(無過不及)이 특히 평상적인 후자의 실천〔용(庸)은 상(常) 및 용(用)임〕에서 요청되는 것도 이 때문이다. 이렇게 보면 시중의 중절을 통한 화(達道)로써, 대본의 중의 이념까지 아울러 구현하는 것이 바로 중용사상이라 할 수 있다.

공자에게서 이러한 사상들이 실제로 찾아지는가? 물론 이러한 사상들이 그에게서 찾아진다.

첫째, 공자는 지나침과 모자람이 없음(無過不及)을 말한다. 그는 제자인 사(師 : 子張)와 상(商 : 子夏)을 논하는 자리에서 "사(師)는 과(過)하고 상(商)은 불급(不及)인데 과(過)와 불급(不及)은 같다"[5] 고 하여, 다 바람직하지 못함을 설명한다.

둘째, 공자는 '중행'(中行), 즉 '중도'(中道)를 말한다. 그가 광(狂), 견(狷)을 들어 하나가 진취(進取)요, 하나가 유소불위(有所不爲)의 성격이라는 뜻에서 "중행(中行)을 이루어 함께 할 수 없음"(人物)이라고 평한 예[6] 가 그것이다.

---

4) 《中庸》, 〈首章〉 : "喜怒哀樂之未發 謂之中, 發而皆中節 謂之和, 中也者 天下之大本也 和也者 天下之達道也."

5) 《論語》, 〈先進〉 : "子曰 師也過 商也 不及 … 子曰 過猶不及."

6) 《論語》, 〈子路〉 : "子曰 不得中行而與之 必也狂狷乎 狂者進取 狷者有所不

셋째, 공자가 "더불어 배울 수 있더라도 함께 도(道)에 나아갈 수 없으며, 함께 도(道)에 나아갈 수 있더라도 함께 설 수 없으며, 함께 설 수 있더라도 함께 권(權)을 행할 수는 없다"[7] 고 한 것이 그러한 실례이다. 생활에서 행하는 예(立於禮라 하고, 不知禮면 無以立이라고도 했음)와 밟아가는 도가 서로 같더라도, 권(權)까지 일치할 수는 없다는 이 말은 궁극적인 행위의 일치(또는 원리상의 일치)가 권의 여하에 달렸음을 의미한다.

권(權)이란, 《공양전(公洋傳)》이래 불가변의 원리인 경(經)에 대비하여 고려되는 이른바 변통법이다.[8] 이를테면 이것은 '대본의 중'을 전제하고 말하여지는 '시중(時中)의 중'의 착상과 같은 것이다. 이로써 공자에게 중용의 사고가 있었음이 여기에서 확인된다. 공자의 이 중용의 사고는 어디에서 연원하는 것일까?

3. 중용사유의 연원

이 의문을 풀기 위하여 공자의 도(道) 및 예(禮)에 대한 사고를 알아보기로 한다. 위의 인용문에서 중용의 실천이 도와 예를 앞세우고 표명되었기 때문이다.

일찍이 "도에 뜻(志)을 두어야 함"[9] 을 강조한 공자는 '도에 뜻을 둔 선비'라면 '입고 먹는'(衣食) 등 사소한 일에 관심을 두지 말 것을 가르친다.[10] 또 부귀가 사람의 바라는 것이고, 빈천은 사람의 싫어하는

爲也."

7) 《論語》, 〈子罕〉: "子曰 可與共學 未可與適道 可與適道 未可與立 可與立 未可與權."

8) 《春秋公羊傳》(桓公11년 9월 條).

9) 《論語》, 〈述而〉: "志於道."

10) 《論語》, 〈里仁〉: "子曰 志於道 而恥惡衣惡食者 未足與議也."

것이지만, 다 도(道)에 의해 받아들이고 피해야 함을 밝힌다.[11] 그는 철저히 '호학의 독신(篤信)과 함께 선도(善道)의 수사(守死)'를 역설한다.[12] 도에 대하여서는 심지어 "아침에 도(道)를 들으면 저녁에 죽어도 좋다"[13] 고 극언하기를 서슴지 않는다.

이러한 (도를 중요시하는) 사고에서, 그는 이상인(理想人)으로서의 군자가 갖추어 행하여야 할 구체적인 도(君子之道)를 든다. '지(知)·인(仁)·용(勇)'[14] 및 '공(恭)·경(敬)·혜(惠)·의(義)'[15] 가 바로 그러한 것들이다. 이러한 것을 그도 이를테면, 《중용》에서 말하는 "도란 한순간도 떠날 수 없는 것이다. 떠날 수 있으면 도가 아니다"[16] 라는 정도로, 행위에 필수불가결한 원리로 생각하였다.

이와 같은 공자임에도 그는 도를 결코 무조건 맹신(盲信)·맹종(盲從)해야 할 절대적, 불가변의 원리라고 생각하지 않는다. 그는 "인간이 도를 넓힐 수 있는 것이지, 도가 인간을 넓히는 것이 아니다"[17] 라고 단언한다. 이것은 합리성에 따라 제정·개변될 수 있는 것이 도라는 의미와 상통하는 발언이다. 도의 가변성을 인정하는 그의 사고가 바로 앞의 중용적 사고를 뒷받침할 수 있는 성질의 것이다.

다음으로 예에 대한 사고는 어떠한가? 공자는 "예를 알지 못하면 서지 못한다"[18] 느니, "예를 배우지 않으면 서지 못한다"[19] 고 한다. 이것은 예가 당시 사회인, 특히 귀족적 교양인으로 인정받게 되는 데 있어

---

11) 《論語》, 〈里仁〉: "子曰 富與貴 是人之所欲也 不以其道得之 不處也 貧與賤 是人之所惡也 不以其道得之 不去也."
12) 《論語》, 〈泰伯〉: "子曰 篤信好學 守死善道."
13) 《論語》, 〈里仁〉: "子曰 朝聞道 夕死可矣."
14) 《論語》, 〈子罕〉·〈憲問〉.
15) 《論語》, 〈公冶長〉.
16) 《中庸》, 〈首章〉.
17) 《論語》, 〈衛靈公〉: "子曰 人能弘道 非道弘人."
18) 《論語》, 〈堯曰〉: "不知禮 無以立."
19) 《論語》, 〈季氏〉: "不學禮 無以立."

필수요건임을 알려주는 것이다.

예가 이렇게 중요시되는 까닭은 아무리 박학(博學)하더라도 “이것〔禮〕으로 나를 단속〔約〕 또는 조절〔節〕해야만 도리에 배반〔畔〕하지 않을 수 있기”[20] 때문이다. 따라서 공자는 “예가 아니면 보지도, 듣지도, 말하지도, 동하지도 말라”[21]고 하며, 구체적으로는 “공(恭)하되 예가 없으면 노(勞)할 뿐이고, 신(愼)하되 예가 없으면 시(葸)할 뿐이고, 용(勇)하되 예가 없으면 난(亂)할 뿐이고, 직(直)하되 예가 없으면 교(絞)할 뿐이다”[22]고 한다. 요컨대 그의 사상에 일관된 원리인 ‘인’(仁) 마저도 “극기(克己)하여 예를 이행(復)할 때에 이루어진다”[23]는 것이다.

예를 이렇게 중요시하는 공자이지만, 그는 다른 한편으로 그 성립연원에 더 주목한다. “예를 역설하면서 옥백(玉帛)이나 말해서야?”[24]라고 하면서 예물 등 가시적인 형식에 치우침을 그는 경계한다. 겉으로 드러나는 가시적 형식보다는 예를 하게 되는 내면의 심정을 공자는 더 중요시하였다. “사람으로서 불인(不仁)하다면, 예나 악이 무엇이겠는가?”[25], “지금의 효는 양(養)할 수 있는 것만 말하는데, 견마(犬馬)조차도 다 양(養)할 수는 있으니, 경(敬)의 마음이 없다면 무엇으로 견마와 사람을 구별하겠는가?”[26]라는 그의 발언이 이를 입증한다. “군자가 상중(喪中)에 맛있는 것을 먹지 않고, 음악을 즐기지 않고 편안히 지내지 않는 것은 그렇게 하면 마음이 불안(不便)해서이다”[27]라는 것

---

20) 《論語》, 〈雍也〉, 〈子罕〉, 〈顔淵〉: “約之以禮 亦可以不畔矣夫.”

21) 《論語》, 〈顔淵〉: “子曰 非禮勿視 非禮勿聽 非禮勿言 非禮勿動.”

22) 《論語》, 〈泰伯〉: “子曰 恭而無禮則勞 愼而無禮則葸 勇而無禮則亂 直而無禮則絞.”

23) 《論語》, 〈顔淵〉: “克己復禮 爲仁.”

24) 《論語》, 〈陽貨〉: “子曰 禮云禮云 玉帛云乎哉.”

25) 《論語》, 〈八佾〉: “子曰 人而不仁 如禮何 人而不仁 如樂何.”

26) 《論語》, 〈爲政〉: “今之孝者 是謂能養 至於犬馬 皆能有養 不敬 何以別乎.”

27) 《論語》, 〈陽貨〉: “夫君子之居喪 食旨不甘 聞樂不樂 居處不安 故不爲也.”

도 그러한 예이다.

더 나아가 공자는 "자식이 태어나 3년을 지나야 부모의 품을 떠나게 됨"[28]을 들어, 3년 상(喪)을 합리화한다. 이에 이르면, 그는 단순한 내면적 심정이 아닌 '보은과 같은 도리'로서 예를 이해하고 있다.

이러한 실례들은 바로 그가 예를 고정 불변하는 것으로 간주하지 않고, 심정이나 도리에 따라 변하게 되는 것으로 간주하였음을 알려주는 자료임에 틀림없다. 역사적인 작례(作禮)의 사례를 공자가 논한 대목에서 이 점은 더욱 명료하게 드러난다. 즉, "은(殷)은 하(夏)의 예를 기초로 하였으니, 거기에 덜고 더한 것을 알 수 있다. 주(周)는 은(殷)의 예를 기초로 하였으니, 거기에 덜고 더한 것을 알 수 있다. 혹 주(周)를 계승하는 자가 있다면 백 세 후라도 알 수 있다"[29]는 것이다. 덜고 더하는〔損益〕 식으로 제정되는 예이고 보면, 그 가변성은 더 말할 필요도 없다. 도에 대한 사고와 마찬가지로, 예의 가변성을 인정하는 공자의 사고 역시 중용적 사고를 가능케 한 것이라고 볼 수 있다.

4. 중용사유의 가치

도와 예의 성격을 가변적인 것이라고 생각한 사실로 미루어 보면, 지나침과 모자람이 없음(無過不及)이나 치우치지 않고(不偏), 기울지 않는(不倚) 중용의 사고가 공자에게 있게 되는 것은 조금도 이상하지 않다. 오히려 그의 중용 사고는 위와 같은 그의 도나 예에 대한 견해에 근거한다고 이해할 수 있다. 왜냐하면 도나 예를 충실히 익힌 이상인으로서의 '군자'가 공자에 있어서는 다름 아닌 중용의 특성을 가장 잘 구현하는 인간으로 그려지기 때문이다.

---

28) 《論語》, 〈陽貨〉: "子生三年然後 免於父母之懷."

29) 《論語》, 〈爲政〉: "子曰 殷因於夏禮 所損益可知也 周因於殷禮 所損益可知也 其或繼周者 雖百世 可知也."

공자는 군자를 가리켜, '불기'(不器),[30] '군이부당'(群而不黨),[31] '주이불비'(周而不比),[32] '화이부동'(和而不同)[33]이며, '문질빈빈'(文質彬彬)[34]이라고 한다. 군자의 이와 같은 원만하고 화해롭고 조화로운 생활태도는 곧 중용의 특성을 내것으로 한 인격의 표출이 아닐 수 없다. 그가 그리는 군자는 중용의 정신이 이상적으로 구현되는 인간을 의미한다고 하여도 지나치지 않는다. 중용은 이런 점에서 인간 사이에 마찰과 대립과 갈등을 극복하고, 원만하고 조화롭게 살아가게 하는 지혜를 의미한다. 도와 예로 드러나지만, 도와 예의 고정성, 형식성에 구애되지 않고, 도와 예가 의도하는 사회질서를 가능케 하는, 도와 예의 구실을 하는 것이 중용임을 알 수 있다. 도가 아니면서 도의 구실을 하고, 예가 아니면서 예의 구실을 하는 여기에 중용의 중용다운 특장(特長)이 있다.

공자가 일찍이 이러한 중용의 정신을 깨우치고 있었다는 것은 바로 당시 기존의 질서인 관습이나, 구습적 예속(禮俗)에 고착되지 않았음을 의미한다. 위에서 살핀 것과 같이, 예에 대한 새로운 해석을 그가 실제로 내린 사실들이 있음을 상기하면, 그의 중용의 사고는 그러한 구습적 예속을 타파(打破)·개변(改變)할 수 있었던 창신(創新)의 힘이었다고 이해된다.

행위로 지향하는 일정한 의욕을 지나침도 없고 부족하지도 않게 조절하는 것이 중용임을 고려하면, 이는 '정심'(正心)에 이어지는 '자기수양'의 일종이기도 하다. 따라서 중용은 외적 절도에 맞는 윤리적 행위를 어디까지나 자기성찰에 의해 자율적으로 할 것을 전제한다는 점에서 평가할 만하다. 공자가 이러한 중용을 중요시하였음은 내면적 심

30) 《論語》, 〈爲政〉.

31) 《論語》, 〈衛靈公〉·〈爲政〉.

32) 《論語》, 〈爲政〉.

33) 《論語》, 〈子路〉.

34) 《論語》, 〈雍也〉.

정의 윤리사상이 이미 발흥하였음을 의미하는 것이다. 이 점을 고려하면 뒷날 맹자가 인간의 심성의 자각에 기초한 윤리설을 발전시킨 것은 결코 우연한 일이 아니다. 그것은 공자의 이러한 사고를 바탕으로 하고서 가능케 된 것이 아닐 수 없다.

이러한 중용사상에도 문제가 없지는 않다. 권도(權道)임을 표방하고 구사하는 그 중용의 변통성의 한계는 어디까지인가, 그 변통적 권도는 과연 경도(經道)와 합치될 수 있으며, 합치된다고 할 때 경도는 무슨 의미를 지니는가 등의 의문이 그것이다. 뿐만 아니라 중용이 도나 예를 대신하여 그런 역할을 한다면, 공자 당시의 예가 지닌 외연으로서의 정치·사회적 제도나 법속(法俗)의 영역에서는 구체적으로 중용이 어떻게 적용되었는지도 밝혀보아야 할 것이다.

공자의 중용사상은 아직 원초적 발상단계라는 점을 감안해야 할 것 같다. 이 사상의 파급단계에서 초래되는 정도의 미세한 약점까지는 아직 여기서 고려하지 않아도 좋을 것이다. 지금 여기서 밝혀야 할 것은 공자의 중용사상이 지닌 강점이어야 한다. 이런 의미에서 '대본의 중'인 경법과 함께 '시중의 중'인 권법을 아울러 헤아리면서, 그 합리적인 절도 위에서 원만하고 조화롭게 살아가는 이 사상의 지혜를 가장 주목하고자 한다. 이 지혜에는 철저한 명분사고와 함께 실질과 실리 역시 매우 중요시하는 사고가 공존한다. 이것은 바로 맑은 이성과 함께 따뜻한 정서의 공존이기도 하다. 중용의 사고와 행동이 모든 사물과 사태를 다원적으로 파악함으로써 주관적·일의적 판단에 성급히 집착하여 편집·편향하는 고루하고 완고함을 범하지 않는 것도 이 때문이다. 이렇게 생각하면 흑백논리로 표현되는 일의적 판단에 성급하고, 실로 단세포적 생태에 유사한 획일적 행동만을 최상인 듯 서두르는 편파적 경향을 불식할 수 있는 데 중용사상의 가장 큰 실제적 강점이 있는 것이다.

4
유학윤리사상의 현대적 활용

제 6 장

현대 산업사회의 윤리문제

1. 현실 정시의 중요성

현대의 특징을 산업사회로 규정하는 것은 과학에 기초한 공업의 경이적인 발달에 기인한다. 이는 오늘날 기계 기술의 생산양식이 과거 어느 시대에도 볼 수 없는 정도로 가장 우수하게 되고, 그로 해서 산업이 유사 이래 최고조로 발달하여 현대사회를 대표하는 상징적 측면이 되었다는 점에서 내린 규정이다.

산업사회를 이룩한 그 공업의 발달을 가능케 한 것은 물론 현대의 과학이다. 현대 과학의 수준이야말로 역사 이래 유례를 찾을 수 없을 정도로 최고조에 이르렀다. 그 과학기술은 정지되지 않고 시시각각 경신을 거듭하면서 경이로운 새 경지를 개척하고 있어, 산업사회의 변이 추세 역시 비약의 양상으로 진행되고 있다.

미래로 이어지는 추세를 분명히 예측할 수 있을 때, 그 문제에의 접근이나 해결책의 안출도 확실하게 도모할 수 있다. 기술발달의 추세와 향방은 그 누구도 예측하기 어려운 것이 오늘의 현실이다. 따라서 현대사회의 문제에 대한 접근이 얼마나 어려운 작업인지 짐작된다. 급속도로 진행되는 변이가 현대사회의 문제해결은 고사하고, 그 문제의 파악마저 난해하게 하는 조건이다. 문제의 소재파악조차 곤란한 조건이 현대사회의 특징인 셈이다. 그러나 난해한 것일수록 문제의 심각성을 의미하고, 심각한 것일수록 과제의 중요성을 의미한다는 입론이 성립한다면, 난해를 이유로 문제의 접근을 시도하지 않는 것은 철학도의 자세가 아닐 것이다.

2. 윤리의식 부재 측면

기계·기술의 발달로 현대사회는 과거 어느 시대보다도 인간에게 간편, 안락한 생활을 가능케 하였다. 평균수명을 연장시켰고, 선진국들은 물질적으로 풍족한 생활을 누리게 되었다. 물질적인 생활여건과 그 내용을 크게 향상시켰음은 과거 전통사회와 비교할 때, 현대 산업사회의 유익한 장점임에 틀림없다. 그러나 우리의 해결을 요하는 윤리문제는 현대 산업사회의 폐단으로 야기되는 것인 만큼, 현대 사회의 장점들의 점검은 이 글에서 생략하여도 무방하지 않을까 한다.

인간성 소외를 위시하여, 현대사회의 많은 폐단은 이제 거의 상식화되었다. 핵무기 등 대량학살의 무기가 초래할 위험성은 이미 수십 년 전부터 지적되어 왔지만, 그 개발의 중단은커녕 확산 일로에 있다. 윤리의식을 배제한 무책임한 공업화가 빚는 공해 역시 지구 전체의 생태계 파괴와 인류 공멸의 불행을 초래할 폐해라는 점도 철학계를 비롯한 지성계에서 식상할 정도로 강조하였지만, 그 시정책은 매우 지지부진 상태에 지니지 않는다.

물질적 풍요에 뒤따르는 도덕적 타락, 퇴폐현상의 빈발은 과거 어느 시대에서도 볼 수 없었던 정도로 일반화되었다. 성의 상품화 등에서 빚어진 인신매매로 이어진 풍토의 지양도 무망한 지경이고, 윤리·도덕의식이 박약은 점차 규제 불능의 무례·악덕 그리고 무참한 패륜사건의 연발을 야기한다. 윤리의식의 마비증세야말로 현대사회의 폐단 중 가장 큰 폐단이라 하여도 과언이 아니다.

윤리의식의 박약에는 원인이 없지 않다. 서세동점 이후 무력과 직결되었던 기계·기술은 이제 안락과 부의 원천으로 간주되고 있다. 수출입국 구호하에 정책적으로 주입한 경제 제일주의의 사고가 금전만능의 의식을 조장하였고, 민주주의를 표방하면서도 실제로는 독재와 부정선거와 쿠데타 등의 초법적 집권현상 등의 발발로 국민대중의 법의식 정의감을 둔화시켰다. 부정선거의 일환으로 집권층은 국민의 절검, 근면, 정숙, 예절 등의 도덕적 덕목마저 경시하게 하다가 어느덧 망각하게 만들었다. 봉건사상과 망국의 원흉으로 낙인받던 유교·불교 등의 전통사상을 빈곤의 원천으로 곡해시키면서, 그 선악관, 도덕의식마저 함께 소멸케 하였다. 한국의 현대 산업화는 오직 경제 제일주의에서 이룩한 외면적 선진모방의 공업화였고, 그 결과로 생긴 폐단은 서구의 산업화에서 볼 수 있는 이상의 정신적 황폐화를 초래하였다.

온갖 부정·비리·부패는 물론이고, 강력범죄가 빈발·난무하는 속에서 우리는 현재 윤리의식의 마비와 망각 속에 빠져 있는 느낌을 부정할 수 없다. 도덕적 혼돈·혼란 상태에 거의 모두가 익숙한 것을 보면, 대부분의 한국인들은 오늘날 윤리적 회의주의 내지 윤리적 허무주의에 젖어 있는 것 같은 인상을 풍긴다.

3. 근대사상의 허점

서구에서도 근대 이후 과학의 발달은 철학·사상계에도 많은 영향을 끼쳤다. 과학의 발달은 무엇보다도 관찰과 경험의 중요시로 통하는 사고의 실증적 합리화, 실증적 명료화를 촉진하였다. 검증 가능한 합리성과 명료성을 추구하는 사고의 경향은 마침내 신학과 형이상학의 붕괴를 초래하였다. 유물론, 논리실증주의, 과학철학 등이 그 좋은 예이다. 과학적 사고에 직·간접으로 영향을 받은 이 현대 과학추종 및 그 종속적 사상들이 순수 이성의 능력을 무엇보다도 중요시함은 다 아는 대로다. 유례없이 발달한 현대의 전산처리 기술은 논리적 사고와 통하는 이성능력의 위력을 과시하는 효과를 충분히 거두고 있다.

이러한 현상들과 연관되어 현대사회에서는 감정·정서의 측면을 경시하는 이지적 인간관을 우월시하는 경향이 시대적 풍조로서 강세의 위상을 점유하게 되었다. 감정·정서 경시의 인간관은 합리성, 명료성 외에 능률성, 획일성, 간편성 등에 의탁한 속된 과학만능사고와 연결되어, 인간마저 기계적 시각으로 이해하는 생명결여의 '기계적 인간관'을 촉발시키고 있음을 우리는 도처에서 목도한다.

이는 현대 문명에서의 소외를 일종의 필요악으로 인정하고 당연시하는 사고로서, 부조리의 극복의지나 사회정의 규범법칙의 중요성을 근본적으로 외면하게 하는 경향이다. 더욱이 기계적 인간관은 의학·생명공학 등의 분야에서 윤리 도덕의식을 결여한 채 감행할 온갖 '비인간화'의 조작마저 방관, 방치할 가능성을 지니고 있다. 현대문명의 폐단은 실상 인간의 비인간화 단계로 접어들었다고 해야 할 징후들이 이미 나타나고 있다. '인간의 기계화 내지 비인간화'를 방지할 수 있는 철학의 제시가 당면문제 중의 하나임에 틀림없다.

근대 이후 과학기술의 발달은 아이러니컬하게도 중세적 신관과 형이상학을 탈각케 하면서 위와는 상반되는 인간관도 형성할 여지를 조성하였다. 그것은 생존 욕구로서의 본능 내지는 감성적 욕구를 인간의 본성으로 간주, 그 충족을 당연시하는 사고 경향이다. 이 사고는 다분히 생물학의 영향, 우승열패하는 생물의 생존경쟁에서 발견한 과학의 산물이다. 그렇지만 이것은 자본주의의 사고와 연결되어 만연하게 된 '인간 이성의 비하'에 다름이 아니다. 현대 과학 기술문명은 이성과 감성의 이분화 사고를 극대화시키는 그 뒷받침역할을 하였음이 여기서 확인된다.

우승 일변도 지향에 해당하는 인간사회에서의 이기적 욕구 충족은 바로 위와 같은 사고의 맥락에서 당연시되기에 이르렀다. 공리주의 철학이 그 대표적인 사고이지만, 그 철학의 본격적 발흥이 근대 산업사회의 발달과 시기를 같이하였음은 결코 우연한 것이 아니다. 물론 일부의 공리주의 철학자들이 세련된 이론으로 감성적 욕구 충족의 범위를 벗어나려는 의지를 보였음을 간과할 수 없다. 하지만 그 공리주의의 원초적 발상이 사회의 상식 차원에서 파생시키는 일반인들의 세속적 풍조를 막아내기에는 너무도 역부족이다. 그 결과 재화로 대표되는 감성적 욕구 충족의 자유를 당연시하는 자본주의의 사고가 등장하면서 드러난 현대의 세속적 풍조는 한낱 사리사욕 추구의 정당화로 통하게 되었을 뿐, 인간 인격의 고양에 의한 정신적 순화에는 실패하였다. 바로 이러한 것이 현대사회의 병폐인 타인을 자신의 이기적 목적 달성의 수단으로만 이용하는 풍조의 형성배경이다.

4. 자본주의 사회의 결함

근대 이후의 과학과 철학적 사고는 실상 정치, 경제의 측면에도 큰 변화를 가져왔다. 이기적 욕구 충족과 그 조종을 전제로 하여 정치 경제 방면에서는 체제로 표현되는 제도적 장치를 고안하였다. 사회 전체의 시각에서 분배의 평등에 역점을 둔 공산-사회주의와 사회구성원 개인의 시각에서 소유, 자유에 역점을 둔 자본-자유주의가 바로 그것들이다. 다 아는 대로 평등과 자유야말로 근대 이후 현대 민주주의의 체제를 떠받치는 두 가지 대표적인 정치 이념이다.

공산-사회주의는 공산당 또는 노동당의 일당독재로 해서 오히려 불평등의 국가운영을 하다가 경제적 공정한 분배마저 실패하였다. 오히려 자유주의가 국가 및 국민 경제상태의 상대적 승세를 구가하고 있다. 이런 상황은 이 글의 고찰대상을 주로 후자에 국한하도록 하는 여건인 셈이다.

원래 인간의 자유는 개인의 인격의 존중을 바탕으로 구현될 수 있는 것이다. 자유주의에서 민권이 인권과 같은 차원에서 논의되는 사실도 이 때문이다. 인격이 경시되거나 외면되는 조건에서는 생존을 위한 욕구 충족으로서의 부의 개인 소유는 의미가 없다. 그럼에도 현대 자본주의 사회에서의 동향은 인격의 자유가 보장되지 못한다. 재화의 소유인 그 부의 축적은 개인의 인격에 대한 존중을 오히려 방치한 상태에서 이루어지고 있다.

인격 존중, 즉 인권이 고려된 부의 소유문제는 다름 아닌 '경제정의'의 문제다. 인권과 같은 차원의 민권 구현은 특히 방관적 시장경제만으로는 이룰 수 없다. 자유방임의 상태에서 보이지 않는 손의 조종만을 기대할 수는 없다. 부익부 빈익빈 현상을 방지하기 위하여 국가와 국민 전체의 생활을 조정하는 관리가 어느 정도는 불가피하다.

일상적으로 경험하는 것과 같이, 자본이 자유개념과 결합되면 자유본래의 개인의 인격은 완전히 잠식되어 버린다. 그리하여 자본의 횡포가 대두하면서 인격과 인권 및 민권까지도 무시되는 경향이 발생한다. 이럴 때는 산업화에서의 공업의 역할이 지닌 가치평가마저 외면되면서 자본 제일주의만이 군림·횡행한다. 인간들은 이러한 경우 오직 이윤으로서의 금전만이 최고의 가치라고 평가한다. 이와 같은 사회는 혈연공동체적 성격을 탈각하고 오직 냉혈적 이익공동체의 성격만 지니게 될 따름이다. 한마디로 그런 사회는 상업화 일색으로 된 사회가 아닐 수 없다.

자본 제일주의 또는 상업화 일색으로 된 사회에서는 무엇보다도 '양질의 순수문화'가 형성되기 어렵다. 이른바 상업문화로 문화의 풍토가 변질·저질화되기 때문이다. 문화가 인간의 생활방식 또는 생활태도를 의미하는 것이고 보면, 상업문화로의 전락은 결국 인간생활 방식의 순수성을 상실한다는 의미의 저질화다. 여기에 자본주의 사회의 폐해가 있다.

인격의 윤리성을 망각한 자본주의의 시행은 바로 건전한 상인정신까지 소멸한 사회로 이끄는 것일 따름이다. 건전한 상인정신을 망각한 사회분위기는 오직 인간을 배금사상에만 빠뜨려 금전의 노예로 타락시키게 마련이다. 모리배 · 탐관오리 · 수뢰잡배가 바로 이런 인간군상이다. 이런 인간군상의 등장을 양산하는 것이 자본주의 사회의 병폐다. 인간마저 불건전 · 저질화시킬 가능성이 매우 농후한 것이 자본주의 사회다. 이는 현재 우리의 일상생활 속에서 겪는 체험들이 검증하여 주는 사실들이므로 더 이상 언급할 필요가 없을 것이다.

현대 산업사회의 특징으로는 또 대량생산과 대량소비를 들어야 한다. 수공업을 탈피한 기계공업으로 말미암아 대량생산이 가능하여졌다면, 대량소비는 대량판매를 기획하는 자본증식의 그 기술에 의지한다. 배금주의와 짝하여 현대사회에서 유행하는 '물량적 가치관'은 바로 이와 같은 여건에서 파생된 것이다. 배금사상으로 인한 도덕적 타락의 이면에는 물량적 가치관이 그 기저에 잠재함을 간과해서는 안 된다.

5. 근대자연관의 맹점

현대 산업사회에서 또 문제시해야 할 것은 기계 · 공업의 발달에 수반된 물체관 내지 자연관의 변이이다. 기계를 이용한 인조물을 대량으로 생산하면서 그것을 인간들은 발명에 의한 창조물로 간주하는 한편, 나아가 천연적인 자연물을 경시하는 의식의 변화를 가져왔다. 그 결과 자연에 대한 심미적 추구나 신비적 감정을 동반한 종교적 경건의 태도가 매우 미약해졌다.

기계 · 기술의 발달은 그것이 아무리 고도의 수준에 도달한 것일지라도, 근원에 있어서는 자연법칙의 응용에 속한다. 자연법칙의 응용인 한, 그것은 자연의 모형이고 모방의 성격을 벗어나지 않는다. 근대 이후 "아는 것이 힘이다"라는 사고는 자연법칙에 대한 과학지식이 안락하고 편이한 생활에 도움이 된다는 뜻을 내포한 사고다.

보다 더 많은 자연법칙, 실로 다 헤아릴 수 없는 자연법칙에 대한 부분적 이해와 응용을 인간들은 새로운 발견과 발명으로 표현하면서, 우주전체를 파악한 듯이 자만하기 시작하였다. 조그만 인조물인 발명품을 대단한 창조물로 간주하면서, 산업화를 이루어오던 과정에서, 인간들은 작은 인조물의 이용가치에 도취된 나머지, 인간의 능력이 자연을 완전히 정복할 수 있고 능가할 수 있는 듯한 상념에 빠지게 되었다. 작은 인조물의 이용가치가 지닌 우수성이 마치 자연물의 우수성을 능가한다는 신념을 도출하였기 때문이다.

근대 이후 과학의 발달은 종래의 물체에 대한 사고를 바꾸게 하였다. 근대 이후 과학은 물체의 냄새, 색깔 등 이른바 물체의 2차적 특성은 그것을 인지하는 인간에 의하여 차이가 있다는 사실을 드러냄으로써 물체에 대한 상대적 평가의 길을 열었다. 더 근본적으로는 물체란 속성들을 다 제외하면 본질적 실체가 있을 수 없음을 밝혀, 고정된 객체의 존립마저 믿을 수 없게 하였다. 객체적 자연은 속성만의 현상에 불과하다는 자연관을 낳았다. 질량이 에너지로 전환될 수 있다는 이론과 불확정성 이론이 나온 이후로 속성적 자연조차 의문시하면서, 자연에 대한 인식에 일종의 혼란을 느끼게 되었다. 따라서 존립 자체에 회의를 느끼는 자연에 대하여, 과거와 같은 심미적 접근이나 종교적 신뢰는 어렵게 되었다. 자연은 이제 과학과 산업화를 위한 이용물일 뿐 그 자체로서의 가치를 인정받지 못하게 된 상태다.

이러한 의식과 사고 풍토에 자본주의가 가세하여, 대량생산뿐만 아니라 대량소비를 당연시하고 미덕시하는 풍조를 야기하였다. 그 결과, 현대사회에서는 자연을 경시하고 홀대하면서 그것을 산업화의 방향에서 착취하고 파괴하는 행태가 당연한 듯이 진행되었다. 지구 전체의 생태파괴로 인한 인류공멸의 위험성을 지닌 현대사회의 문제는 이런 과정에서 배태되었고, 인간들은 자연에 대한 애호와 외경의 태도를 재음미하게 되었다.

6. 전인적 인격과 인존 · 인도정신

역사는 인간 해방의 자취라는 이론이 인본주의 시각에서 성립한다. 군왕이나 일부 귀족에 예속된 노예상태로부터 주권을 소유한 인민의 증대, 곧 민주화의 흐름이 그 좋은 예이다. 인간해방은 정치뿐 아니라 아래와 같이 윤리도덕의 측면으로도 언급될 수 있을 것 같다.

자본주의 체제에서 산업화를 가장 중요시하는 조건에서는, 그 상업주의적 물량 위주의 가치관, 즉 이윤과 부유로 통하는 배금주의로 해서 인권이나 민권은 고사하고 인간존귀의 의식이 희박해지게 마련임을 우리는 지적하였다. 현대 산업사회의 인간불신, 도덕적 타락, 윤리의식 마비의 가장 큰 원인이 속된 배금사상에 있음을 이미 언급하였다. 그런 만큼 현대사회의 윤리문제를 푸는 길 중의 첫 단계는 인간이 금전에 노예화되어서는 안 된다는 자각성을 일으키는 데 있다. 부유의 조건은 최소한의 의식주 해결에 필수 · 불가결한 수단일 뿐, 그 이상의 가치를 지니지 않는다는 것, 즉 그것이 인생의 목적일 수 없다는 것을 모두가 인지하도록 하는 일이 가장 급선무이다. 교육을 위시하여 사회 · 정책의 차원에서까지 이 일은 화급하게 추진되어야 할 과제다.

신에 대한 신앙형식이 지나친 것도 일종의 종교적 예속에 속하는 만큼, 그러한 예속으로부터 벗어나는 것도 물론 인간해방에 속한다. 시각을 달리하여, 인간 해방운동이 마치 인간의 동물적 욕구만을 본성시하여 그 충족만을 추구하게 하는 사고로 된다면, 그것은 인간의 동물화라는 점에서 인간을 감성적 본능의 노예로 만드는 것이다. 그것은 원시적 자연상태로부터의 해방이라는 인간의 원초적 해방에도 상반되는 문명 · 문화 발전의 역행이다.

인간은 원래 신도 아닌 반면 금수도 아니면서, 그러나 그 양면의 특성을 공유하고 있음을 다시금 유의해야 한다. 인간은 본래 이성과 감성의 두 특성을 함유하고서 항상 갈등하는 존재임을 사실대로 시인하는 자세로 윤리문제에 임해야 한다. 두 특성의 함유를 벗어날 수 없는 것이 운명과 같은 인간조건이기 때문이다. 따라서 중요한 것은 두 특성의 균형있는 조절이다. 균형있는 조절이야말로 '전인적 인격의 성숙'에 해당한다. 동양에서는 전인적 인격의 수행에 성공한 인간을 성인, 현인, 군자라고 지칭하면서, 그런 인간의 형성을 인생의 일차적 목표로 삼았다. 성인을 초월적 신과 대등하게 추존하였던 사유는 모두 윤리문제를 인존과 인도 차원에서 가장 중요시했던 데서 나온 결과이다. 원천적으로 윤리 · 도덕의식은 전인적 인격의 성숙을 기초로 '인존 및 인도'를 지향하는 정신에서 이루어진다. 현대라고 하여 이것이 예외일 수 없다.

전인적 인격의 성숙이라는 시각에서 감성과 이성의 균형 있는 조절을 결코 근거 없이 주장하거나, 두 특성의 균형을 산술적인 균등의 의미로 주장하는 것이 아니다. 그 근거는 무엇보다도 감성적 욕구의 충족에만 치우칠 때 초래되는 결과가 순자의 교시대로 사회의 혼란 · 쟁투라는 폐해이므로, 그러한 폐해를 예방하기 위하여 이성에 의한 조절을 요청한다. 그리고 그러한 혼란 · 쟁투의 예방을 위한 감성적 욕구에 대한 견제가 어디까지나 이성의 활용으로 가능하다면, 우리는 자연히 이성능력의 신뢰를 바탕으로 그 능력의 확충에 더 힘쓰지 않을 수 없다. 여기서 맹자적인 성선설이 의미 있게 받아들여지면서 비중을 더 차지하지 않을 수 없게 된다. 성악설 · 성선설의 본래의 뜻을 재음미하면서 오늘에 적합하도록 하는 인성개발의 연구가 중요함은 이런 맥락에서 얼마든지 역설하여도 무방할 것이다.

인간이 혼자서는 살아갈 수 없고 사회라는 인간간의 관계 속에서만 인간답게 살아가게 되는 존재라면, 관계를 형성하는 인간간의 교통의 원천은 근본적으로 두뇌보다도 심성의 활용에 있다. 인간간의 유대관계의 중요성을 인식하고, 그 유대를 어느 정도까지 맺게 하는 것이 두뇌일지 몰라도, 유대를 공고하게 계속 유지하게 하는 것은 역시 '인애', '자비' 등의 따뜻한 심성이다. 타인에 대한 따뜻한 심성의 회복에서 인간들이 더불어 함께 살려는 공존 · 공생의 의지가 우러나오고, 공생의 의지가 선행되고서야 염치 · 겸양 등 예의로 표현하는 '윤리 도덕'이 가능함을 간과해서는 아니될 것이다. 유교, 불교 등 전통사상을 오늘에 맞도록 재해석하여 활용할 가치가 있음을 이러한 문맥에서 인정한다.

인간은 사회를 떠나 살 수 없듯이, 자연을 떠나서도 살 수 없다. 인간과 자연의 관계는 인간과 사회의 관계 못지않게 긴밀하다. 원천적으로는 자연과 가지는 관계가 사회와의 관계보다 더 긴밀한 경우가 많다. 인간 자체가 자연의 질료로 이루어지기 때문이다. 이런 점에서 인간은 자연에서 나서 그것을 터전으로 생활하다가 거기에로 되돌아가는 존재에 다름 아니다. 이런 관계중에 이 글과 연관되는 점은 생활터전으로 삼아 상대하는 부면이다. 이 부면에서의 자연은 일상적인 이해로는 물체 또는 물질의 총합이라 할 수 있다. 자연관은 보기에 따라 물체관으로 통하고, 위에서 현대 자연관의 문제로서 물체관을 언급한 것도 이 맥락에서 짚은 내용이다.

오늘날의 물체관이 본질을 부정하게 되고 나아가 그 실체로서의 위상까지 흔들리고 있는 것은 사실이다. 그러나 그렇다고 감각의 대상을 전면 부정하는 데 이른 것은 아니다. 누구도 감각 자체까지 부정하지는 못한다. 물체에 대한 인식론적 허무주의의 경향이 설득력을 가지는 것은 사실이지만, 그 경향이 결코 체념의 단계에 빠진 것은 아니다. 이런 점에서 감각을 기초로 건전한 상식 차원의 물체관을 회복할 수 있다고 본다. 산업사회를 이룩한 것도 바로 이와 같은 물체관의 성과이다. 이러한 입론을 선행시킬 때 문제가 되는 것은 기계 · 기구 등 인조물 제작능력을 인간들이 과신한 나머지 그것을 창조력으로 간주하면서, 자만에 빠져 그 기계제작의 참뜻과 방향감각을 잊고 있는 사실, 자연을 마치 인간만을 위한 큰 기계에 불과한 듯 믿는 사고(기계적 자연관)를 바탕으로, 마침내 공해 등을 유발하여 인류자멸의 자연파괴로 치닫고 있는 것이다.

도구제작과 그 이용의 능력이야말로 인간이 지닌 능력 중, 어느 동물보다도 뛰어난 능력 중의 하나이다. 이런 의미에서는 '제작인'의 인간관을 논자도 긍정 · 수용한다. 도구제작과 이용의 능력이 인간과 다른 동물을 구별시켜 준다는 점에서는, 이것을 논자는 인간의 본성으로까지 간주하여도 무방하다고 생각한다. 이런 점에서 인간의 본성이 공자, 맹자의 사고대로 인(仁)이라 한다면, 오늘날 인의 해석에는 산작(產作)과 그 이용의 능력도 추가해야 한다는 것이 논자의 생각이다. 인의 의미는 본래의 '사람에 대한 사랑' → '삶의 의지' → '사물까지도 살아가게 하는 마음씨'라는 이해(해석)에 '사물을 산작, 이용하는 능력'을 더해야 한다고 생각한다.

이러한 주장을 펴는 이유는 이와 같은 이해라야 근본적으로 자연을 인간과 같은 맥락의 생명체(유기체)로 파악하면서, 자연에 대한 애호와 조화가 가능하다는 판단에 있다. 자연에 대한 생명체관을 통하여 인간뿐만 아니라 자연과의 불가분의 유대를 강하게 인지하고, 자연을 애호하면서 그것과 더불어 조화롭게 살아가려는 태도야말로, 기계적 자연관을 기초로 한 파괴행위를 지양하는 방안이 될 것이다. 그리고 자연과 조화롭게 살려는 환경친화의 태도가 또한 생존경쟁 못지않은 자연 본래의 발전법칙인 진화의 원리에 가름하지 않을까 한다.

이제 우리는 기계 · 기구 등을 제작하되 그것이 지니는 사회적 가치를 고려하는 동시에, 자연과의 조화를 이루려는 의지를 수반하여야 할 것이다. 과학을 응용한 모든 기계 · 기술과 산업을 앞으로는 투철한 '인존 · 인도정신' 위에서 제작 · 개발하는 동시에, 나아가 자연과의 조화의 원리를 응용한 문화형성의 방향에서 이룩하여야 한다. 이와 같이 할 때 우리는 현대 산업사회에서 야기되는 윤리 · 도덕문제에 대한 해결의 단서를 찾을 수 있지 않을까 한다.

제 7 장

유학윤리의 현대적 가용화

유학윤리의 개인윤리화

1. 유학윤리의 탐색

유학의 형성이 '예교육'(禮教育)으로 시작되었던 조건으로 해서, 유학에서의 윤리의식은 어느 사상의 경우보다 투철하다.[1] 유학의 시조격인 공자(孔子)도 그러한 예(禮) 교육자(儒者) 중의 한 사람이었다. 공자의 가르침 중에, "예가 아니면 보지 말고 듣지도 말고 말하지도 말고 움직이지도 말라"[2]는 언구가 그를 비롯한 유학자들의 예 중요시, 곧 그 윤리의식의 두드러짐을 짐작케 한다.

조선시대까지의 '예'(禮)의 의미는 물론 오늘날 우리가 사용하는 '도덕'(道德) 위주의 의미에 그치지 않는다. 과거의 예는 도덕을 비롯하여 종교·법·제도의 영역에까지 적용되던[3] 개념이었다. 도덕의 의미가 가장 대표적인 예의 의미였던 데서, 오늘날 예는 곧 도덕처럼 인지

1) 儒者의 대두 자체가 春秋시대 相禮者(禮教育者)로 출현되었다. 李相殷, 《中國哲學史》(古代篇) 참조.

2) 《論語》 권12 〈顔淵〉: "非禮勿視, 非禮勿聽, 非禮勿言, 非禮勿動."

3) 이 점은 이른바 三禮라는 《周禮》, 《儀禮》, 《禮記》의 내용으로 분명히 확인된다.

된다. 이 고찰에서도 오늘날의 관례대로, 예를 일단 윤리시각의 도덕의미로 사용한다.

예뿐만 아니라 삼강·오륜 등도 도덕에 속하므로, 유학윤리는 상당히 복잡한 내용을 이룬다. 내용의 복잡성도 문제겠지만, 그보다 더 선행되어야 하는 문제는 도대체 유학의 윤리·도덕이 오늘날에도 그대로 계승될 수 있느냐는 것이다. 논자로서는 이 물음에 긍정적인 답을 낼 수 없다. 이제는 그 윤리·도덕의 상당부분이 전근대적 사고에 속함을 부정할 수 없는 데 그 주된 이유가 있다.

유학의 윤리·도덕이 앞으로 완전히 무용하다고 평가될 수 있을는지도 의문이다. 그 이유는 유학의 흐름 자체가 공맹(孔孟) 등의 원초유학만으로 변함없이 내려오다가 그친 것이 아니고 각 시대에 따라 적합하게 변천하는 지혜를 발휘하여 왔기 때문이다. 원초유학을 중심에 두되, 각 시대에 따라 유학의 부분적인 무용성을 지양하고 가용성(可用性)을 더욱 강화하는 '변용(變容)의 방식'으로 이어온 것이 유학 흐름의 진상이다. 이 점을 고려하면, 유학윤리에 대한 현대적 평가도 그 무용성과 가용성의 엄정한 변별을 먼저 한 뒤에, 그 변별을 토대로 내려져야 할 것 같다. 이 글은 바로 유학윤리의 현대적인 평가와 변용을 꾀하는 뜻에서 시도하는 유학윤리의 '가용성'에 대한 탐색이다. 가능하면 이 글을 통하여, 유학윤리를 쓸모 있게 하는 이른바 '가용화'(可用化)의 길을 찾아보려고 한다.

2. 삼강·오륜의 규범

예를 매우 중요시한 공자지만, 그는 예(禮) 외에도 인(仁)·의(義)·지(智) 등으로 도덕행위를 중요시하고, 도덕행위 전반을 설명하였다. 그에 있어 예는 사실상 '인'(仁)과 동등한 차원에서 중요시된 것이 아니다. 그는 오히려 예를 인의 실현조건(克己復禮爲仁)[4]으로 생각하거나, 인에 포섭되는 것[5]으로 생각하였다. 도덕의 원리로는 '인'을 가장 근본원리로 상정한 사상가가 공자이다. 그의 사상 전체를 관통하는 핵심원리[6]가 바로 '인'이라 할 수 있다.

공자의 인 사상을 계승한 맹자(孟子)는, 특히 '의'(義)를 "인간의 올바른 길"(正路)[7]이라고 하여, 예 못지않은 도덕원리로 상정하였다. 맹자도 예와 지(智) 등을 언급하였지만, 그의 경우는 의(義)가 새롭게 큰 비중으로 논하여졌다. 이러한 공자 맹자의 태도는 결국 일찍이 《주역》에서 유학은 "인(仁)과 의(義)로 사람의 도(道)를 세움"[8]이라고 한 지적과 일치한다.[9]

맹자는 그 밖에도 고대(夏殷周) 이래로 다섯 가지 인간관계와 그 관계의 질서를 이루는 원리가 전하여 왔음을 밝혔다. 그는 고대부터 '부자'(父子)·'군신'(君臣)·'부부'(夫婦)·'장유'(長幼)·'붕우'(朋友) 관계를 중요시하였고, 그 관계를 바르게 맺던 '친'(親)·'의'(義)·'별'(別)·'서'(序)·'신'(信)의 도덕(人倫)이 있었음을 밝혔다. "부자 사이에 친(親)이 있고, 군신 사이에 의(義)와, 부부 사이에 별(別)과, 장유 사이에 서(序)와, 붕우 사이에 신(信)이 있다"는[10] 전언이 그것이

4) 《論語》, 권12 〈顔淵〉: "子曰克己復禮爲仁. 一日克己復禮, 天下歸仁焉. 爲仁由己而由人乎哉."

5) 《論語》, 권3 〈八佾〉: "子曰人而不仁, 如禮何."

6) 《論語》, 권4 〈里仁〉: "子曰參乎, 吾道一以貫之."

7) 《孟子》, 〈離婁〉 上: "仁, 人之安宅也. 義, 人之正路也."

8) 《周易》, 〈說卦傳〉: "立人之道曰 仁與義."

9) 孟子는 仁義禮에 智를 더하여 仁義禮智의 네 '性'이 곧 도덕원리가 됨을 깨닫고 '善性'을 역설하였다. (《孟子》, 〈滕文公〉 上과 〈告子〉 上) 그는 이 네 性이 이른바 '四端'이라는 네 가지 情인 惻隱之心·羞惡之心·辭讓之心·是非之心으로 드러난다고 하면서, (《孟子》, 〈公孫丑〉 上) "四端의 마음이 없으면 인간이 아니다"(《孟子》, 〈公孫丑〉 上)라는 식으로 仁義禮智를 인간의 本性으로 간주하였다. 그의 이러한 性에 관한 기본 사고가 곧 그의 윤리설의 기초를 이룬다.

10) 《孟子》, 〈滕文公〉 上: "聖人有憂之, 使契爲司徒, 敎以人倫, 父子有親, 君臣有義, 夫婦有別, 長幼有序, 朋友有信."

다. 이는 《중용》에서 "군신(君臣)·부자(父子)·부부(夫婦)·곤제(昆弟)·붕우(朋友) 관계의 맺음(交)을 천하의 달도(達道)"[11] 라고 한 사유와 사실상 일치하는 것으로, 유학의 윤리를 단적으로 대표하는 그 뒷날의 이른바 '오륜'(五倫)의 내용이다.

오륜이라는 이름은 이와 같이 맹자에서부터 전해져 오던 다섯 가지 도덕 원리에 대하여 송대(宋代) 성리학자들이 붙인 것이다. 여기에 한대에 나온 '삼강'(三綱), 곧 "임금은 신하의 벼리이고, 부친은 자녀의 벼리이고, 남편은 아내의 벼리"라는 것이[12] 또 더하여져, 마침내 '삼강·오륜'이 유학의 윤리체계와 그 내용을 단적으로 대표하게 되었다. 송명(宋明) 또는 조선(朝鮮) 시대와 같은 성리학 시대의 인륜·도덕이라고 하면, 으레 삼강·오륜을 떠올리게 되었음도 이러한 데 말미암는다. 삼강·오륜이야말로 근대에 이르기까지 유학권역의 사회에 가장 크게 영향을 끼친 유학의 대표적인 도덕과 그 내용이었다.

3. 유학윤리의 합리화와 붕괴

1) 유학윤리의 합리화론

어느 사회에서나 윤리 도덕의 정립 뒤에는 그 공고화가 따르게 마련이다. 그 공고화 작업이 일어나는 원인은 그 윤리의 성격이 그 사회의 체제에 맞는 데 있다. 그러한 시각에서 '유학윤리의 성격'부터 먼저 살펴야겠다.

유학의 도덕에 해당하는 예와 삼강·오륜은 모두 유학권의 군주국가와 가부장적 종법사회 체제를 유지하는 데에 주목적이 있었다. 삼강

---

11) 《中庸》: "君臣也, 父子也, 夫婦也, 昆弟也, 朋友之交也. 五者天下之達道也."

12) 班固, 《白虎通義》: "三綱六紀".

의 경우는 말할 것도 없고, 쌍무 호혜의 수평적 질서 성격이 많은 오륜만 하더라도, 과거에는 대부분 상하 수직적인 질서 유지의 성격으로 시행되어 왔다. 부자간의 '친'이 주로 자녀의 '효'로 시행되고, 군신간의 '의'가 주로 신하의 '충성'으로, 부부간의 '별'이 주로 부인의 '종부(從夫)·정절(貞節)'로, 장유간의 '서'가 주로 나이 적은 이의 '공경'으로 시행되었다. 붕우간의 '신'만이 상호간의 '충신'(忠信)으로[13] 시행된 셈이다. 유학윤리는 이렇게 군주제와 종법체제를 뒷받침하는 시각으로 응용되었던 조건으로 해서, 상하 수직적 질서수립의 성격이 두드러졌다.

상하 수직적 질서에 대한 공고화는 바로 그 합리화의 이론으로 진행되었다. 합리화의 의지에서 유학자들은 원초유학 이래 '천동지정'(天動地靜) 또는 '천원지방'(天圓地方)과 같은 소박한 천체설(蓋天·渾天說)[14] 등을 이용, 왕을 유일한 태양에 비유한다든지, 부모 또는 부부를 각각 천(天)과 지(地)에 비유하여, 그 '상하', '존비', 즉 군신상하·부모상하·부존부비·남존여비 등의 위계적 가치규정을 하였다. 거기에 양귀(陽貴) 음천(陰賤)의 음양설까지 원용하여, 그러한 가치규정을 더욱 공고히 하고 합리화하였다.

인간의 욕망을 직시한 순자(荀子)는 욕망이 가져오는 혼란 쟁투에 주목하여 인간의 성악(性惡)을 주장하였다.[15] 그는 무절제한 욕망충족에 기인하는 혼란 쟁투를 피하면서 사회질서를 수립하는 길은 성현이 제정한 예(禮)와 법(法)임을 확신하였다. 그러한 견지에서 순자는

13) 이 忠信에서의 忠의 의미는 忠誠이 아니라 '내 마음을 다함'(盡己心謂之忠)이라 하듯이 '진지 진실한 태도'를 가리킨다. 따라서 이것은 믿음성(信)을 조성·조장하는 마음가짐인 셈이다.

14) 漢代의 《周髀算經》, 後漢 張衡의 《渾天儀》 및 《晋書》의 〈天文志〉 참조.

15) 《荀子》 권17 〈性惡〉: "人之性惡, 其善者僞也. 今人之性, 生而有好利焉, 順是, 故爭奪生而辭讓亡焉. 生而有疾惡焉, 順是, 故殘賊生而忠信亡焉. 生而有耳目之欲, 有好聲色焉, 順是, 故淫亂生而禮義文理亡焉. 然則從人之性, 順人之情, 必出於爭奪, 合於犯分亂理而歸於暴."

예와 법의 제정과 시행을 역설하여,[16] 도덕의 타율적 형성과 그 시행의 길을 열었다. 그러나 그의 이론은 유학윤리설의 주류가 아니었다. 유학윤리의 주류는 역시 맹자(孟子)류의 성선설(性善說)이었다.

맹자는 '인간은 동류'라는 전제를 앞세우고서,[17] 누구나 리(理)와 의(義)를 좋아하는 기호가 있음과[18] 본성인 인의예지(仁義禮智)를 드러내는 사단(四端), 즉 '측은(惻隱)·수오(羞惡)·사양(辭讓, 恭敬)·시비(是非)의 마음'이 사람들에게서 자연적으로 발생하는 사실을 제시하였다.[19] 리(理)·의(義)에 대한 기호설과 측은·수오의 자연발생설이 곧 그에 있어 인의(仁義)의 인성에 의한 선행가능의 근거이다. 선한 성(性)의 본유를 주장한 그의 성선설이 곧 도덕의 가능근거를 밝힌 그의 윤리설이다. 그의 이 이론은 《중용(中庸)》의 "성을 따를 때 이루어지는 것이 곧 도이다"(率性之謂道)라는 사고를 굳히는 결과를 가져왔다. 나아가 성리학에서 주희(朱熹) 이후 '오륜의 원리'(親義別序信)를 그대로 '오성'(仁義禮智信) 이외의 다름이 아닌 것으로, 즉 '오상이 곧 오성'임을 주장케 한 것도 《중용》과 맹자의 이 이론이다. 이미 맹자가 오륜의 도리를 전하는 한편, 사단의 선성을 논한 사실부터가 오

---

16) 《荀子》 권17 〈性惡〉: "故古者聖人以人之性惡, 以爲偏險而不正, 悖亂而不治, 故爲之立君上之勢以臨之, 明禮義以化之, 起法正以治之, 重刑罰以禁之, 使天下皆出於治, 合於善也. 是聖王之治而禮義之化也."

17) 《孟子》, 〈告子〉 上: "故凡同類者, 擧相似也. 何獨至於人而疑之. 聖人與我同類者."

18) 《孟子》, 〈告子〉 上: "故曰 口之於味也, 有同耆焉, 耳之於聲也, 有同聽焉, 目之於色也, 有同美焉, 至於心獨無所同然乎? 心之所同然者何也? 謂理也義也. 聖人先得我心之所同然耳. 故理義之悅我心, 猶芻豢之悅我口."

19) 《孟子》, 〈公孫丑〉 上: "所以謂人皆有不忍人之心者, 今人乍見孺子將入於井, 皆有怵惕惻隱之心, 非所以內交於孺子之父母也, 非所以要譽於鄕黨朋友也, 非惡其聲而然也"; 〈告子〉 上 : "惻隱之心人皆有之, 羞惡之心人皆有之, 恭敬之心人皆有之, 是非之心人皆有之. 惻隱之心仁也, 羞惡之心義也, 恭敬之心禮也, 是非之心智也. 仁義禮智, 非由外鑠我也, 我固有之也, 弗思耳矣."

륜과 연계된 원리(五常)에 대한 인성론적 합리화의 작업이었다고 이해해야 한다.

성리학에 이르면 그들의 '천체관'에 비유하는 도덕 합리화 작업이 더욱 적극적으로 진행된다. 성리학자들은 인간의 형상을 "두원(頭圓)·족방(足方)"이라고 규정하고서, 그 인간 형상이 곧 "천원(天圓)·지방(地方)"의 닮은꼴임을 강조하면서, 인간을 천지의 소생(子女)으로 간주하고 만물 중 영장으로 간주하는 사고를 계승하였다. 그러한 사고의 연장선상에서 성리학자들은 영장인 인간이 행할 효를 우주론적으로 확대·역설하였다.[20]

성리학자들은 초목의 생존상태를 '역생'(逆生), 금수의 형태를 '횡생'(橫生), 인간을 '평정직립'(平正直立)이라고 하는 한편, 오성마저 초목에는 전무(全塞不通)하고 금수에는 약간 있음(或通一路)에 비하여, 인간에게는 다 구비(五性旁通)되었다고 주장하였다.[21] 이것 또한 그들의 인간 영장관과 윤리의 자연적인 형성론의 근거이다.

그들은 또 "천(天)이 곧 리(理)이고", "리란 전체적으로는 하나이지만 개체로는 수많은 것에 나뉘어 있음", 즉 '리일분수'(理一分殊)이고, "성(性)이 곧 리(理)"라는 명제를 개발하여, 리(理)철학에 입각한 '예와 삼강오륜'의 절대화를 꾀하였다.[22] 고대부터 전해오던 "예가 곧 천리의 무늬(節文)"라는 사유를 특히 강조하는 사실과, 오성을 천도(天道 : 天理)인 '성(誠) 및 원형이정(元亨利貞)'에 배합된다고 믿는 사실이 그러한 증거다.[23] 그들이 인간의 본성(五性)을 그대로 천리로 간주함은 본성과 그것에 의한 도덕을 필연의 관계로 간주하는 사상이다. 인성에 의한 도덕의 '필연적 형성'이라는 사상은 곧 도덕의 절대시 형

---

20) 윤사순, 〈유교의 자연철학〉(《조선 유학의 자연철학》, 예문서원, 1998) 참조.

21) 鄭之雲 및 李滉의 〈天命圖〉 참조.

22) 鄭之雲, 《天命圖說》 참조.

23) 윤사순 〈16세기 天命思想과 儒教政治〉(역사학회특별심포지움, 역사학회주최, 1998. 8) 참조.

식의 합리화론에 다름 아니다. 이러한 결과로 송명 및 조선조에서의 예와 삼강·오륜의 도덕의식이 확고하게 되었다.

2) 유학윤리 합리화론의 붕괴

서구의 근대과학은 전통적인 서구사회에만 영향을 주지 않았다. 그것은 유학권역에 전하여지면서 유학을 비롯한 전통사상에 큰 충격으로 작용하였다.

17세기 천주교의 본격적인 전래와 함께 유입된 서구의 근대과학은 특히 지구설, 지동설로 된 근대 천체관과 태양력법 및 세계지리·지도를 유학권역에 알려왔다.[24] 특히 태양 중심의 역법으로 그 정확성을 입증하는 천체관의 지구설과 지동설은 중국 중심의 종래 '천원지방'(天圓地方), '천동지정'(天動地靜), '천상지하'(天上地下) 등의 관념을 송두리째 뒤집었다. 이는 종래의 유학권에서 근대이전의 천체관에 의하여 뒷받침되던 유학의 인간관과 삼강오륜(남존여비) 등의 도덕관을 근본적으로 불신받게 한 사건이었다. 더욱이 서구의 보다 앞선 과학기술로 이루어진 무기를 비롯한 기물들은 동방의 유학자들에게 도덕 등의 정신적 가치에 대하여 무력감(無力感)을 느끼게 하였고, 마침내 유학문화 전반에 회의를 느끼게 하였다.[25]

서학(西學)으로 불리던 천주교(天主敎)의 사상적 영향도 막대하였다. 천주교의 내세관 유일신관을 비롯하여 천주 앞에서의 인간 평등관 등은 유학의 조상숭배(상·제례)를 약화시켰고, 남존여비의 도덕관과 반상천(班常賤)·주노(主奴) 차별의 신분관 및 사농공상(士農工商)

---

24) 《治曆緣起》, 《天文略》, 《遠鏡書》, 《千里鏡說》, 《職方外記》, 《西洋國風俗記》, 《天文圖南北極》, 《萬里全圖》 등이 당시 서구의 천문·지리·과학·풍물 등을 전한 서적들이다.

25) 윤사순, 〈유학의 자연철학〉(《조선 유학의 자연철학》, 한국사상사연구회, 예문서원, 1998) 참조.

차별의 사민관(四民觀)까지 붕괴하게 하는 요인이었다. 천주교의 전래는 유학의 윤리도덕뿐만 아니라 유학권의 사회체제까지 붕괴되게 하는 계기를 조성하였다.[26]

2차 세계대전의 종전과 함께 본격적으로 밀려든 민주화와 서구식 산업화 등이 자유 평등과 기계화 위주의 '근대화'를 유학권에 촉진시켰다. 그에 따라 전근대적 봉건요소를 지닌 사상이 유학이었던 만큼, 유학의 윤리적 가치관은 대부분 붕괴 이상의 제거의 대상으로 인지되었고, 실제로 청산지향의 제거상태(개혁)에 들었었음이 역사현상으로 이어졌다.[27]

17세기 이후의 이러한 와중에 유학계 자체에서도 '실학'(實學)의 발흥과 같은 사상적 변천이 있었다. 그 실학 발흥으로서의 유학계 자체의 사상변천은 바로 종래의 유학윤리를 확고히 하던 성리학의 이론들에 대한 비판적 자성이라고 성격지어진다. 실학의 형성은 유학의 전통윤리를 존재론적으로 합리화하던 성리학의 리기·심성설(理氣개념과 性卽理의 명제 등)에 대한 비판이기도 하였다.[28] 이런 점에서 종래의 전통적 유학윤리는 내외의 공박과 비판으로, 더욱 더 괴멸·불용의 상태에 빠지지 않을 수 없게 되었다. 이와 같은 것이 유학윤리를 오늘날 불필요한 것으로만 믿게 한 사상적 배경이다.

26) 위와 같음.

27) 위와 같음.

28) 위와 같음.

4. 유학윤리의 가용성 탐색

1) 유학윤리 중의 보편요소

유학윤리가 비록 전근대적인 봉건윤리이고 또 그렇기 때문에 이제는 거의 불용의 상태에 있지만, 그렇다고 해서 그것이 앞으로도 완전히 무용한 것으로만 간주될 수 있을까? 오히려 그렇지 않을 가능성이 많다. 이렇게 생각하는 근거는 아래와 같다.

삼강(三綱)의 경우는 상하 수직적이고 종속적인 질서의 성격이 짙어, 민주적인 평등의 이념에 맞지 않는 점에서 시행상 거의 무용하게 되었다. 그러나 오륜(五倫)이나 대부분의 례는 쌍무 호혜의 성격으로 시행될 수 있는 것이다. 예를 들면 "부자유친"은 예로부터 본래 "어버이의 사랑(父慈)과 자녀의 효도(子孝)"로 시행함을 원칙으로 하였다. 이처럼 쌍무 호혜의 성격을 살리는 한, 오륜이나 대부분의 예를 무용하다고만 판단할 수 없다. 오륜이나 예란 이해하기에 따라서는 인간사회의 '원활하고 질서 있는 관계맺음'을 위한 하나의 합리적이고 보편적 성격을 띤 방법이다. 유학윤리에도 합리적이고 보편적인 요소가 발견되기 때문에, 앞으로도 가용성(可用性)을 지녔다고 판단한다.

한국과 중국의 경우, 유학윤리에 대한 비판 배척이 근대화의 기치 밑에서 시행된 지 반세기 이상을 헤아리는데도, 아직까지 이 지역 사람들의 행동방식의 상당부분은 유학적 도덕관에 지배되고 있다. 오늘날 유학윤리의 잔존은 단순히 유학윤리의 뿌리 깊음에 말미암는다고 할 수 없다. 그것은 또한 친(親)·의(義)·별(別)·서(序)·신(信)과 같은 도덕규범의 보편성이 지닌 유용성 때문이라고 해야 한다. 이들 오륜의 규범원리(五常) 자체는 굳이 유교의 도덕체계라는 시각을 벗어난다고 하더라도, 어떤 도덕체계라는 명칭과 상관없이, 도덕형성에 일단 필요한 규범원리이고 불가결한 덕목들이다.

이렇게 생각하면, 이제부터 중요한 것은 유학윤리가 지닌 불가용의 요소와 가용의 요소를 구별하여, 불가용의 요소를 과감히 버리고 가용의 요소를 채택하여 더욱 합리적으로 응용토록 하는 작업이다. 결국 역사상 각 시대에 따라 그 시대 환경에 적합하도록 유학사상을 변용하여, 유학의 역사를 2천여 년이나 이끌어 온 바로 그 지혜를 발휘하는 작업이 지금 다시 요구되는 것이다.

2) 유학윤리의 기본과제

유학윤리의 현대적 가용의 요소를 찾는 뜻에서, 오륜이나 례의 쌍무적 민주적 시행을 역설하는 정도는 이미 많은 학자에 의하여 유학윤리의 '봉건색채의 탈피'라는 시각에서 제언되었다. 논자도 그러한 제언에 전적으로 동의한다. 예를 들면, 오륜의 실천에 있어, 부자관계에서의 자녀 일방의 형식적인 효행, 군신관계에서의 신하의 충성 일변도의 시행, 부부간에서의 부인의 종부(從夫)·정절(貞節)만으로의 시행, 장유간에서의 연소자의 순종만으로의 시행 같은 전근대적 봉건요소야말로 이제는 폐기해야 할 불가용의 측면이다. 그러한 실천이 앞으로는 부자관계에서 어버이의 사랑(慈)과 자녀의 자연스럽고도 진정한 보은의 효로, 군신의 경우 모든 국민의 애국 애민으로, 부부에서는 부부 상호의 공경으로 시행되어야 한다. 그렇게 할 때 오륜과 같은 유교의 윤리·도덕은 가용의 요소를 인정받을 수 있다.

유학윤리에서 봉건색채의 탈피가 우선 긴요함에 전적으로 동의하지만, 이 글에서 이 점을 더 이상 구체적으로 열거하지 않으려 한다. 여기서 그러한 요소의 열거에 기초하여 단순히 유학윤리의 현대적 응용을 논하는 데서 그치고 싶지 않기 때문이다. 그보다 좀 더 근본적인 성찰을 하고 싶다.

근본적인 성찰을 시도하는 의미에서, 이제 유학윤리의 기본적 특성부터 살피기로 한다. 윤리란 다 아는 대로 인간관계의 '원활하고도 합당한 질서'를 사회적으로 도모하는 것이지만, 또한 '마땅한 행위'(當

爲·善行)를 인간 각자가 추구하는 것이기도 하다. 이는 윤리 규범의 객관적 설정과, 개인이 그 규범을 성립·구현시키는 양면이 있음을 뜻한다. 전자가 대체로 규범윤리(또는 사회윤리)의 특성을 이루는 데 비하여, 후자는 대체로 심성윤리(또는 개인윤리)의 특성을 이룬다고 구별할 수 있다.

규범(사회)윤리와 심성(개인)윤리의 구분은 명시적인 획을 긋듯이 분명히 할 수 있는 것이 아니다. 그 원인은 예(禮)나 신(信) 등과 같은 것은 규범윤리를 이루는 것이면서 아울러 개인의 심성윤리에 속하는 것이기 때문이다. 이런 사정으로 하여서 이 구분은 대체적으로 하는 구분에 지나지 않는다. 대체적인 구분이라도 감행하는 이유는 아래와 같다. 규범원리로 인정된 객관적인 예나 신과, 예나 신의 규범을 개인이 자의로 이루거나 구현함이 서로 구별될 수 있고, 가정·향리·국가·세계 등의 질서체계인 사회체제의 형성 유지에 치중하는 경우와 개인의 품성함양에 의한 스스로의 선행에 치중하는 경향이 서로 변별될 수 있음이 그 이유다.

이와 같은 분별기준으로 볼 때, 유학의 삼강·오륜은 도덕체계뿐만 아니라 사회체제를 규율하였던 사실에서 보듯이, 심성윤리의 성격보다 규범윤리의 성격이 강하였다. 과거의 유학윤리는 그 시행에 있어 개인의 자아각성과 비판적 판단에 입각하여 '마땅한 행위'를 찾는 경향보다도, (비록 권장은 하였지만) '가정'과 '향리'와 '국가'의 질서를 도모하는 경향이 더 강하였다. 규범윤리에 보다 더 치중하였던 것이 이제까지의 유학윤리의 기본특성이라고 할 수 있다. 적어도 유학윤리의 실용 측면에서는 그러하였다.

유학에는 물론 개인의 철저한 수양(修己)을 꾀하는 경향이 있다. 그런 점에서 유학에는 심성윤리의 경향도 적지 않다. 이 대목에서 주의해야 할 것은 그 수양의 목적이다. 그 수양은 오륜 같은 종류의 도덕 및 사회체제를 유지함에 주목적이 있었거나, 수양이 궁극적으로 가져오는 천인합일(天人合一)류의 자족감을 얻기 위함이었다. 과거 유학에서 권장한 수양에는 당시의 전근대적 사회체제 유지의 의지가 아니면, 우주범위의 형이상학적 지향점의 성취가 지배적이었다. 그러한 경우 체제 옹호나 우주 범위의 자족감 추구에도 상당한 의미가 있고, 더욱이 사회단위로서의 가정이나 향리의 붕괴를 방지함에도 큰 의의가 있다.

그렇지만 각종 패륜 · 불의 등 악행에 속하는 살인 · 방화 · 유괴 · 강도 등 강력범의 난무와 수뢰 · 절도 · 모략 · 부패 등의 방지는 더욱 근본적인 윤리문제이다. 윤리의 시행 자체가 인간 각자의 자율적인 심성윤리로 출발함을 감안하면, 그렇게 생각하지 않을 수 없다. 심성윤리의 측면에서 비롯되는 각종 불의, 패륜적인 악행 야기 등 근본문제의 윤리적 해결 · 예방에 유교가 크게 기여할 수 있어야, 유학의 현대적 가치도 근본적인 차원으로부터 인정받을 수 있다는 것이 논자의 판단이다.

앞으로는 민주 · 산업화 · 정보화 사회에서의 가정과 향리와 국가의 질서를 도덕적으로 바로잡는 데에 공헌할 수 있도록 하는 유학윤리의 변용과 아울러, 보다 근본적으로 각종 악덕 · 패륜 · 불의의 악행을 각자가 스스로 하지 않도록 하는 유학의 심성윤리를 확립하는 데에 공헌할 수 있도록 해야 한다. 미래지향의 규범윤리가 인류 전체를 포용하는 '세계화'를 지향해야 하는 당위성을 감안하더라도, 심성윤리 측면의 설득력 있는 개발 · 강화가 우선적으로 요구된다. 현대의 유학윤리가 안고 있는 가장 긴요한 과제가 여기에 있다고 생각된다. 유학윤리의 가용화야말로 현대사회에 적합한 변용 못지않게, 이 과제의 해결에 달렸다고 하여도 과언이 아닐 것이다.

5. 심성윤리의 부각

1) 인성(仁性)으로부터 서(恕)와 예(禮)까지

유학 심성윤리의 강화 과제의 해결 실마리를 어디서 찾아야 할 것인지는 학자에 따라 견해가 다를 수 있다. 논자의 견해로는 그것은 우선 인의 등의 심성을 처음 언급하기 시작한 원초유학에서부터 찾아야 하지 않을까 한다. 유학의 윤리설이야말로 알고 보면 심성에 기초한 윤리라고 할 수 있을 만큼, 그러한 이론이 이미 위에서 살폈듯이, 공자의 '인설'로부터 출발하였기 때문이다.

공자에 따르면, 인(仁)은 "자신의 욕망을 극복하여 예(禮)에 합치하도록 함"(克己復禮)으로써 이루어진다고[29] 하였다. 같은 맥락에서 밝힌 그 '인' 자체의 특성은 "사람을 사랑하는 것", 즉 '애인'(愛人)[30]이다. "사람에 대한 사랑"이라는 해석이 공자의 인(仁)사상을 대표한다. 사람을 사랑하는 인간성(人間性)을 나타내는 점에서, 인(仁)이 유교 인본사상의 기초가 되지만, 인(仁)의 윤리적 특성은 '인간간의 화목과 화합'을 조성함이다. 원래 인(仁)의 자체(字體) 의미가 두 사람(二人 : 人人)이었고,[31] 그럼으로써 인(仁)은 사람과 사람 사이에서 느끼게 되는 '무엇'과 그 '무엇'으로 해서 사람과 사람을 맺게끔 하는 성격을 가리켰다. 이렇게 인(仁)의 원의에 담긴 그 '무엇'을 공자가 '사람에 대한 사랑'으로 해명하였다. 인간 사회의 화목과 화합이 없고서는 어느 인간의 생존도 불가능함을 고려하면, 그의 인(仁)에 대한 해석은 탁월한 것이 아닐 수 없다.

인이 부자관계를 원활히 하는 '친'(親)의 도리로 이용되고, 과거 형제간의 '우애'의 원리로 이용되었음도, 실은 화목과 화합을 초래하는

---

29) 《論語》, 권12 〈顔淵〉 : "子曰克己復禮爲仁."

30) 《論語》, 권12 〈顔淵〉 : "樊遲問仁. 子曰愛人."

31) 《說文》, 〈解字〉.

인(仁)의 '사랑'의 특성에 기인한다. 다만 과거 인(仁)의 구현이 너무 좁은 '가족윤리'의 범위에 집중된 나머지, 타인들에 대한 적용에 소홀하였음이 큰 결함이다. 그러나 알고 보면 공자가 논한 인(仁)이 원래는 매우 넓은 범위(세계, 四海)로 적극 활용되도록 제시되었다. 그러므로 앞으로의 인(仁)의 구현·적용은 보다 더 넓은 범위로 확대되어야 한다.

공자에 따르면 인의 실현은 '서'(恕)의 방법으로 된다. 즉 "내가 하고 싶지 않은 것은 남에게 시키지 말며",[32] "내가 하고 싶은 것은 남에게도 하도록 하는"[33] 태도가 그것이다. 나의 '하고 싶어함이나 싫어함'(欲·不欲)의 성향을 미루어(推己·能近取譬), 남에 대한 '호의적인 배려'를 함(及人)으로써 그 사랑의 심정을 실천하는 것이 '서'의 태도이다. 인이 세계적인 범위의 인간 상호간의 화목과 화합을 가져오게 함을 목표로 한 근거도 막연한 애정 이전의 따뜻한 '호의적인 배려'로서의 서가 그 기본특성인 데에 있다.

호의적인 배려의 이면에는 남과 나의 공존 공생의 의지가 잠재한다. 여기에는 남을 수단으로 이용하지 않고, 목적으로 대하는 인격존중의 의지까지 함재한다. 호의적인 배려는 사실상 선의지의 구현인 셈이다. 더욱이 호의적인 배려 자체는 남에 대한 나의 염치 겸양과 통한다.

염치 겸양의 성격이 있는 점에서, 인의 서로서의 구현은 예행(禮行)의 기초이기도 하다. 맹자가 "사양 또는 공경하는 마음을 예(禮)의 단서"라[34] 하고, 공자가 "사람으로서 불인(不仁)하다면 예인들 무엇하겠느냐!"[35] 고 한 언구를 이 대목에서 상기하게 된다. 객관적인 사회규범으로서의 예는 습속 등에 입각하여 제정하기에 달렸겠지만, 개인에서

32) 《論語》, 권15 〈衛靈公〉: "其恕乎, 己所不欲, 勿施於人."

33) 《論語》, 권6 〈雍也〉: "夫仁者, 己欲立而立人, 己欲達而達人."

34) 孟子가 "辭讓 또는 恭敬之心을 禮之端"이라 하였지만, 그에 앞서 孔子 역시 "讓者禮之實也"라 하였다.

35) 주 5) 참조.

의 예의 성립과 실행은 원천적으로 인(仁)의 심성(心性)에 의한 것임이 이로써 분명하여진다. 서로써 구현되는 '인(仁)이 예(禮)의 기초'가 된다는 의미에서, '인'(仁)은 윤리·도덕의 가장 기본적인 토대를 이루는 인성이다.

공자가 서(恕)를 말할 때, 그가 "나의 욕·불욕"을 고려한 점 또한 주목할 만하다. 대부분의 행위는 욕구로 말미암아 이루어지기 때문이다. 욕구 또는 욕망은 대부분의 행위를 일으키는 동인이다. 그럼에도 실제 행위시에는 그 행위의 '선악'의 지침이 없거나, 알 수 없는 경우가 흔하다. 서의 방식은 바로 이와 같이 욕구로 해서 일정한 행위는 일어나는데도 선악의 지침이 없거나 알 수 없을 때에 응용될 수 있다는 점에서 매우 중요한 것이다.[36] 서의 방식이 지닌 이러한 특징이 또한 이를 '윤리행(倫理行)의 기본원리'로 삼을 수 있는 '근거'라고 하겠다. 결국 인(仁)은 서와 같은 윤리행의 기본원리를 가능케 하는 인성으로서, 또는 예를 행하게 하는 심성의 기초로서, 역시 유교 심성윤리의 본원으로 간주될 만하다.

2) 의(義)의 인성화

유학의 흐름에서는 실은 인(仁)에 대한 서 측면의 이해가 매우 희박하였다. 인(仁)이 유학 심성윤리의 본원임에도, 역사적으로 볼 때, 그것이 예(禮)의 기초로서 인식되고 이용되기보다는, 효제(孝悌) 위주의 친족애를 뒷받침하는 가족윤리의 근거라든가, 측은(惻隱)이라는 정(情)의 유출이 상징하듯 속된 인정주의를 뒷받침하는 본성으로 인식되고 이용되었다. 그런 점에서 인(仁)에 대한 종래의 인지는 유학윤리를 하나의 '정감윤리'에 그치는 것이라고 믿는 통념을 조성하였다. 그러한 것이 누구도 부정할 수 없는 역사적 사실이었다.

---

36) 윤사순, 〈유교윤리의 현대적 變容(欲의 관점을 위주로)〉(《汎韓哲學》 17집, 범한철학회, 1998) 참조.

인(仁)이 역사상 가족윤리로서 또는 속된 인정주의 식으로 이용되었던 데에도 그만한 원인이 있었다. 그것은 대체로 인(仁)을 유자(有子), 증자(曾子) 등이 서(恕) 외에 '효제'로 구현된다고 보아,[37] 과거 농경 위주의 '혈연사회'에 적합하도록 이용하였기 때문이다. 그런 만큼 혈연사회가 아닌 현대에는 현대의 조건에 맞도록, 또는 보편타당한 윤리를 지향하는 시각으로 재해석하여야 한다. 재해석에 의한 새로운 유학이해의 중요성이 여기에도 있다.

보기에 따라 인은 도덕원리로 되기에 약점 또한 없지 않다. 그 약점은 서(恕)의 방식에서 보듯, 나의 주관적인 마음의 욕구성향만을 기준으로 삼기 때문에, 거기에는 보편타당한 원칙이 없다는 것이다. 이러한 점에서 의(義)는 인(仁)과 매우 대조적이다. 의(義)는 "사람의 바른 길"(人路)이라고[38] 하였듯이, '윤리행위의 원칙'을 의미하는 개념이다.

의(義)의 의미 역시 단순하지 않다. 과거 원초유학 이래 의(義)는 "종형"(從兄),[39] "존현"(尊賢)[40] 및 충성(忠誠)을 바치는 "군신간의 도리"(君臣有義)의 의미로 많이 쓰였고, 그런 쓰임새로 해서 이것은 가부장적 사회 전반을 지탱하는 원리로 이용되었다. 이 경우 의(義)는 대체로 강자에 대한 약자의 복종·맹종의 원칙과 같은 것으로, 리(理)와 합친 '의리'(義理)가 오늘날까지 그러한 의미를 버리지 못함도 과거 가부장적 체제에서 쓰이던 의(義) 개념의 유폐에 말미암는다.

원래 '의'(義)의 진정한 기본의미는 맹자의 설명대로 '인로'(人路)가 될 '의'(宜),[41] 즉 '마땅함'(所當然)을 가리킨다. 인간이 밟고 갈 '마땅함' 전반이 의(義)이므로, 이것은 인(仁)과 달리 윤리규범으로서의 법

37) 《論語》, 권1 〈學而〉: "孝弟也者, 其爲仁之本與" 등.

38) 주 7) 참조.

39) 《孟子》, 〈離婁〉 上: "孟子曰 仁之實, 事親是也. 義之實, 從兄是也."

40) 《中庸》, 20장: "義者宜也, 尊賢爲大."

41) 주44) 참조.

칙적인 객관성을 지닌 개념이다. 일찍이 고자(告子)가 인(仁)과 의(義)를 비교하여 "인내(仁內) 의외(義外)"[42] 라고 하였음도, 인(仁)의 주관성과 의(義)의 객관성에 입각하여 낸 주장이다.

인(仁)과 의(義)가 유학 윤리의 토양에서 주관성과 객관성의 시각으로 인식되었던 것은 고자(告子) 같은 학자에 국한될 뿐, 맹자 같은 학자에게서는 그렇지 않았다. 맹자는 의(義)에 대하여서도 주관적 시각을 적용하여 이해하였다. 그는 인내(仁內)일 뿐 아니라 의(義) 역시 내심에 뿌리를 둔다고 생각한다.[43]

맹자는 의(義) 역시 인(仁)과 마찬가지로 인성의 하나라고 파악하였다. 그 근거는 의(義)도 인(仁)처럼 마음에서 우러난다는 데에 있다. 마음에서 우러나는 그 의(義)의 단서가 곧 "자신의 부정당한 행위에 대하여 '부끄러워' 하고 남의 부당한 행위를 '미워하는 마음'", 즉 '수오지심'(羞惡之心)이다. 그 좋은 예가 객인이나 걸인에게 인간 이하로 대하고 취급할 때(乞客薄待)[44] 그들에게서 우러나는 느낌이다. 달리 설명하면 공무원의 횡령·수뢰와 같은 '부당한 행위'를 보고서 생기는 '밉고 싫어하는 마음', 즉 '의분 내지 의협심'의 싹이 마음 속에서 우러나 느끼게 되는 의(義)의 단서라 하겠다.

이와 같은 예가 실제로 경험되는 사실인 만큼, 의(義)도 인(仁)의 경우와 마찬가지로 주관적으로 인지되고 실현된다는 것이 맹자를 비롯한 유학자들의 견해이다. 유학자들의 견해로는 객관적인 윤리 규범의 성격만 지닌 듯한 의(義)도 알고 보면, 내가 '마음 속으로 의라고 규정하고 확인'하는 성격을 지닌다. 불공정·부당한 것을 바로잡지 않고서

---

42) 《孟子》, 〈告子〉 上 : "告子曰食色, 性也. 仁內也, 非外也. 義外也, 非內也."

43) 《孟子》, 〈公孫丑〉 上 : "是集義所生者, 非義襲而取之也. 行有不慊於心則餒矣. 我故曰告子未嘗知義以其外之也" 및 〈告子〉 上 참조.

44) 《孟子》, 〈告子〉 上 : "一簞食一豆羹得之則生, 弗得則死, 嘑爾而與之, 行道之人弗受, 蹴爾而與之, 乞人不屑也."

는 '스스로 부끄럽고', 자신까지도 저절로 '미워하고 싫어하는 마음'이 인간에게서 우러나는 한 그렇다는 것이다. 이와 같이 인의의 윤리를 행하게 되는 것을 가리켜, 맹자는 본디 '리의'(理義)를 좋아하는 성향(才·嗜好)과 인간의 심성 자체의 능력이 본래 그렇기(良能 良知)[45] 때문이라 한다. 그는 공자 이래의 심성 윤리설을 계승하여 보다 더 구체화하였다.

3) 신(信)의 위상과 성경(誠敬)

비록 의(義)라고 믿는 신념이 있다고 하더라도, 그것이 객관적 타당성을 확보하지 않았을 때에는 개인의 신념에서 그치고 말 수 있다. 의분, 의협심 같은 성향으로 우러나는 의(義)의 신념은, 보다 확실한 타당성을 지닌 확신의 차원으로 끌어올려져야 한다. 일정한 의의 단초는 상황이나 현실에 비추어 정당성에 대한 검증적 성찰이 있어야 한다.

그 정당성에 대한 검증적 성찰에 관여하는 능력이 바로 지(智)의 능력이다. 공자, 맹자가 지(智)를 각기 '삼달덕'(三達德)[46]의 하나, 또는 '시비지심(是非之心)으로 드러나는 성(性)'의 하나로[47] 간주하였던 이유도 이렇게 윤리판단과 행위에 적용할 지(智)의 필수 불가결함을 간취하였기 때문이라 추측된다.

지(智)의 능력으로 의(義)의 타당성을 확신하게 되었다고 가정하더라도, 문제는 계속 남는다. 윤리행위가 인(仁) 또는 예(禮)와 의(義)만으로 다 될 수 없으며, 다 된다고 하더라도 그 인의(仁義) 등의 행위가 윤리의 본래 목적대로 '진실하고 지속적으로' 될 수 없을 가능성

---

45) 《孟子》, 〈盡心〉上: "孟子曰 人之所不學而能者其良能也, 所不慮而知者其良知也."

46) 《論語》, 권14 〈憲問〉: "子曰 君子道者三, 我無能焉. 仁者不憂, 知者不惑, 勇者不懼."

47) 주23) 참조.

이 여전히 남아 있다. 다시 말하여 어느 윤리를 막론하고, 특히 잠깐의 형식적이고 외면적인 행위로 그친다면, 그 결과는 윤리 본래의 목적을 달성할 수 없다. 따라서 이와 같은 점에 대한 보완이 강구되어야 한다.

갖가지 윤리행위를 진실하고 지속적으로 하는 방법으로 유학자들이 생각하여낸 것이 바로 '신'(信)의 규범 원리와 그 심성이다. 비록 '오륜'에서 차지하는 신(信)의 적용이나 비중이 붕우관계에 한정된 듯이 보이지만, 신(信)의 적용 비중은 반드시 그 정도에서 그치지 않는다. 공자 이후 성리학자들에 이르기까지 '신'(信)은 붕우 이외에, 실로 어느 인간관계에나 다 적용된다고 믿어졌다. 공자가 모든 행위에 '충신'(忠信)을 적용하여 역설(主忠信)한 것이라든가,[48] 성리학자들이 오성을 오행과 연관지어 생각할 때 '신'(信)을 '토'(土)에 해당한다고 한 사고가 그러한 예증이다.

성리학자들은 오행 중 신(信)에 해당하는 '토'는 '수화목금'의 토대라는 점에서, 수화목금의 존립을 가능케 한다고 생각하였다. 즉, 토는 수화목금의 토대로서 이것들을 뒷받침하므로, 토가 없다면 다른 것들은 존립할 수 없다고 생각하였다. 이와 마찬가지로, 그들에 따르면 오성 중의 신(信)은 '붕우'뿐만 아니라, '부자 · 군신 · 부부 · 장유' 등의 관계를 원활케 하는 '친(親) · 의(義) · 별(別) · 서(序)'에 영향을 준다는 것이다.

신(信)에 대한 유학자, 특히 성리학자들의 이와 같은 사고는 단순히 오륜을 오행에 조응시키려던 의지에서 나온 현상으로만 볼 수 없다. 논자가 보기에 이 사고는 보다 더 원초적으로 오륜 전체를 인성의 발현이라고 역설하려는 의도에 기인한 것인 듯하다. 오륜의 규범원리를 '사단의 성'인 인의예지 넷만으로 설명하기에는 '붕우간의 신(信)'의 규범에 해당하는 인성 하나가 모자라므로, 신(信)의 인성 하나를 우선

48) 《論語》, 권1 〈學而〉와 권12 〈顔淵〉 등.

첨가하였을 것이다. 그러다가 그들은 신(信)의 효용이 붕우 사이뿐만 아니라, 부자 군신 등의 관계원리인 친(親)・의(義) 등의 효과에도 다 영향을 줌을 깨달았고, 그리하여 신(信)의 위상을 토(土)와 같다고 생각한 듯하다.

신(信)이 '친(親)・의(義)・별(別)・서(序)'에 다 영향을 주는 식으로 관련된다는 사고를 논자도 긍정한다. 그 이유는 바로 신(信)의 마음가짐이라야 친・의・별・서 (禮) 등의 구현이 '진실'하고 '지속적'으로 이루어지도록 영향을 준다는 데에 있다. 캐어 볼 때, 규범으로서의 신(信)의 원리가 실제로 구현되려면, 대인관계의 행위(言行)에 특히 의도적인 괴리나 모순, 한마디로 '거짓'이 없어야 한다. 공자가 역설한 충신(忠信)을 정이(程頤, 伊川 : 1033~1108)가 내 마음을 다한(盡己之謂忠)[49] 믿음성의 의미로 해석한 것도, 마음에 거짓이 없음을 강조한 해석이라고 이해할 수 있는 예이다. 거짓 없는 마음으로 친(親)・의(義)・예(禮) 등의 행위를 한다면, 그 각각의 행위들 또한 진실하여지고, 지속적인 효과도 거둘 수 있음은 명확한 일이다. 한 예로 친(親:仁愛)의 경우만 하더라도, '믿음'(信)이 없을 때에는 남에 대한 친애나 배려가 진실하기는커녕 이루어지기도 어려우며, 서로의 믿음이 깊어질 때라야 그 친애함도 형식을 벗어나 진실하고 장기간 지속될 수 있다. 일종의 '거짓'으로서의 '불신'이 깃든 상황이라면, 모든 윤리행위가 이루어질 수 없음은 물론, 오히려 속임수가 작용하는 경향으로 해서 불쾌감까지 맛보게 됨을 우리의 경험이 충분히 실증하여 준다.

이와 같이 거짓 없는 특성으로 해서 신(信)은 붕우관계를 비롯한 다른 모든 인간관계에 영향을 준다. 내면적인 심성으로서의 거짓 없는 신(信)의 구현이 외면적인 붕우간의 신(信)의 규범을 떠받들(영향) 뿐만 아니라, 다른 규범원리들의 시행에까지 영향을 주는 바로 이 점에 (五常에서 차지하는) 과거 유학자들이 신(信)의 위상을 광범하게 여긴

---

49) 《論語》, 권4 〈里仁〉의 程子註.

이유가 있다고 해야 한다.

신(信)의 '거짓 없는 진실성'의 효용이 윤리규범의 시행 전반에 영향을 준다는 견해는 곧 심성의 '수양'(修養) 문제와 연관되게 마련이다. 사실 '신'(信)은 수양과 연결되는 점에서 성리학에서는 항상 '성'(誠)과의 관련에서 탐구되었고, 보다 더 근원적으로는 '경'(敬)과의 관계 속에서 논구되었다. 성(誠, 誠之) 또한 진실한 마음가짐(眞實無妄)이고,[50] 경(敬)은 "하나에 집중하여 흐트러짐이 없음"(主一無適)[51]이라고 풀이하듯이, 경건할 정도의 '진지한 마음가짐'을 의미한다. 이런 점에서 경(敬)과 성(誠)은 신(信)을 이루는 조건과 방법이다.

진지함으로써 진실하게 되고, 진실하여 행위에 모순과 괴리가 없을 때에, 모든 윤리행위들은 온전히 구현되는 효과를 거둘 것이 분명하다. 신(信)이 수양에 해당하는 진지하고 진실한 경성(敬誠)의 마음가짐을 바탕으로 하는 이 점에서, 유교윤리가 지닌 심성윤리의 성격은 더 없이 분명하게 드러난다. 경성(敬誠)에 의한 신(信)의 구현이야말로 심성윤리의 성패를 가늠하는 원천적 관건에 해당한다고 하겠다. 경성(敬誠)의 마음가짐은 이런 점에서 오늘과 내일에도 예와 다름없이 중요하다.

6. 심성윤리의 한계 문제

유학 윤리의 존속과 재활 여부는 틀림없이 기존의 유학윤리가 지닌 전근대적 무용(無用)의 요소를 과감히 버리는 한편, 현대와 미래에도 계승할 만한 가용(可用)의 요소를 찾아 확대·강화하는 작업에 달렸다. 그 작업은 바로 유교 규범윤리의 현대적 변용과 아울러 행하는 유

---

50) 《中庸章句》 참조.

51) 程頤, 《二程全書》 권16 : "主一無適, 敬以直內."

학 심성윤리 사상에 대한 새로운 이해와 보완이기도 하다.

유학윤리의 무용성이란 유교의 윤리 사상에 깃든 전근대적 봉건의 성향이며, 가용성이란 그 규범윤리와 심성윤리 양면에 잠재된 개발 가능한 보편적 성향에 다름 아니다. 이때, 그 개발 가능한 보편적 요소란 논자의 견해로는 특히 유학의 심성윤리설에 담긴 공맹의 '남에 대한 배려'(恕)와 '염치 · 겸양'(禮)과, 부정한 행위에 대한 '부끄러워함과 미워함'(羞惡) 및 '의분'(義憤)의 이론과, 자타가 공인할 '믿음성'(信)과 그것을 뒷받침하는 경성(敬誠)의 수양설 등이다. 오늘날의 유학계에서는 바로 이러한 것들에 대한 재해석과 확충 작업이 무엇보다도 시급히 요망된다고 생각된다.

이러한 작업은 마치 성선 성악의 성향이 인간에게 다 있음을 보고서, 성선의 성향을 선택하여 확충하는 한편, 성악의 성향이 야기하는 부도덕한 요소에 적절히 대응 · 조치하는 것과 같다. 그러한 변별과 선택의 작업을 충실히 하기 위하여서는 유학윤리에 대한 기존의 고정관념으로부터 자유롭게 벗어나야 할 것이다. 과거의 고정관념으로부터의 이탈은 다만 기존의 삼강 · 오륜 등을 교조적으로 묵수, 맹종하는 유학자에 국한되지 않는다. 유학의 폭넓은 현대화를 꾀하는 학자들에게도 해당한다.

같은 맥락에서 논자는 유학윤리를 단순히 인간의 정감으로 성립된다는 점에서 '정감윤리'라고 가볍게 처리하는 견해에도 동의하지 않는다. 그 이유는 아래와 같다. 인(仁)의 경우에 (恕를 통한 방식에서) 나의 기분 · 느낌대로 남을 대하지 않고, 오히려 '나의 욕구를 거울삼아' 어디까지나 '극기(克己)의 방식'으로 대하는 측면이 있는 것이라든가, 의(義)의 경우 부정한 자기 자신까지 스스로 미워하는 마음가짐을 바탕으로 '마땅함을 스스로 규정 · 확인'하는 것은 이미 정감에 대한 이지적 반성과 그 전환을 이룬 것이다. 논자가 그러한 측면의 유학윤리를 '심성윤리'라고 부르는 이유가 바로 이러한 데에 있다.

심성윤리라고 이름하면서 그 중요성을 강조하더라도 문제는 물론 남는다. 정감의 이지적인 반성과 전환이 이루어질 때, 그것이 자신의 마음속의 심리작용으로 이루어지는 한, 그 심리작용이 사람에 따라 차이가 있으며, 또 객관적으로 타당시될 기준이 여전히 완전하지 않다는 점이 문제이다. 이러한 종류의 문제가 심성윤리의 일종의 한계에 해당하는 셈이다.

이러한 한계는 실상 유학윤리 만에 국한되지 않고 어느 사상의 심성윤리가 다 직면하는 문제이지만, 그렇다고 이에 대한 대책의 강구가 결코 무망하다고 생각되지 않는다. 이 경우 무엇보다도 항상 변하는 여건에서나마, 새롭게 합의를 보아 가는 공동선들에 대한 인식과 응용이 그 대책의 수립을 가능하게 할 것이다. 우리가 함께 이루어 가는 공동선의 상대적 객관성이 심성윤리의 한계에 대한 보정의 자료가 될 것이다.[52] 그러므로 심성윤리를 행할 때의 이지적 반성의 과정에서, 공동선에 의거한 성찰을 한다면, 이 한계는 어느 정도 극복될 수 있다고 생각한다.

심성윤리에 객관성이 요구되는 점에서, 공동선에의 의거가 필요함은 바꿔 말해 유학윤리가 심성윤리만으로 성립될 수 없음을 의미한다. 이로써 유학의 심성윤리는 항상 규범윤리와 상호보완의 관계를 유지하지 않을 수 없음이 분명하다. 따라서 유학윤리의 장래는 결국 심성윤리와 규범윤리의 상호보완적인 변용 여하에 달렸다고 하겠다. 두 측면의 보완적 변용까지 바람직하게 이루어질 때, 유학윤리는 다시금 인간

---

52) 이러한 종류의 한 예로, 또 역사적인 관습을 통하여 검증되면서 다듬어 가는 윤리규범인 禮(義之實)에 깃든 '상대적 객관성'의 탐구와 응용이(이 경우 미래 지향적인 성격은 적지만) 심성윤리의 한계에 보충의 자료가 될 것이라고 생각한다. 여기서 '상대적 객관성'이란 경험과 검증을 통하여 축적되어 가는 '윤리기준의 확실성'을 의미한다. 일찍이 朴希聖교수는 "聖人의 말씀"도 역사적인 경험과 검증에 의한 윤리기준의 축적된 확실성이라는 점에서 상당히 객관성을 지닌 긍정할 만한 것으로 보았다. 논자는 풍습과 시속에 따라 다듬어지고 변경되는 각종 禮에 바로 이러한 상대적 객관성이 깃든다고 생각한다(《左傳》, 僖公 28年: "禮以行義").

사회의 '쓸모 있는', 이른바 '가용'의 윤리로서, 앞으로도 실제로 이용될 것을 기대할 수 있다.

5
유학의 공리주의적 이상

제 8 장

유학의 공리추구의식에 깃든 윤리성

1. 유학에서의 타산적인 '리'개념

동아시아(漢文圈)에서 과거 민족·국가 등의 집단적 공동생활을 이끄는데 가장 크게 기여한 사상으로는 유학이 으뜸으로 꼽힌다. 유학은 그 정도로 사회 공동체의 유지·관리·규율의 능력이 뛰어난 사상으로 간주된다. 그 점은 동아시아의 역사에서 유학이 어느 사상보다도 국가의 통치원리로 또는 사회윤리로서 장기간에 걸쳐 이용되었던 사실로써 입증된다.

유학의 핵심사상은 다 아는 대로 공자가 제시한 '인'(仁)사상이다. 유학의 통치원리와 사회윤리는 모두 인을 중핵으로 하고서 이루어진다. 인의 실현 방법인 '서'(恕)라든가, 인의 실현 단초인 '효'(孝)를 바탕으로 유학의 윤리가 이루어지며, 인정(仁政)을 표방하는 '덕치'(德治), '예치'(禮治)로써 유학의 이상적 정치설이 그려진다. 이러한 점들을 고려하면 인이야말로 요즈음 흔히 쓰이는 아시아적 가치에 해당하던 것이다.

'인'은 공자의 설명에 따르면 "인간을 사랑하는 것(愛人)"이다. "인간사랑"이라는 이것이 인의 가장 기본적인 의미이다. '타인에 대한 호의적 배려'인 '서'(恕)를 인의 구체적 실현 방법이라 하고, 그것을 공자의 제자 유자(有子)는 '어버이에 대한 섬김'인 '효'(孝)를 인의 실현 단초로 인정하였음도 인(仁)의 기본 의미가 '인간사랑'이기 때문이다. 요컨대 인은 인간의 애정으로 표출되는 '정서의 본원'이라고 번역될 수 있는 것이다. 때문에 인을 핵심 원리로 한 유학이 국가·사회와 같은 공동체를 결속시켜오던 힘은 애정으로 표출되는 인간의 정서였음을 알 수 있다. 사실 유학의 세계에서는 냉철한 '이지'(理知)보다 온화한 '정서'(情緒)가 중요시되어 왔음이 유학전통의 풍조였다.

그렇다면 유학의 공동체운용에는 인간애와 같은 정서적 결속력만 작용하였을까? 유학에는 공동체 운용에 필요한 (仁 아닌) 다른 지혜나 가치가 없었을까?

논자의 견해로는, 유학의 광범한 체계와 연면한 역사로 보아, 유학에는 인 밖에도 무엇이 또 있을 것 같다. 인 밖의 그 무엇은 인과 대조되는 성질을 지녔을 때 더 비교될 만할 것이다. 구체적으로 말해, '인'이 동기(動機) 위주의 사고 원리라면, 결과 위주의 어떤 사고 형태라든가, 인이 타산을 초월하는 정서의 특성이라면, 타산(打算)에 치중하는 특성을 지닌 무엇이 더 관심의 대상이 될 만하다. 이러한 관점에서 논자는 유학에 담겨있는 '리' 추구의식을 주제로 설정하여 고찰하고자 한다. '리'(利) 개념은 '인'(仁)에 비하여 위의 조건을 갖추었기 때문이다.

유학에 타산적인 '리'(利) 개념이 있을 것으로 가상하는 근거는 바로 유학의 실용성 중시 경향에 있다. 유학에서는 다 아는 대로 '공명'(功名)과 '이익'(利益) 추구를 상당히 경계하면서도, 현세와 현실에 치중하는 기본정신으로 인하여 '허언'(虛言), '무실'(無實)한 것을 지극히 배척한다. 《대학》에 극명히 기록된 대로 유학의 목적은 "제가(齊家), 치국(治國), 평천하(平天下)"하는 데 있다. 고도의 형이상학을 파고드는 성리학에 있어서도 수양은 도덕의 실천(躬行)을 목표로 하고, 학문은 결국 제가·치국을 목표로 한다. 도덕의 바른 수행과 정치 이상의 구현이라는 목적으로 해서, 유학의 수양과 학문은 그 실용성을 확보하게 된다.

실용(實用)의 발상은 곧 이용(利用)·효용(效用)의 의미를 함유한다. 해로움을 피하면서 이로움을 좇는 사고 경향에서 실용성을 추구하게 된다. 유리함을 좇는 성향이 없다면 실용의 판단은 성립할 수 없을 것이다. 누구에게 유리하냐의 문제는 그 다음 문제다. 나 자신에게만 유리한 실용을 추구할 때 양주(楊朱)의 '위아설'(爲我說) 같은 이기설이 있게 되고, 누구에게나 다 유리한 실용을 추구할 때 묵작(墨翟)의 '겸애설'(兼愛說) 같은 균일적인 이타설(利他說)이 있게 된다.

유학이 추구하고 적용하려는 유리한 실용성은 나를 위시하여, 가족·사회·국가·세계의 인류를 대상으로 한다. 유학의 실용적 유리함이 그렇게 적용되어야 하는 근거에 대하여서는 별도로 밝혀진 바 없지만, 그것은 생활의 국면이 이러한 것들이라는 점에서 암암리에 설명을 필요로 하지 않아도 당연히 동의하리라는 사유가 토대를 이루었다고 보인다. 한 가지 더 유의해야 할 점은 보다 더 근본적으로 '리'(利) 개념 자체를 유학에서 어떻게 인지하고 있는지조차 아직 밝혀진 예가 없다고 하여도 과언이 아니다. 그런 점에서 공동체 운용의 시각에서 추구하여 온 유학의 '리' 개념에 대한 고찰을 시도하고자 한다.

2. '의'와 상반되는 '리'

한자어가 다 그렇듯이, '리'(利)는 다양한 의미를 내포하고 있어, 그 사용되는 문맥에 따라 세심한 주의가 요망된다. 리의 다양한 의미 가운데, 가장 일반적인 의미는 '위해'(危害)와 반대되는 '리'가 아닐까 한다. 《역경》에서 흔히 보이는 자연 속의 행위에 적용되는 무해(無害),

무구(無咎)의 용례가 그러한 것이다. 안위에 직결되는 무구·무해로서의 '리'야말로 '자연한 것'이라는 점에서, 리의 가장 기초적 의미의 용례에 속한다.

리의 추구가 '자연한 것'이라는 관점에 선다면, 먼저 인간도 자연 가운데의 하나라는 사실을 인정해야겠다. 자연으로서 인간은 순자(荀子)의 지적대로 '호생'(好生)(惡死), '호리'(好利)(惡害)하는 욕구체에 든다. 이 경우 인간에 있어 리의 추구는 자연의 속성으로 피할 수 없는 일종의 필연이다. 각자의 리의 추구가 마침내 혼란 쟁투를 초래함도 피치 못할 현상이다. 리의 추구를 누구보다 깊이 성찰한 순자가 성악(性惡)을 주장한 것도 리의 추구가 초래하는 혼란·쟁투라는 결과에 기인한다. 혼란·쟁투에 이르지 않기 위하여, 수양과 도덕·례 및 법 등으로 이욕의 조절과 그 추구의 제한·억제 등이 국가 사회의 질서 수립(規範)의 시각에서 행하여진다.

규범의 시각에서 리의 욕구를 조절하고 그 추구를 제한함은 이미 자연의 관점 아닌 윤리의 관점이다. 윤리의 관점에서의 '리'는 엄밀히 말해, 무구·무해의 반대 의미가 아니라, 이탐(利貪) 같은 '욕구'거나 이득 같은 '욕구의 대상'의 의미다. 그리고 그러한 의미의 리는 윤리차원에서는 항상 위험시되거나 금기시되어 조절·제한·억제 또는 배제해야 할 것으로 지적된다. 공자가 "군자는 의(義)를 좇고 소인은 리(利)를 좇는다"[1] 고 한 언구나, 맹자가 양혜왕(梁惠王)에게 "왕은 왜 하필 리(利)를 말합니까, 또한 인의(仁義)가 있을 따름입니다. … 참으로 의를 뒷전으로 하고 리를 우선시하면, 빼앗지 않고서는 만족하지 못합니다."[2] 라고 한 것이 그 좋은 실례다. 《예기》에서 "재화를 우선시하고 예를 뒷전으로 하면, 사람들은 탐욕스러워진다"[3] 고 한 경우 역시

---

1) 《論語》, 〈里仁〉 : "子曰 君子 喩於義 小人 喩於利".

2) 《孟子》, 〈梁惠王〉 上 : "孟子對曰 王何必曰利 亦有仁義而已矣 … 苟爲後義而先利 不奪不饜".

3) 《禮記》 : "先財而後禮 則民利".

같은 사례다.

여기에서 한 가지 주의해야 할 것은 '리'가 특히 공맹에 의하여 '의'(義)의 대어로 상정·고려되었다는 점이다. 공맹 이후 한당유학이나 송명성리학이나 청대실학에서도 줄곧 '리'는 '의'의 대어로 인지되어 왔다. 동중서(董仲舒)가 "인한 사람(仁人)은 의(誼, 義)를 바르게 하지 리(利)를 도모치 않으며, 도(道)를 밝히지 그 공(功)을 꾀하지 않는다."[4] 고 함과, 소옹(邵雍, 康節 1011~1077)이 "천하가 다스려지려면 사람들이 틀림없이 의(義)를 숭상하지만, 천하가 어지러워지려면 반드시 사람들이 리(利)를 숭상한다. 의를 숭상하면 겸양(謙讓)의 기풍이 행하여지지만, 리를 숭상하면 훔치고 뺏는(攘奪) 풍조가 행하여진다."[5] 고 함이 또한 그 예증들이다. '리'는 이와 같이 '의'와 대조되는 의미로 말미암아, 유학사에서 일종의 '불의'의 의미로 통용되었다고 해야 옳다.

그러나 리가 무구·무해하다는 것과 불의라는 의미의 차이는 특히 윤리적으로 매우 심각하다. 전자는 윤리적으로 용인·묵과될 수 있지만, 후자는 결코 용인·묵과될 수 없기 때문이다. 후자는 오로지 배제되어야 마땅한 것이다. 정이(程頤, 伊川 1033~1107)의 다음 발언은 이 경우의 이해에 도움이 될 만하다. "의와 리는 다만 일종의 공(公)과 사(私)다. 의를 겨우 내세우자마자 곧 리로써 말하는데, 저러한 계교는 바로 이해가 걸렸기 때문이다. 만약 이해가 없다면 계교가 무슨 소용 있겠는가? 이해란 천하의 상정(常情)으로는 사람들이 다 리를 좇고 해를 피할 줄 알지만, 성인(聖人)은 이해를 논하지 않는다. 성인은 오직 의를 보아서 마땅히 하고 마땅히 안 할 뿐이니, 명(命)이 그 가운데 있는 것이다".[6]

---

4) 《漢書》 : "仁人者 正其誼不謀其利 明其道不計其功".

5) 《皇極經世》, 〈觀物內〉 : "天下將治 則人必尙義也 天下將亂 則人必尙利也 尙義則謙讓之風行焉 尙利則攘奪之風行焉".

6) 《二程全書》: "義與利 只是個公與私也 纔出義 便以利言也 只那計較 便是爲

윤리의식이 있을 때의 바람직한 태도(聖人)는 리(利)가 불의(不義)에 속하므로 이해의 문제를 초월한 상태에서 오직 '당(當)·부당(不當)의 의'만 좇는다. 행위 주체인 나에 대한 이해를 타산(計較)하면 '당·부당의 의'를 오히려 망각하게 된다. 나에게 미칠 리에 대한 타산은 비록 리 자체는 불의가 아니더라도, 결과적으로 의의 실천에 장애가 되고, 의의 실천에 장애가 된다는 의미에서 리를 불의와 같다고 간주할 길이 열린다.

더욱이 자신에게 미칠 이해를 타산함은 당위의 의가 지닌 보편성의 준수·이행과 달리, 개인의 사사로운 특수성에 얽매임이다. 이에 정이(程頤)는 위 인용문에서 '의'를 보편적 성질을 나타내는 '공'(公)에 비유하는 반면, '리'는 개인의 구체적 특수성을 나타내는 '사'(私)에 비유한다. 그는 '의와 리'의 분별이란 곧 '공과 사'의 분별임을 확언한다. '의리'(義利)의 분별이 이제 '공사'(公私)의 분별로 흘렀는데, 이러한 분별적 이해는 사실상 유학, 특히 성리학의 일반적 사고이기도 하다. 이는 성리학에서 일반화한 사고가 정이의 글을 통하여 단적으로 나타났을 따름이다.

3. '의'와 일치되는 '공리'

원래 '공'은 '사'의 대어이다. 무사(無私)를 전제하는 '공'은 일종의 '중'(衆)의 성격을 띠지만, 그것은 단순한 다수 성격의 중을 넘어, 공존·공생의 성격을 지닌 중이다. 이런 의미로 해서 '공'은 공동생활을 위하여 모인 집단을 가상할 때 있게 되는 개념이다.

집단을 가상하더라도, 공이 적용되는 경우는 좀 막연하지만, 가정

有利害 若無利害 何用計較 利害者 天下之常情也 人皆知趨利而避害 聖人則更不論利害 惟看義當爲不當爲 便是命在其中也".

같은 비교적 작은 집단보다는 사회, 국가 같은 큰 집단이다. 작은 집단이더라도, 나 하나와의 관계를 초월함으로써 남들과의 관계의 비중이 높을 때 적용되는 개념이 '공'이다. 예를 들면, 가정보다는 학교·회사·기관(機構)·관청에 공의 특성이 더 짙음이 그 증거이다.

나와의 관계를 넘어선 때일지라도, '공'은 집단의 전체로써 그 특성이 이루어지는 만큼, 파벌·편당과 같은 부분화의 요소를 배격한다. 부분화의 성격은 공의 특성을 오히려 잃게 한다. 여기서 우리는 이상적인 공의 기준을 '천하'(天下爲公)[7]에 둔 '대동'(大同) 세계의 사고를 이해하게 된다.

나를 넘어서는 '무사'(無私)와 전체를 위하여 부분화를 배격하는 '불편'(不偏)·'부당'(不黨)의 특성으로 인하여, '공'은 '평'(平), '정'(正) 등과 통한다. '공평'(公平), '공정'(公正)이 공의 특성을 단적으로 드러내는 것도 다 그러한 함축된 의미에 말미암는다. 공평, 공정이 결국 당위의 '선'(善)과 '의'(義)에 다름 아니고 보면, '공'은 마침내 공평, 공정의 약어로서, '선'과 '의'로 통할 경우가 있게 된다.

의와 리를 각각 공과 사의 분별에 적용한 배경에는, 다만 '리(利)에 대한 사사로운 타산(計較)' 뿐 아니라, '의로 통하는 공의 당위의 특성'에 대한 고려가 있었다. 더욱이 유학자들은 인(仁)의 특성이 (자신을 초월함으로써) '공평'하여질 수 있다는 뜻에서, '인'(仁)과 '공'(公)을 그 실현에 있어 서로 연결시키기도 하였다.[8] 이언적(李彦迪, 晦齋, 1491~1553) 같은 학자는 "인이 곧 공"이라고까지 하였지만[9], 대부분의 유학자들이 공과 일치시한 것은 의와 선이다.

이상과 같이 살피는 의문이 있게 된다. '리'에 대한 타산은 반드시

---

7) 《禮記》, 〈禮運〉: "大道之行也 天下爲公 … 是謂大同".

8) 李彦迪 編, 《求仁錄》, 권4: "公之爲仁 公不可與仁並比看 公只是無私 纔無私這仁便流行 …", "仁是愛底道理 公是仁底道理 故公則仁 仁則愛 公却是仁發處 無公則仁行不得".

9) 앞의 책, 〈序文〉: "夫仁者 天下之公 非有我之得私也".

사사로운 나와의 관계에서만 있게 되고, 공의 차원에서는 없는가 함이 그것이다. '사리' 아닌 집단 이익인 공리(公利)·공익(公益)을 우리는 얼마든지 본다. 예를 들면 회사이익, 국가이익을 사리보다 우월시하면서 그 추구를 주장·강조하는 사고가 그러한 증례다. 현상의 고찰을 떠나 근본적인 사고를 하더라도, 공리는 긍정적으로 이해될 수 있다. 왜냐하면 '공'이 '의'로 통함을 감안하면, '공리'는 '의로운 이익'이라는 뜻을 지닌다고 보아야 하기 때문이다. 공리야말로 유학자들이 의로운 리라고 인정하였고·추구하였던 것이다.

의와 리의 관계를 국가 등 공공(公共)차원에서 다룬 학자, 즉 '공리'(公利)를 '의'(義)와 통한다고 잘 설명한 학자로는 이이(李珥, 栗谷, 1536~1584)가 있다. 잠시 그의 언설에 주목하여 보자. 이이는 일단 도리에서(道理上) 옳고(是) 그름(非)이 상반되어 병립할 수 없고(道之不可並者 是與非也), 사업에서 리와 해가 상반되어 함께 구비할 수 없음(事之不可俱者 利與害也)을 지적한다. 뿐만 아니라 그는 옳고 그름(是非)을 따지지 않고 이해의 문제를 급히 서두르면 의리에 어그러지고(從以利害爲急 而不顧是非之所在 則乖於制事之義), 옳고 그름만 따지며 이해를 강구하지 않으면 변화에 적응하는 '가변적 당위의 원리'인 권도(權道)에 어그러지게 된다(從以是非爲意 而不究利害之所在 則乖於應變之權)고 한다.

그럼에도 그는 다음과 같은 주장을 편다. "'권'(權)에는 고정된 규율(定規)이 없으니 '중을 얻음'(得中)이 귀하고, '의'(義)에는 불변적 제약(常制)이 없으니 '마땅한 이치(당위성)에 합치케 함'(合宜)이 귀하다. 중(中)을 얻고 마땅한 이치(宜)에 합하면 옳음(是)과 리(利)가 그 가운데 있는 것이다. 진실로 나라를 편안하게 하고 국민에게 이로우면 다 행해야 할 일이다. 나라를 편안케 하지 못하고 국민을 보호하지 못하는 것이면, 다 해서는 아니 되는 일이다. 군자에게 어찌 결단을 내리기 어려운 일이 있겠는가?"[10]

옳고 그름을 가려주는 의(義)에 맞고, 이해를 결정하는 일종의 변통법(權)도 따라 마침내 '옳음(是)과 이로움(利)을 다 갖춤'이 가장 이상적이다. 그 이상을 달성하지 못하는 까닭은 우리가 의(義)를 불변적인 제약(常制)으로 생각하고 권(權)을 고정된 규율로 생각하기 때문이다. 그러므로 그 이상은 의에 불변적 제약(常制)이 없음을 알아서 마땅한 도리를 따르는(合宜) 한편, 권(權)에는 고정된 규율(定規)이 없음을 알아서 때와 장소에 적절함(時中)을 택하는 데(得中)서 이루어진다. 풀어 말하면, 이는 합리한 태도를 견지하되, 때와 장소에 적합하도록 (變通에 적응)할 때, 우리는 '옳음(是)과 이로움(利)을 함께 갖춘다'는 것이다.

그 '옳음과 이로움'을 다 갖추는 구체적 사례는 이이에 따르면, 국가를 편안하게 하고 국민을 이롭게 하는 일이다. 이는 결국 국민에게 이익이 되는 '공리'는 사리와 달리 '옳음'(是) 성격의 '의'(義)에도 부합한다는 이론이다. 따라서 이이 같은 성리학자들은 공리(公利)의 추구를 당연시함은 물론이고, 그것을 적극 실천코자 힘쓰게 된다. 이런 사유에서 성리학자들은 실제로 '봉공'(奉公)의 행위를 당연시하고 몸소 실행하는데 주저하지 않았다.

4. 공인의식과 공리의 추구

유학자들의 봉공으로서 공리추구야말로 애민·위민의 시각에서 행하여진 애국과 같은 당위에 속한다. 이제 그 유학자들이, 특히 성리학자들이 '봉공'의 이름으로 공리를 추구하기 위하여 노력한 실상을 상기하기로 한다.

성리학자들은 우선 '선비'(士人)로서의 자신에 대한 정체성을 '공인'

---

10) 《栗谷全書》, 〈拾遺〉 권5, 雜著 二, 〈時弊七條策〉: "權無定規 得中爲貴 義無常制 合宜爲貴 得中而合宜 則是與利在其中矣 苟可以便於國 利於民 則皆可爲之事也 苟不能安其國 保其民 則皆不可爲之事也 君子豈有難斷之事乎".

(公人)에서 찾았다. 그들이 하나의 '독서인', 즉 지식인이었던 선비에게 '나라의 으뜸 되는 기운'(國之元氣)이라는 의미를 부여하였던 이면에는 이 같은 의식이 작용하고 있었다.

신분·자질·능력 등으로 보아, 선비는 관리로 되어 위민정치를 통하여, 국가를 지탱하는 역할을 할 길이 열린 인물인 만큼, 선비의 의미규정을 이와 같이 하였다. 이 점은 특히 '사대부'(士大夫)라는 용어가 선비들의 관리측면의 성격을 잘 드러내는 데서 확인된다.

하지만 그들이 반드시 관리가 되어야만 '나라의 으뜸 되는 기운'(國之元氣)의 역할을 한다고 생각하지는 않았다. 성리학자들은 공평·공정한 공중의 언론인 '공론'(公論)에 대하여서도 '나라의 으뜸 되는 기운'(國之元氣)[11] 라고 생각하였는데, 그 공론의 담당자를 곧 선비들(士林)이라고[12] 생각하였다. 선비들은 관리됨과 상관없이 나라를 올바로 경영하게 하는 공론산출의 역할을 담당하는 점에서도, 그들은 결국 '나라를 지탱하는 으뜸 되는 기운'이라 할 수 있다고 생각하였다.

이이는 국가의 최고 이념인 '국시'(國是)마저 '인심의 다 같이 동의하는 바'(人心所同然者)로서의 '공론의 소재(所在)'라고[13] 규정한다. 그는 선비(士人)를 공론 산출자의 기능만으로도 '나라의 으뜸 되는 기운'이라 생각하였다. 선비의 나라 떠받들기에 관직여하는 근본적으로 관계가 없는 조건이다. 이는 역사가 실증하는 사실이기도 하다.

왜란·호란이 발발하였을 때, 문무관원 외의 독서와 강학만 하던 선비들이 감연히 일어나 의병장(義兵將)으로 싸우다가 순국(殉國)한 사례가 많다. 가깝게는 기삼연(奇參衍, 省齋 ?~1908) 같은 의병장이 그 한 예에 든다. 같은 무렵 왜국의 침탈로 조선이 망하게 됨에 무직의 학자이던 황현(黃玹, 梅泉 1855~1910)은 '선비 노릇 못함'을 내세워 자결한 사례를 남겼다. 조선시대 특히 성리학 풍토에서의 선비(士人)

---

11) 疏箚, 《栗谷全書》 권7, 〈代白參贊疏〉.

12) 疏箚, 《栗谷全書》 권3, 〈玉堂陳時弊疏〉.

13) 疏箚, 《栗谷全書》 권7, 〈辭大司諫兼陳洗滌東西疏〉.

들에게는 분명히 그들 나름의 공인의식이 투철하였다.

공인은 사인의 입장을 벗는 데서 가능한 만큼, 공인의식은 결코 막연히 이루어지지 않는다. 특히 사욕(私欲)에서 벗어나야만 그 의식이 가능하여, 참다운 공인행동을 뒷받침하게 된다. 따라서 공인이기를 희망하는 사람이라면 사욕의 제거 또는 그 초월을 위한 노력을 선행해야 한다. 과거의 선비들은 이 점을 간파하여, 사욕 다스리기 익힘인 '수양'에 투철하였다. 유학자들에게 요순 이래의 통치술의 요체로 알려졌었던 '인심(人心)을 벗어나 도심(道心)을 따르고자' 하던 수양법(心法)이 그 대표적인 것이다.

주희(朱熹, 晦庵 1130~1200)는 사욕(人欲)의 원천인 '인심'(人心)과 하늘의 이치(天理)를 좇는 '도심'(道心)에 대한 해석을 각각 '형기의 사에서 생기고'(生於形氣之私), '성명의 정에 근원'(原於性命之正)한다고[14] 하였다. 인심은 형기로 말미암아 생기는 '사욕'의 원천이고, 도심은 천리에 근원한 '공심'(公心, 正心)이라는 뜻이다. 그는 인심 도심의 분별을 '사'와 '공'의 시각에서 하였다. 따라서 인심으로 하여금 도심을 따르도록 하는 노력은 결국 '사욕'의 욕구를 벗어나 '공리'를 도모하려는 태도를 가리킨다.

한국유학의 특징 중 하나로 인정되는 사단칠정에 대한 해석설(四端七情說)도 이와 같은 수양법에 든다고 할 수 있다. 16세기 이황(李滉, 退溪, 1501~1570) 이이 등은 사단과 칠정이 지닌 선악의 특성을 고려하여, 그것들을 주로 이기론(理氣論)으로만 해석하였다. 18세기 이익(李瀷, 星湖 1681~1763) 같은 학자에 이르면, 사단칠정의 선악특성을 이기뿐만 아니라 '공사'(公私)의 판별까지 첨가하는 방식으로[15] 해석하게 된다. 이렇게 사단칠정에 대한 해석에도 사욕을 벗어나 공리를 도모하려는 수양의 의지가 있었고, 그 의지가 후기로 갈수록 더욱 뚜

14) 《中庸》, 〈中庸章句序〉: "心之虛靈知覺一而已矣 或生於形氣之私 或原於性命之正".

15) 《星湖全書》 권7, 〈四七新編〉.

렷하게 작용하였다.

공리를 추구하고 공익을 도모하는 공인이 되기 위하여, 왕수인(王守仁, 陽明 1472~1528)의 이른바 심학(心學) 계통은 더 말할 것도 없고, 주희의 리학(理學) 계통학자들만 하더라도, '공명'(功名)과 '이기'(利己)에 대한 절제와 금기는 이른바 '엄격주의의 태도' 그것이었다. 이기로 통하는 공명과 사욕의 제거를 철저히 하던 끝에, 성리학자들은 공리를 도모할 수 있는 도심(道心)·천리(天理)의 추구가 진정한 자아회복 의미의 '위기(爲己)의 학문'에 속한다고 하면서 장려하였다. 반면 사욕을 바탕으로 한 공명지향의 사장(詞章), 거업(擧業)은 자아상실 의미의 '의인(爲人)의 학문'이라 하여 크게 배격하였다.

이러한 사유와 태도가 지나쳤던 끝에 성리학 풍토는 마침내 현실의 공리를 실질적으로 도모하지 못하는 폐단에 빠졌다. 다 아는 대로, 청대와 조선후기의 실학자들이 주장한 '경세치용'(經世致用), '이용후생'(利用厚生)은 성리학자들이 실제적으로 다 하지 못한 공리(公利)의 현실적인 실제추구를 기하려는 의도에서 나온 구호였다. 수양 위주의 위기의 학문에 머문 듯한 성리학의 폐단을 극복하기 위하여, 후기 실학자들이 지향한 현실적 공리추구의 성향은 박지원(朴趾源, 燕巖 1737~1805)의 학문관으로 잘 알 수 있다. "선비(士)의 학문이란 실은 농공상(農工賈)의 원리를 포함한다. 세 가지 일(業)은 반드시 다 선비를 기다린 다음에야 이루어진다. 저 이른바 명농(明農), 통상(通商), 혜공(惠工)이 그것이다. 밝히고(明之), 유통시키고(通之), 개발하는(惠之) 것을 선비 아니고서 누가 하겠는가?"[16] 라 함이 그것이다.

선비가 종사해야 할 학문을 경전 외에 농·공·상의 원리를 캐는 것이라는 여기에, 공인으로서의 후기실학자가 지닌, 성리학자의 경우보다 더 확장된 봉공의 공무의식이 있다. 통상의 맥락에서 국익을, 특히

---

16) 《燕巖集》, 〈課農小抄〉: "然而士之學 實兼包農工賈之理 而三者之業 必皆待士而後成 夫所謂明農也 通商而惠工也 其所以明之通之惠之者 非士而誰也".

화폐의 시각으로 논할 때, 박지원은 관중(管仲)과 상앙(商鞅)의 사상을 거론하면서, 그것들을 결코 '공리지설'(功利之說)이라 하여 홀대할 수 없음을 토로한다. "하물며 나라에 있어서랴? 관자(管子), 상자(商子)는 패왕을 돕던 재사들이지만 그 본말 경중을 밝힐 수 있음이 이와 같으니, 어찌 공리설(功利說)을 가볍게 여길 수 있겠는가?"[17]라 한다. 유학자들의 공리(公利) 추구 의식은 마침내 '공리설(功利說)의 장점' 수긍에까지 이르렀다.

그렇다면 박지원 같은 실학자들로 해서 유학자들의 공리(公利) 의식은 곧 공리(功利) 의식으로 대칭되어 좋을 만큼 서로 동일시되는 것일까?

5. 공리(公利)추구의 윤리적 특성

유학에서 말하는 '공리설'(功利說)은 서구의 공리주의(功利主義) 사상, 이른바 "최대다수의 최대행복을 추구"하는 식으로 규정되는 사상이 아니다. 이 공리설(功利說)에는 사리추구 경향이 강하여 '최대다수의 행복'을 반드시 목적으로 삼지는 않는다. 이것은 이제까지 살핀 공리의식(公利意識)과도 다르다.

이 '공리'(功利) 사유에는 우선 공리(公利)·사리(私利)의 분별의식이 별로 뚜렷하지 않고 공인의식도 개입되지 않는다. 그러한 의식 없이, 다만 행위 결과로서 얻어진 공명(功名), 공록(功祿) 등의 이익(利)을 추구할 따름이다. 이는 공명, 공록 같은 것을 추구하는 맥락에서 공리(功利)의 도모만을 극대화하여, 국부나 국익의 초래를 가장 이상시하는 사유를 지칭한다. 같은 국부의 국익을 추구하더라도 '공리'(功利) 측면에는 '공리'(公利)의 경우와 같은 윤리의식이 없이 다분히

---

17) 앞의 책, 같은 곳: "況國乎 管商是佐覇之才 而其能明於本末輕重之辨如此 是豈可以功利之說而忽之哉".

정치·경제적 기술이 작용할 따름이다.

이와 같이 분별되는 두 가지(功利와 公利) 중에 대부분의 유학자들은 전자보다 후자의 추구를 선호해 왔다. 이런 점에서 유학에 타산의 경향이 있었지만, 그것은 '사'(私)라는 개인의 입장이기 보다 '공'(公)이라는 대중(大衆)의 입장에서 대중을 위하는 시각으로 추구되는 경향이었다. 유학의 타산적인 실용(實用)·실리(實利)추구의 사유에는 순수한 경제의 논리가 자유롭게 용납되지 않고, 경제 역시 특히 공중윤리의 시각에서 고려되고 강구되었다.

유학의 전통적인 공리(公利)추구에는 물론 문제가 없을 수 없다. 공 개념이 원천적으로 '집단'을 바탕으로 출발하는 만큼, 그 추구는 자칫 작은 집단의 이익추구에 빠져 보다 큰 집단의 이익을 저해할 가능성이 있다. 과거 가족이나 향민(鄕民)에 대한 지나치게 중요시하던 사조는 그 가능성이 실제로 드러난 폐단이었다. 그러므로 사소한 집단이기(集團利己)의 발생을 고려한다면, 우리는 공 개념의 외연규정부터 재고해야 할 것이다. 바로 《이기》의 "천하를 공(의 기준)으로 삼음(天下爲公)"의 의미가 가장 극대화된 공 개념의 외연으로 주목되어야 할 것이다. '천하'보다 작은 집단들에 적용되는 공은 모두 상대적인 의미로 이해되어야 한다. 이런 점에서 오늘날의 공 개념의 응용에는 '세계화'(世界化)의 사유가 의미를 지닐 수 있겠다. 오늘날의 공리(公利)추구는 세계·인류 전체의 공통적인 이익을 도모하는 경우에만, 그 공 개념 본래의 뜻을 충분히 실현해 내는 경우가 된다.

공리추구의 유학사상은 그 형성과 실용조건으로 볼 때, 과거 농경본위(位)의 혈연사회였기에 가능하였다고 할 수 있다. 오늘날과 같은 이익공동체인 산업사회에서 그것이 얼마나 유효할지는 의문이다. 특히 개인 소유의 자유나 경제적 독립을 용인하는 자본주의 사회에서 유학의 공리추구의식이 과거처럼 효과를 볼 수 있을지 단언할 수 없다. 배타적인 '위아'(爲我)의 이기(利己)가 오늘의 시폐임에 틀림없지만, 그렇다고 개인의 재산소유를 위한 사리추구를 완전히 금단한 상태의 공동생활은 이제 상상하기 어렵다. 이런 점에서 앞으로 공리의 추구는, 원칙론에 불과하지만, 사리추구와 서로 병진하고 도움이 되는 방식으로 진행됨이 이상적이라 생각된다.

서구의 공리주의(功利主義)와 다르고 관상(管商)의 공리설(功利說)과도 다른 공리(公利)추구 의식에, 그 나름의 공익중시의 윤리적 장점이 있고, 그 장점으로 해서 유교국가의 공동생활에 크게 기여하였음도 사실이다. 공 개념 자체를 '의'(義)나 '선'(善)으로 간주함으로써, 선비들로 하여금 자발적인 공인의식을 불러일으켜, 공익에 자율적으로 공헌한 '봉공의 기여' 사례들이 그러한 것이다.

국가와 사회를 위하여 관리는 물론, 관리가 아니더라도 스스로 공인의식을 갖춘다는 것 자체가 국가 사회의 구성원(一員)으로서의 소임에 대한 '도덕적 자각'과 '책임의식의 투철함'을 의미한다. 공인의식이야말로 청백리(淸白吏)의 고결함과 '애국지사'의 대쪽같은 기개의 정신적 기반이었듯이, 국가·사회와 같은 공공집단을 바르게 이끌어 가는 원동력이다. 이러한 의식은 오늘날이나 미래에도 인류가 공동생활을 계속하는 한 필요 불가결함도 인정해야 할 것이다. 관리들을 비롯하여 이른바 지도층의 국가와 사회에 대한 도덕적 책임의식이 없고서는, 국리민복은 고사하고 국가·사회의 질서조차 와해되어 버림을 고려하면, 오늘에도 지도층의 자발적인 공인의식을 기초로 한 공리추구의 태도가 절실히 요망된다. 유학의 공리추구 의식이 지닌 현대적 응용의 가치가 이러한 데에도 있음을 본다.

공을 의나 선으로 간주함으로써, 공리를 '의로운 리'로 믿게 한 것은 바로 경제적 가치의 윤리적 가치화에 해당한다. 이것은 공리추구라는 경제행위를 윤리차원에서 당연시함이다. 이 작업에 의하여, 엄격하고 철저한 수양을 통한 선비들의 사심의 제거와 자발적인 봉공행위에 기여하도록 촉진시킨 사유는 그것대로 공동생활을 위한 세련된 지혜라고 판단된다. 공과 공리의 개념 및 공리추구의 정신이 유교국가의 공동생활을 이끌어왔다는 뜻에서, '공'(公) 개념은 특히 성리학 이후의 유학세계에서는, '충'·'효' 다음가는 핵심개념이었다고 해도 옳을 듯하다. 공 개념이 유학에서 차지하는 비중을 그 정도로 높이 평가해야 옳지 않을까 생각한다.

일찍이 '의'와 상반되는 개념으로 지적되었던 '리' 개념에 '공'을 더함으로써, '공리'는 마침내 '의'와 상통하게 되었다. 이에 우리는 《좌전》[18]과 《역경》[19]에서 "리는 의의 화(和)"라고 한 명제를 상기하고 재고하여 볼 필요가 있을 것 같다. 이 명제 역시 근본적으로 유학의 경제관이 윤리관과 무관하지 않으며, 오히려 경제와 윤리를 일치시하는 사고라고 할 수 있기 때문이다. 어떤 경우에 리가 의와 일치되어 경제활동이 윤리행위로 간주될 수 있을까?

"의의 화가 리"라고 할 때의 '리'는 이제까지 학자들의 해석에 의하면, '태양의 빛(光明)이 인간들에게 주는 혜택(義)'과 같은 비유로 설명된다. '의로운 혜택의 집합(和)'을 전제하므로, 이 리는 물론 사리 아닌 '공리'다. 공리를 의로 보아 그것을 추구함은 당연한 일이다. 그러나 이 해석에서 '태양의 빛'이 인간의 의로운 행위가 아닌 만큼, 이 비유에 의한 설명은 충분치 않다는 데에 문제가 있다.

이런 이유로 해서 다음과 같은 사례를 가상하여 보겠다. 한 경제인이 자신의 이익을 위하여 인간에게 필요한 상품을 만들어 판다고 가정하자. 그가 상품을 양질화하여 최소의 이윤으로 판매한다든가, 그 이윤이나마 대부분을 사회에 환원한다면, (그것이 곧 公利的 商行爲임), 그의 경제활동은 곧 봉공·봉사의 윤리행위(즉, 義의 和)에 해당한다. 이런 경우 그에 있어 '리는 곧 의의 화'라 할 수 있다. 유학의 공리추구는 바로 이와 같이 이루어지는 사유유형인 데에 그 대표적인 특징이 있는 셈이다. 유학에서 이상시한 경제는 그 공리추구의식으로 보아서는, 윤리를 떠나서 고려되는 것이 아님을 다시 확인케 된다. 그것은

18) 《左傳》, 〈襄公〉, 九年.
19) 《易經》, 乾卦 〈文言伝〉: "利者 義之和也".

비록 박지원 같은 후기실학자들에게서 약화되기 시작하였지만, 오히려 윤리의 틀 속에서 고려되고 있다. 따라서 유학의 경제의식이 지닌 단점은 물론, 장점까지도 모두 윤리의식을 분리 · 배제하지 않고 반드시 수반하는 공리지향의 사유특징에서 찾아진다.

여기서 논자는 현재의 상황이 개별국가의 경제가 세계경제의 영향권 밖에서 독자로 존립될 수 없는 현실, 오히려 각국의 경제가 하나의 세계 속에서 불가분의 관계로 연결되어 서로 긴밀히 영향을 주고받는 상황임을 직시한다. 이러한 상황을 직시하면, 유학의 공리사상의 유용성은 궁극적으로 다음과 같은 데에도 있다. 그것은 패권(覇權)의식에 젖은 경제 강국(强國)의 개별국가 이익에 앞서, 세계의 공통적인 공리에 해당할 평화적 이익을 추구하여, 세계전체 경제의 안정과 발전(공익)을 도모하는 가운데, 그 개별국가의 경제를 따라서 안정 · 발전시킬 '이상적 사상' 성립에 공헌할 수 있다는 것이다. 물론 이러한 유용성의 '가상'에는 하나의 단서가 선행된다. 그것은 "천하를 공의 기준으로 삼는 작업이 실제로 실현가능할 때"라는 단서다.

제 9 장

성리학의 합리적 사유 경향

1. 성리학의 합리성 문제

동양철학에 대한 깊은 지식을 갖지 못한 사람들은 동양철학을 대체로 '불합리한 사유'라고 비평한다. 이러한 것은 모순되는 내용의 명제를 주장한다는 의미로 내는 비평이다. 그들은 불합리한 만큼 동양철학은 잘 이해될 수 없는 일종의 '무의미한 사유'에 지나지 않는다고 폄하까지 하기에 이른다.

호기심 이상의 호의적인 태도로 동양철학을 좀더 깊이 이해할 경우라고 하더라도, 철학에 이용되는 논리가 문제시되어 '불가사의'(不可思議) 하다고도 평한다. 이해할 수 없다는 점에서는 이 평도 위와 크게 다르지 않다. 이 경우 한 가지 위와 다른 점이 있다면, 그것은 동양철학의 일반적 특징을 일종의 '신비한(神秘) 한 사상'으로 파악하는 점이다.

과연 동양철학은 불합리하게만 진술되고 있는가? 모두 그렇지는 않더라도 더러 그러한 것이 있다면, 그 이해되지 않는 논리를 구사하는 원인은 무엇일까? 동양철학자들의 논리에 대한 무지로 말미암은 것인가? 동양철학의 어떤 점으로 해서 이러한 평이 나오게 되는지, 이 평이 과연 옳은지, 옳다면 그 원인은 무엇인지 의문이다. 이 글은 바로 이 의문을 풀어보려는 의도에서 작성한다. 동양철학이 구사하고 함축한 '합리성' 여부의 성찰은 또한 동양철학의 발전을 위하여서도 바람직한 의의를 지닌다.

여기서 말하는 '불합리'(不合理)란 용어는 일정한 명제에서 모순관계에 있는 용어들을 서로 동일시하거나 일치시함을 가리킨다. 이는 서로 양립할 수 없는 개념들을 동일시하고 일치시하는 사유에 적용하는 용어이다. 명제 차원에서 모순을 범하면, 결국 철학체계 전체의 정합성을 갖추는 데도 영향을 끼치게 됨을 고려하여, 철학체계의 부정합성도 이에 포함된다.

이때 불합리의 구분의식이 엄존함에도 불구하고 불합리한 이론을 주장하는 것은 별도로 이해해야 하지 않을까 한다. 합리성에 대한 뚜렷한 각성을 가지면서도 합리성만으로는 설명되지 않는 부분이 있다는 판단에서 구성한 이론은 일종의 '초합리적(超合理的) 인 사유'로 간주해야 할 경우에 해당하기 때문이다.

동양철학이 어느 하나에 그치지 않고 다수임을 감안하면, 전술한 특징을 탐색하는 방법에는 여러 가지가 있을 수 있다. 그 방법 중 한 가지는 동양철학에 속하는 철학들을 개별적으로 살핀 뒤에 종합적인 판단을 내리는 방법이겠다. 그렇게 할 조건이 못되는 경우에는 동양 철학 중 대표적인 철학의 성향을 살피는 길도 있을 수 있다. 이 글에서는 후자의 길을 택하여, 성리학(性理學)의 합리성 여부의 성격을 살피고자 한다. 성리학은 그 발흥 자체가 노불(老佛) 철학의 영향을 받고, 그것들을 지양하려는 의지로 이루어진 새로운 유학이므로, 거기에는 사실상 유학·노장·불교의 철학특성들이 어느 정도씩 다 함유되었다. 본원유학의 바탕에서 노불철학의 특성까지 종합 지양한 점이 바로 성리학을 고찰의 한 표본대상으로 삼는 근거다.

2. 성리학의 합리적 측면

성리학은 그 명칭부터 리학(理學), 의리의 학(義理之學), 도학(道學)이라고 하듯이 원리탐구의 성향이 투철한 철학이다. '의리'라는 용어는 비교적 규범적 원리의 의미가 강한데 비하여, 리와 도는 그런 의미와 더불어 자연의 물리적 원리를 포함한다. '성리'(性理)는 그 양쪽 의미를 포괄하면서 그것을 실천할 수 있는 인성적 원리, 즉 인간이 천(상제, 자연)과의 관계에서 타고나는 품성의 원리까지 지칭한다. 이렇게 성리학은 인간이 생각할 수 있는 모든 원리를 탐구하는 철학이라 해도 과언이 아니다. 모든 의문과 문제를 원리적으로 풀어내려는 경향이 동양철학 중 가장 뛰어난 것이 성리학이라 할 수 있다. 합리성에 대한 각성 여부와 그 응용 양상을 성리학에서 살피려는 이유가 여기 있다.

성리학을 성숙단계로 올린 정호(程顥, 明道 1032~1085), 정이(程頤, 伊川 1033~1107)형제와 집대성한 주희(朱熹, 晦庵 1130~1200)의 철학을 중심으로 하여 살피면, 성리학자들의 합리성 추구의 정신은 이들의 인식론에 해당하는 격물(格物)·치지설(致知說)을 비롯하여 존재론이라 할 리기론(理氣論)과 그 밖의 수양론 및 도덕론(禮論) 등 모든 분야에 일관되고 있다. 격물에 대한 정이와 주희의 견해는 '사물의 리를 그 지극한 곳에까지 이르도록 추구하는 것'[1]이다. 그것은 자연법칙과 규범법칙을 그 근원까지 탐구함을 가리킨다. 이들의 치지설도 '위와 같은 격물의 방식으로 추구하여 얻은 지식을 그 다함이 없지 않은 곳까지 지극하게 확충함'[2]이다. 그들에서 지식은 주체적으로 추구되는 것 못지않게 객관적으로 탐지되고 검증되는 특징을 지닌다. 이러

1) 《大學章句》, 首章 주 : "格至也, 物猶事也, 窮至事物之理, 欲其極處無不到也."

2) 《大學章句》, 首章 주 : "致推極也, 知猶識也, 推極吾之知識, 欲其所知無不盡也."

한 지식추구의 경향이 마침내 합리성을 중요시하는 이들 철학의 기초를 이룬다.

기본적으로 원리·법칙을 뜻하는 '리'(理)는 정이에 이르러 선(善)의 원리로서의 소당연(所當然)과 모든 것의 소이연(所以然, 원인 이유)을 가리키게 되었다[3]. 리의 의미 영역이 확대된 것이다. 원인이 주재의 뜻을 대신하는 점에서, 리는 모든 생성·변화의 주재자로 믿던 '천'(天)과 의미상 동일시하기에 이른다. 모든 것을 원리적, 합리적으로 이해하려는 사조에서 '천은 곧 리'(天卽理)라는 사유가 대두된다. 리도 모든 것의 '주재자'로 간주된다. 합리적으로 이해하는 사유는 자연히 리를 생성, 변화현상을 담지한 기(氣)와 대비시켰다. 다 아는 대로 음양(陰陽), 오행(五行)으로 대표되는 기는 현상 내지 현존재의 재료(원질)에 해당한다. 그러한 기와 대조되는 개념인 리는 기의 생성·변화의 '원인으로서의 원리'라고 믿어졌다. 리가 곧 모든 생성, 변화의 '원인이 되는 원리'라는 이 사유가 정주성리학자들로 하여금 '천이 곧 리'라고 하면서 '리 또한 주재자'라고 주장하게 한 근거다.

리가 천과 같은 주재자라는 사유는 그 리의 실재성을 앞세운 사유이기도 하다. 감각을 초월하는 보편자인 리는 기와 더불어 (감각되어지는) 현상계를 이룬다. 그렇더라도 주의할 것은 리나 기는 구체적인 사물이 아니라는 점이다. 이것들은 어디까지나 사물을 이루는 본질적 요인(리)과 그 현상적 재료(기)일 따름이다. 리도 사물의 존재·변화의 담지자(재료)인 기를 만나서야 현상 사물을 이룬다. 리가 기를 '탑재·탑승처'로 하여야만 그 원리의 원인(주재)이라는 의미가 실현되는 셈이다. 리 중에도 태극(太極) 같은 궁극의 리는 '우주의 근원'에 해당한다. 모든 개체의 총합체인 우주가 태극으로 말미암아 생성된다는 것이 정주의 생각이다. 여기서 "총체적으로는 하나의 태극이지만, 개체마다 다 하나의 태극을 가진다"[4]는 주장이 나온다. 이것이 정이에게

3) 윤사순, 〈퇴계의 소이연과 소당연의 일치시〉, 《한국유학사상론》(증보), 예문서원, 1997.

서부터 비롯된 '리일분수'(理一分殊)라는[5] 명제의 내용이다. 우주 전체를 이와 같이 '하나의 리의 체계'로 파악하는 데서 정주성리학의 합리적 사유는 그 우주론적인 체계에서 정합성을 갖춘 철학이라고 인정받게 된다.

심성론 분야에서도 성리학이 이기론(본체론)적 해석을 하고 있음은 물론이다. 심(心)을 '리기의 합'이라 하고 정(情)도 그렇다고[6] 하며, 심은 성과 정을 통섭한 것이라고 정주성리학에서 규정한다. 그 성리학에서 "성이 곧 리"라고[7] 함도 리기론적 해석의 한 예다. 정주는 천 또는 천명을 리(天卽理)로 대치하였으므로, 그 천명으로 인하여 심 속에 내재된 성도 리 외의 다른 것일 수 없음은 논리의 필연이다.

정주에 따르면 심은 리와 기로 이루어져 '허령(虛靈) 불매(不昧)'한 특성을 가진다.[8] 연명(靈明)하다는 점에서 심을 "기(氣)의 영상(靈爽)"이니 "신명(神明)의 집(舍)이라"고 한다.[9] 이는 지각작용과 의념(意念)의 주체(意는 心의 發)가 심임을 가리킨다. 영명한 지각과 의념의 능력으로 해서 심은 '한 몸(一身)의 주재자'[10] 역할을 한다. 심이 의식활동 일반을 가리키는 점에서, 그것은 의식작용이 없을 때와 있을 때를 구별하여 체(體)와 용(用)으로 나타낸다. 그 체용은 "미발(未發), 이발(已發)"로, 혹은 "적연부동(寂然不動), 감이수통(感而遂通)"

---

4) 《性理大全》, 권1, 〈太極圖說解〉. "蓋合而言之, 萬物統體一太極也, 分而言之 一物各具一太極也."

5) 《河南程氏文集》, 권9, 〈答楊時論西銘書〉: "西銘明理一分殊."

6) 《高峯集》, 《兩先生四七理氣往復書》, 〈高峯第二書〉 6절 : "愚謂四端七情, 無非出於心者, 而心乃理氣之合, 則情固兼理氣也".

7) 《朱子語類》, 권5, 〈性理2〉: "伊川性卽理也, 橫渠心統性情, 二句, 顚撲不破."

8) 《朱子語類》, 권5, 〈性理2〉: " 問, 知覺是心之靈固如此, 抑氣之爲邪. 曰, 不專是氣, 是先有知覺之理. 理未知覺, 氣聚成形, 理與氣合, 便能知覺. 譬如這燭火, 是因得這脂膏, 便有許多光燄."

9) 《朱子語類》, 5권, 〈性理 2〉: "心者, 氣之精爽."

10) 《朱子語類》, 권5, 〈性理2〉: "心者, 一身之主宰."

으로 나타내지만, 성(性)과 정(情)으로 나타내는 경우가 가장 많다.[11] 심을 이기 외에 성정으로 나타낼 때 '심이 성과 정을 통섭한 것'(統性情)이라는 명제를 가장 흔하게 사용한다. 이때의 정은 감정일 뿐만 아니라 그 외의 '심의 작용 전체'를 나타낸다. 이에 따라 성과 정은 일종의 가능성(원인)의 측면과 그 실현(결과)의 측면을 가리킨다. "성이 발하여 정으로 됨", 즉 "정은 성이 발한 것"이라는 주장이 그러한 사유다.[12] 성즉리의 입장에서 보면 물론 '성은 심의 리'라고 하게 된다.[13] 그렇게 되면 정을 성의 발이라고 하는 사유는 심도 '리의 발'이라는 이론을 성립케 한다. 심의 작용 자체를 리가 발한 현상으로 보는 데서, 심성정 분야에서도 원리 추구에 의한 합리적인 해석을 철저히 하였음을 확인하게 된다.

수양을 통한 마음가짐과 마음 씀씀이로서의 실천에서도 합리적인 원리를 추구하여 구현하려는 정신으로 충만한 것이 성리학이다. 인간과 심이 리기의 합이라고 하였듯이, 리와 함께 기가 있어야 무엇이든 실제로 존재하고 작용하므로, 수양은 기질(氣質)에서 유발된다고 믿어지는 욕구(私欲)를 가능한 한 제어하고 성명(性命)의 리에 근원하는 마음을 갖도록 하여야 한다. 이른바 '인욕의 원천인 인심(人心)이 성명(性命)에 근원한 도심(道心)을 따르도록(聽命)' 하여야[14] 한다. 이러한 것을 정주 성리학에서는 "인욕(人欲)을 버리고 천리(天理)를 보존함"이라 하면서 수양의 목적으로 삼는다.[15] 그 목적의 달성을 위하여 존심양성(存心養性), 과욕(寡慾), 신독(愼獨), 계신(戒愼), 공

---

11) 未發 已發은 《中庸》의 방식이고, 寂然不動 感而遂通은 《周易》의 용법이며, 性, 情으로 표현한 것은 《孟子》의 용법이다.

12) 《朱子語類》, 권5, 〈性理2〉: "性者, 心之理, 情者, 性之動, 心者, 性情之主."

13) 《朱子語類》, 권5, 〈性理2〉: "性者, 心之理."

14) 《中庸章句》, 〈序〉: "必使道心常爲一身之主, 而人心每聽命言, 則危者安, 微者著, 而動靜云爲, 自無過不及之差矣."

15) 《朱子語類》, 권16 : "聖人千言萬語, 只是教人存天理滅人欲."

구(恐懼) 및 경(敬), 성(誠)의 수양방법이 강조된다. 여기서 주목되는 것은 《중용》의 이론인 "성(誠)은 하늘의 도(道)이고 성의 태도를 갖으려 함은 인간의 도"임을[16] 굳게 믿는 데서 '성(誠)의 마음가짐'을 중요시하는 점이다. 이는 바로 인간의 규범 법칙(人道)을 자연의 원리(天道)에 합치토록 하는 데 수양의 보다 더 궁극적인 이상을 두었음을 시사한다.

실제로 대부분의 성리학자들은 《중용》 등의 사상에 따라, 도덕을 본성의 자연발현으로 이루어진다고 생각하였다. 그들은 "본성(性)을 좇는 데서 도가 이루어진다"는[17] 이론을 충실히 따랐고 그 이론을 더 구체화하였다. 오륜의 원리인 친·의·별·서·신(親義別序信)이 인·의·예·지·신(仁義禮智信)의 자연 발로라고 함이 곧 그러한 것이다. 도덕만 아니라 '인간행위(人事)의 의칙(儀則)'이라는 예(禮)에 대하여서도 '천리의 절문(節文)'이라는 사유를 그들은 고수하였다. 그들에 있어 노넉과 예는 인위적으로 제정한 것이 아니고, 자연의 원리가 심성을 통하여 자연적으로 행동화되는 것이다. 간혹 예절을 새롭게 제정하는 경우가 있다고 하더라도, 그 제정에는 타당한 '사리'(事理)로서 '명분'(名分)이 있어야 하고, 그 명분은 자연의 원리인 천리와 연관되는 것일수록 설득력을 지닌다. 소당연(所當然)으로의 선(善)을 소이연(所以然)의 리와 일치시하는 사유가 그러한 증거이다. 이와 같이 천리와 연관되는 명분 사리의식이 또한 합리적인 원리 추구의 사유경향임은 물론이다.

16) 《中庸章句》, 20장 : "誠者, 天之道也, 誠之者, 人之道也."
17) 《中庸章句》, 首章 : "天命之謂性, 率性之謂道, 脩道之謂教."

3. 성리학의 합리성에 깃든 문제점

합리적인 시각으로 근본원리들을 탐구한 정주성리학은 이론적인 모순이 전혀 없는 철학을 이루기에 성공하였을까? 이상의 이론에는 불합리한 모순이 없거나 모순을 야기할 소지가 없게 수립되었나? 성리학자들이 위와 같은 이론에서 불합리한 점을 혹시 발견하였더라면, 그러한 것들에 대하여 어떤 조치를 하였을까? 위의 이론이 정주성리학으로 정설화된 것임을 감안하면, 모순된 요소를 발견하고 아무런 조치 없이 방치하였을 가능성은 매우 희박하다. 오히려 모순의 극복을 위하여 끝까지 합리화의 노력을 기울였을 가능성이 많다고 믿어진다. 이러한 의문을 추측 차원에 방치할 수 없다면, 이제 의문의 해결을 위하여 정주성리설을 몇 가지 측면에서 검토해야 한다.

정주성리학에서 리를 법칙 원리의 의미로 보는데 그치지 않고, 정이(程頤) 이후 소이연(所以然)으로 해석한 사실이[18] 다시금 주목을 끈다. 왜냐하면 일정한 '원리'와 소이(所以)라는 '원인'이나 '이유'와는 분별되는 것이기 때문이다. 이유는 어떤 사리에 맞거나 맞지 않는 행위의 '선택적인 구실'에 해당한다. 원인은 선택적인 여유가 거의 없이 일어나는 사리와 물리의 필연성, 특히 물리의 '필연성을 야기하는 것'을 가리키는 용어다. 이런 용법에서 이유와 원인은 법칙이나 원리가 아니라 그 법칙과 원리를 야기하는 것이다. 법칙 원리라는 것과 이유 원인은 서로 의미 및 의미의 층차가 다르다.

소당연(所當然)의 경우 역시 마찬가지이다. 주희나 이황은 리를 당연한 선(善)의 법칙으로 말하는 것이 그들의 기본 용법이지만, 이들은 때로는 리를 '순선'(純善) 또는 선 자체라고 한다. 선의 법칙과 선 자

---

18) 그는《易傳》의 "一陰一陽之謂道"를 "所以一陰一陽之謂道"라 하여 도와 대치되는 리를 소이연으로 이해할 사고의 전환을 가져왔다.

체는 전자가 행위의 원리인데 비하여 후자는 그 원리의 실재를 전제한다. 이것들도 서로 층차가 다른 의미의 용어다.

이처럼 서로 다른 층의 다른 의미를 '리'(理)라는 한 용어로 개념화하면, 그 결과는 자연히 이해의 불투명을 초래하게 마련이다. 그리고 그 이해의 불투명은 용어 사용에서 혼란을 초래한다. 이 점은 우선 개연성을 지닌 당위 계열인 이유의 범위에까지 필연성을 지닌 원인개념을 적용함으로써 선악자체와 그 근본을 분명히 설명하기 어렵게 되는 데서 확인된다. 소당연과 소이연을 일치시하는 주희나 퇴계의 성리학에서 선악에 대한 근본적 해명이 곤란해지는 것이 그 한 증거다.[19]

모든 것을 본체론 차원에서 해석하는 성리학의 기본 개념인 리와 기의 관계에 대한 이론은 어떠한가? 리와 기는 의미가 서로 다른 만큼(就理上) 분명히 혼동될 수 없는 별개의 개념이다. 주희의 경우 그 리는 실재시 되기까지 하여 결코 기와 동일시되어서는 안 된다. 이러한 점을 가리켜 그는 리와 기는 서로 "혼잡(混雜), 혼융(渾融)되지 않는 것"이라고 하였다. 그러나 그에 따르면 현상적(就物上)으로는 리와 기가 합하고서야 하나의 물상을 이룬다. 그런 만큼 리와 기는 실제 현상에서는 따로 떨어질 수 없다. 리나 기는 그 하나로서는 독존하는 물체가 아니기 때문이다. 기를 현존처로 하고서야 리는 그 실제적 존재성을 인정받는다. 이런 점에서 주희는 리와 기는 사실에 있어서는 "분리(分離), 분개(分開)되지 않는 것"이라고 하였다.

이기의 관계는 종합하여 말하면, '불이(不離) 부잡(不雜)'의 관계라는 것이다. 리와 기는 이러한 점에서 "둘이면서 하나이고 하나이면서 둘이라"(二而一, 一而二)고 정리된다. 여기서 불이면 불이고, 부잡이면 부잡이지, 불이와 부잡이 어떻게 동시에 공존의 논리로 인정받을 수 있겠는가 라는 의문이 일게 된다. 둘이면서 하나이고 하나이면서 둘이라는 논리는 이율배반의 모순 논리이므로 합리적인 명제라고 할 수 없

19) 윤사순, 〈퇴계의 소이연과 소당연의 일치시〉, 《한국유학사상론》(증보), 예문서원, 1997.

다. 이것에 대한 납득할 만한 해명이 없으면 수긍될 수 없다. 이에 대한 납득할 만한 해명이야말로 성리학이 회피할 수 없는 주요과제다.

리의 중첩 복합적인 의미로 해서 발생하는 불합리한 이론은 우주 생성설 부문에서 더 쉽게 드러나므로, 그러한 사실을 먼저 살핀 다음 선악문제로 다시 시선을 모으기로 하자. 정주성리학에서 천(天), 천명(天命)을 '리'로 해석하고, 그것이 심에 성으로 내재한 '성'과 같은 것(性卽理)이라고 해석하였음은 이미 언급하였다.

천명을 리로 해석할 수 있었던 근거는 무엇이었나? 그것은 종교적 사유로부터 철학적 사유에로 진행하던 과정에서 일어난 천에 대한 원리적 이해에 연유한다. 즉, 천의 내재화와 더불어 대두한 리에 대한 소이연(所以然) 의미를 부가한 결과다. 리가 모든 것의 원인이라는 점에서 리 중에서도 천명, 태극(太極) 같은 '궁극적인 리'가 천이 소유한다고 믿어온 (우주와 인간에 대한) 주재의 역할을 한다는 생각에서 그런 사유가 나왔다.

리가 원인이라는 의미를 바탕으로 천의 주재 역할을 대신하려면, 리는 그것으로 인하여 생성될 (현상으로서의) 기에 앞서, 그 기를 생기게 한다는 이론이 있어야 함은 논리의 필연이다. 사실 우주의 근본 원리이며 근원인 태극이 '최초의 기'(一元之氣)에 앞서고, 그 태극이 동정함으로써 최초의 기를 생(生)하였다는 《태극도설(太極圖說)》의 이론을 주희 성리학에서 긍정함이 그 실제적 사유다. 이 경우 태극이 최초의 기에 선행한다는 사고는 리기가 실제로는 분리되지 않는다는 원초적 규정에 어긋날 뿐만 아니라 리인 태극이 동(動)한다는 것도 '기만 유작위하고 리는 무작위하다'는 기본규정에 어긋난다. 우주의 근본적 생성에 대한 이론에서도 주희 성리학은 이와 같이 불합리한 모순을 함유하고 있다. 이것도 리기 개념과 그 관계에 대한 원초적 규정을 부정함으로써 이기 관념에 혼란을 초래하는 사고의 하나임에 틀림없다.

주희나 이황 같은 학자들도 이 문제를 분명히 인지하고 그 타당화·합리화의 노력을 기울였다. 그들이 제시한 리에 대하여 '순선'이라고 한 발언 등의 리실재시(理實在視) 사유와 체용관(體用觀) 적용은 이러한 문제를 극복하려는 의지에서 나왔다. 리에 대한 실재시의 사유는 대체로 아래와 같다. 기가 감각적(形而下)이고 작위가 있는데(有爲) 비하여, 리는 초감각적(形而上, 無形, 無方體, … 至虛至無)이고 무작위(無爲)며, 생멸하는 기와 달리 리는 무생멸(無生滅)의 특성을 갖는다. 초감각적이고 무생멸하는 특성으로 인하여 리는 모든 것을 초월하지만 동시에 모든 것에 편재(至實至有, 萬物各有)하는 것이라고 한다. 결국 무사멸하는 보편자라는 사유가 리에 대하여 실재로 간주하게 된 근본 사유다. 리가 이러한 것이므로 기의 유무와 관계없이 존재하고 기보다 선재할 수 있다는 것이 그 실재시 사유다. 이황(李滉)에 따르면 리에는 체용의 측면이 있어서, 무작위는 리의 체 측면이고, 동 발 등은 리의 용 측면이라고 강조한다.[20] 그의 유명한 '리기호발설'(理氣互發說)도 '리의 발'을 타당화하기 위하여 리에 체용의 사유를 적용하던 과정에서 주장한 발상이다.[21]

리가 아리스토텔레스의 '부동(不動)의 동자(動者)' 같아서 기를 직접 생하지 않고, 기가 리의 동을 계기로 '저절로 생겼다'고 이해하면 문제가 불식되지 않을까 가상할 수도 있겠다. 이런 이해라고 해서 다른 난제마저 불식되지는 않는다. 이렇게 타당화하면 리의 작위성에 대한 논란인, 동류(同類)가 동류를 생하였다는 듯한 의구는 불식할 수 있을지 모르지만, 그 가상은 원인(原因)으로서의 리의 의미를 부정하도록 하는 결과를 가져온다.[22] 이러한 이해 역시 정주성리학에 문제를 야기하기는 마찬가지이다. 리를 기생(氣生)의 직접적인 원인으로 보면 리와 기를 구분할 수 없게 되고, 리의 동과 무관하게 기가 저절로 생겼다고 하면 리의 원인이라는 의미를 무의미하게 만드는 이율배

20) 《退溪全書》, 〈心無體用辨〉(대동문화연구원, 1958, 917~918쪽 참조).

21) 이 점에 대하여서는 논자의, 《退溪哲學의 硏究》(고려대학교 출판부, 1980.)의 제 2 장 宇宙發生觀, 제 3 장 心性觀 참조.

22) 앞의 책, 퇴계의 〈宇宙生成觀〉(太極生兩儀觀) 참조.

반의 모순에 빠지게 된다.[23] 이러한 모순으로 해서 궁극의 원리까지 일체를 합리적으로 이해하려는 정주성리학의 사유 경향은 다시 불합리의 벽에 부딪치게 됨을 본다.[24]

정주성리학의 사상이 지닌 문제는 여기서 그치지 않는다. 위에서 선악문제에 대하여 언급하려다가 뒤로 미루었는데, 이 문제 또한 결코 단순한 것이 아니다. 리가 모든 것의 원인(所以)이라면, 그것은 선을 야기하는 원인인 동시에 악의 원인이기도 할 것이다. 리의 원인성이 선인 소당연의 측면과 일치하게 구현되면 선행을 유발하지만, 그렇지 않으면 불선이나 악을 초래할 것이다. 그 불선과 악의 경우에 대한 이기론적 해답이 난제로 떠오른다. 주희 이후의 성리학자들은 물론 그것을 자각하고 그에 대한 해답을 진지하게 강구하였다.

성리학자들은 먼저 심과 성의 작용을 과거부터 '발'(發)이라는 용어로 나타내었던 예에 따라,[25] 이 선악을 설명할 때에는 특히 사단(四端)의 경우에 보듯이 '리의 발'이라는 표현을 사용하였다.[26] 그들에 따르면 이러한 리(리의 발)가 그 당연의 내용을 기의 장애를 받지 않고 제대로 실현되면 선의 현상을 가져오며, 기의 장애(가리움, 蔽)를 받으면 악의 현상으로 귀착된다는 것이다. 리는 모든 원인이지만 그 현상적 발현은 어디까지나 기의 작용에 의탁하고서만 가능한 까닭에, 리발이라 할지라도 그 리는 반드시 '기를 탄'(乘氣) 조건으로 리의 소당연을 구현한다.[27] 이때 동작의 담지자인 기가 리의 당연성(즉, 節度)에 따라주는 양상으로 작동하면 선하게 되지만, 그렇지 않게 작동하면(不中節) 불선과 악으로 된다. 악의 발생은 어디까지나 기의 작동에 기인한다. 이를 성리학자들은 '인간의 승마'(人乘馬)의 비유로 설명

---

23) 위와 같음.

24) 위와 같음.

25) 《中庸》에서 未發 已發을 말한 것이 그 좋은 예이다.

26) 《朱子語類》, 권53 : "四端理之發, 七情是氣之發".

27) 논자의 책, 제 3 장 心性觀 참조.

하였다.[28] 선악의 문제를 심성의 시각에서 논할 때는 기질에서 유래하는 동시에 인욕의 원천인 인심(人心)이 성명(性命)에 근원한 도심(道心)을 좇지 않을 경우에 불선과 악이 발생한다고 설명한다.[29] 이성을 외면하고 본능 또는 감성적 욕구를 무비판적으로 좇는 데서 악이 있게 된다는 이론인 셈이다. 그렇지만 이기론적인 이론이 악에 대한 보다 근본적인 존재론적 해명이라는 점에 유의하면, 문제는 여전히 석연하게 해결되었다고 할 수 없다. 실제로 작위를 하는 것은 리가 아니고 기라면, 리의 원인성인 소이연으로서의 '리의 발'은 사실상 무의미하게 되고, 그것은 또한 '리의 동'을 말할 때와 똑같은 문제에 봉착하기 때문이다. 과거 16세기부터 태극의 동정과 함께 사단의 리발 가능 여부에 관한 논변이 수세기를 끌고서도 결말을 내지 못한 사실이 이 문제의 난해성을 입증한다.[30]

리에 입각한 선악의 논의가 이와 같고 보면, 리와 동일시되는 성(性)의 시각에서 살피더라도 미결의 과제가 남는 것은 마찬가지이다. 앞서 언급하였듯이, 성선설계열의 유학자들은 본래 성의 유래를 상제천의 명에 근원 한다고 생각하였다. 그 상제의 성품인 천의(天意)가 만약 선할 뿐, 악하지 않다면 인간사회에서 발생하는 악을 설명하기가 곤란하다. 사실 정주성리학자들의 사유로는, 성은 태어나면서부터 자연히 또는 선험적으로 내재·본구한 리이다. 그들의 이 기본적 발상에 의거할 때 선악은 선험적으로 본구된 성 하나로 다 풀어야 한다. 그러나 그들은 그렇지 않다. 위에서 그들이 악의 원인을 리 아닌 기에 돌렸듯이, 성의 경우에도 그들은 같은 방법을 적용한다. 그 방법의 일환으로 그들은 우선 '본연의 성'과 '기질의 성'이라는 두 가지 성을 든다.[31] 본연의 성은 선하며 선의 본원인데 비하여, 기질의 성은 육체

---

28) 위와 같음.

29) 이는 朱熹의 〈中庸章句序〉 이후, 정주계 성리학자들의 일반적 견해임.

30) 민족과 사상 연구회 편, 《四端七情論》, 서광사, 1992 ; 한국사상사 연구회 편, 《인성물성론》, 한길사, 1994 참조.

로 인한 성인 까닭에, 근본적으로는 악하지 않더라도 때로 악으로 흐를 기질의 욕정을 일으키는 성이라고 그들은 생각한다. 즉, 기질의 성이 본연의 성의 온전한 구현을 가로막지 않을 때도 있지만, 가로막을 때가 있어 악한 현상이 발생한다는 것이다. 이것은 결국 리만은 선하지만 기의 작위가 당위의 절도에 맞게(中節) 되느냐 않느냐에 따라 선악이 발생한다는 이론과 맥을 같이 하는 것이다. 심하게 말하면 본연의 성만이 리이고 기질의 성은 성이 아니라는 이론까지 가능케 하는 사유이다. 그러한 가능성이 실제로 드러난 예로 대표적인 것이 18세기 조선 성리학자들이 몰두한 '인성물성(人性物性), 동이논변(同異論辨)'이다.[32]

이제까지 주로 리가 원리법칙의 뜻 외에 소이연의 의미까지 포괄함으로써 야기되는 문제를 살폈다. 그러나 기의 측면을 면밀히 살필 때도 문제는 허다하게 발견된다. 기는 운기(雲氣), 기식(氣息)을 비롯하여 기운(氣運), 기상(氣象) 등 매우 다의한 개념이지만, 가장 대표적인 의미는 음양(陰陽), 오행(五行)으로 집약된다. 그런 점에서 기를 음양오행에 국한하여 그것을 '현상 사물의 재료(원질)'라고 하더라도, 그것이 어떻게 생멸(生滅)하는지, 또 경중(輕重), 청탁(淸濁), 정조(精粗)의 특성이 있다고 할 때의 기준은 어느 정도의 무엇인지, 굴절(屈伸) 왕래(往來)의 운동은 어떻게 이루어지는지가 납득할 수 있도록 해명된 적이 없다. 더욱이 그러한 작용에서 영(靈)과 신(神)을 말하는데 그것들은 어떤 것이며, 기로 설명되는 귀신(鬼神)이나 정신(精神)과는 얼마나 어떻게 차별되는지가 더 큰 의문으로 다가온다. 기를 과연 물질이니 에너지라고 번역하는 것이 옳은지, 불분명한 점이

---

31) 이 발상은 인간이 '理와 氣의 合'이라는 사유에 근거한 것이다.

32) 리의 보편성에 주목하여 본연의 성을 주로 태극과 천명 등으로 파악하면서 인물성 상동을 주장하던 학자들은 오성(오상) 또한 심이라는 기 속에 본구된 선한 성이라는 점에서 인물성 상이를 주장하던 학자들에 대하여, 기질의 성을 본연의 성이라 한다고 비판하였던 것이다.

하나 둘이 아니다. 음양 자체가 무엇인지 명확히 밝힐 수 없음에 생각이 미치면 의문은 그치질 않는다. 기가 음양오행에 국한되지 않음까지 고려하면, 의문은 혼란의 정도에 이른다고 하여 과언이 아니다.

4. 성리학의 불합리성에 대한 재음미

이제까지 지적한 여러 문제들을 안고 있는 성리학의 사유를 우리는 어떻게 이해할 수 있을까? 위에서 부상된 문제들을 간추리면 그것은 다음과 같다. 첫째, 리가 원리법칙뿐만 아니라 특히 원인으로서의 '소이'(所以)까지 의미함으로써 리동(理動) 리발(理發)을 주장하여, 무작위하다는 리를 작위성이 있는 것으로 말하여 리와 기의 분별에 혼란을 가져온다. 둘째, 리와 기를 '불이 부잡'(不離 不雜)이라는 의미에서 '둘이면서 하나이고 하나이면서 둘이라'(二而一, 一而二)고 한 것이다. 셋째, 하나인 리를 성즉리(性卽理)라는 식으로 성과 동일시하였으면 성 또한 하나여야 할 터인데, 본연의 성과 기질의 성이라는 두 성을 말하고[33], 불선과 악의 원인은 기질 쪽에만 돌리고 있었다. 넷째, 기의 특성을 여러 가지로 말하여 그 정체를 어떻게 파악하여야 할지 모르게 하였던 것이다.

리와 기를 상정하는 발상의 출현은 생성·변화하는 세계와 불변하는 분야를 분별적으로 파악하는 사유가 작용한 것이다. 정주성리학은 생성·변화하는 세계를 기로, 불변하는 분야를 보편자인 리로 해석하는 철학이다. 상반되는 두 세계를 아울러 균형 있게 설명하려는 데 난제의 소지가 자리한다. 그 소지를 간취하고서 '기의 생성·변화'를 기 자체의 자력으로 이루어지고 리는 그 기 생성·변화의 질서, 조리(條理)에 불과하다는 것이 주기론(主氣論)이고, 그 생성·변화를 기에

---

33) 원래는 張載가 처음으로 天地之性과 氣質之性을 말하였음.

내재한 근본적인 원리가 원인으로 되어 이루어진다는 것이 주리론(主理論)이다.[34] 지금 문제로 지적된 것은 주리론에서 노정된 것이다.

여기서 한 가지 유념하여야 할 것은 주리론에서 리를 기 속에 실재하는 원리와 원인이라 한다고 하여, '리와 기'를 '체용'의 관계로는 결코 보지 않는다는 점이다.[35] 그럴 정도로 주리론자들도 주기론자들 못지않게 리와 다른 '기의 현존적 특성'을 별도로 인정한다.[36] 그럼에도 주리론을 채택하는 이유는 다른 데 있다고 보이지 않는다. 기의 생성에 질서와 조리가 발견된다고 전제하는 이상, 주리론자들은 그것들을 법칙과 원리로 간주함과 아울러 그 원리 자체를 질서 등의 원인으로 상정하기 때문이다. 이를테면 기의 생성·변화에서 질서와 조리를 발견하고서, 그 사실을 기초로 실재하는 원인으로서의 리를 역으로 상정하는 것이 주리론이다.

이렇게 이해하면, 이 사유의 형성 자체는 (天卽理라는 데서 확인할 수 있듯이,) 모든 것을 합리적으로 해독하려는 의지의 작용에 다름 아니다. 그것은 모든 것을 합리적으로 해독하고 해결하려는 의지를 바탕으로, 조리·질서·법칙·원리에 대한 관념의 개념화에서 보인 '개념 확장'의 일환에서 비롯되었다고 보아야 한다. 이러한 점에서 리 개념에 내포된 중층적 의미의 일원화도 근본에서는 합리적 사유 추구의 정신에 속한다고 할 수 있다.

둘째, "둘이면서 하나이고 하나이면서 둘이라"는 명제는 형식논리로 볼 때 분명히 양립 불가능한 이율배반의 모순된 논리다. 모순되는 논

---

34) 앞의 대표적인 학자가 張載, 徐敬德이고, 뒤의 대표적인 학자가 朱熹, 李滉임은 주지의 사실이다.

35) 이런 점에서 이들의 이론은 비록 현상과 본체를 구별하는 듯하기는 하지만 플라톤의 이데아론과 다르다.

36) 이기를 일단 분별하는 점은 오히려 아리스토텔레스의 철학과 비슷하다. 특히 리와 기의 의미가 피상적으로는 그의 form과 matter의 의미와 비슷하다는 점에서 그렇게 볼 수 있다. 그러나 이 용어들 역시 理氣와는 상당히 다름을 간과할 수 없다.

리를 구사한다는 점에서 이는 불합리한 사유다. 적어도 언표상으로는 그렇게 판단할 수 있다. 이이(李珥, 栗谷 1536~1584)가 이기의 관계를 가리켜 '리기의 묘(妙)'라고 한 것이[37] 바로 이 모순점을 간파한 끝에 나온 표현상의 궁여지책에 해당한다. 그렇지만 이와 관련하여 하나의 반문이 있을 수 있다. "둘이면서 하나이고 하나면서 둘이라"고 한다고 하여, 우리가 이 언구의 의미 내용을 모르는가 하는 반문이 그것이다. 이기의 '불이 부잡'의 관계를 숙지하고 있다면 이 표현형식에 구애되지 않을 것이다. 그렇게 생각하면 이 경우의 보다 근본적인 문제는 리와 기의 관계를 이렇게 표현하지 않을 수 없게 된 사유, 특히 리를 보편적 실재로 보는 사유 자체에 있다고 하여야 한다. 따라서 이와 관련된 문제의 열쇠는 리에 치중하던 발상 자체에서부터 찾아져야 한다.

리에 치중하여 형성한 정주의 주리론이 선악문제에서 불합리한 난관에 봉착한 것에 대하여서는 여러 측면에서의 이해가 가능할 것이다. 먼저 악의 설명에 정주성리학이 취약하였음에 주목하여 다음과 같은 생각을 한다. 정주 등 주리론자들은 '낙관적 세계관'(樂觀的 世界觀)의 소유자들이 아니었나 한다. 그러한 의식에서 그들은 기의 세계 특히 인간사회에서 질서, 조리, 원리 등에 무게 중심을 둔 나머지 무질서, 부조리 및 불선, 악의 측면을 소홀히 보지 않았을까 추측한다. 또 그러한 의식이 원천적으로 기의 측면을 소홀히 한 반면, 리 측면에 치중하면서 그 리를 선의 원리(소당연)인 동시에 선 자체라고 주장하고, 불선과 악의 원인을 기와 기질의 성에로만 돌리게 하였다고 생각된다.

리 자체의 동과 발을 말한 것이 리의 무작위라는 기본 규정에 어긋남은, 이미 위에서 약간 비쳤듯이, 정주성리학자들 안에서도 매우 예리하고 심도 깊은 논의를 변별적으로 진행할 만큼 숙지되었다.[38] 이

---

37) 《栗谷全書》, 권10, 17장 뒤, 〈答成浩原〉: "理氣之妙, 難見亦難說, 夫理之源一而已矣, 氣之源亦一而已矣, 氣流行而參差不齊, 理亦流行而參差不齊, 氣不離理, 理不離氣, 夫如是則理氣一也".

38) 四端에 대한 理發의 해석을 둘러싸고 이황과 기대승, 이이와 성혼과의 사이에

모순 여부는 주희 이후의 성리학자들도 이미 중요하게 취급하기를 그칠 줄 모르던 문제였다. 비록 '천명'(天命)에 해당하는 명제를 "리명물이 불명어물(理命物而不命於物)"이라고[39] 하였던 가치론적 상징용법은 별로 문제 삼지 않았지만, '리의 동과 발'이라는 표현은 심한 논란의 대상이었다. 특히 이황 같은 학자가 '리에 체용관을 적용'하고, 마침내 '리기호발설'(理氣互發說)을 안출하였음도 극심한 논란에 말미암은 것이다. 흥미로운 점은 그 체용관의 적용이 문제를 완전히 불식하지 못하였음을 그 자신도 깨달았던 것 같은 징후다. 이 논변의 말미에서 그가 제시한 '체용일원'(體用一源)이라는 언구가[40] 그 점을 확인할 수 있는 증거이다. 체와 용이 근원에서 같은 하나라는 선언에서 우리는 정주성리학자들이 행한 합리적 타당화의 한 종말을 감지하게 된다. 비록 그렇더라도, 우리는 여기에 이르도록 그들이 타당화의 노력을 치열하게 기울인 사실만은 그들의 합리성 추구정신의 좋은 증거로 높이 평가하여야 할 것이다.

끝으로 지적한 기에 대한 애매함을 살피자. 앞서 열거한 대로 '기에 대한 애매함'은 특히 기의 특성을 매우 다양하다고 한데서 비롯되었다. 그 특성으로 볼 때, 기는 인간과 물체를 이루는 소재 또는 원질로, 생명력을 비롯한 모든 힘의 원천으로, 해독될 수 있는 것이다. 그러한 해독에서 가장 문제가 될 만한 것은 감각이 가능한 현상 물체로부터 감각을 초월한 부분의 정신까지 포괄한다는 특성이다. 물체의 생성, 변화가 음양의 기로 이루어진다는 이론과 함께 내놓는 정신, 귀신마저 음과 양의 기라고 하는 이론이 그러한 것이다. 물체와 정신을 각

서 논변이 수세기 동안이나 계속된 것이 이것을 입증한다.

39) 이 경우는 그 앞에 '極尊無對'한 것이 리라고 한 것으로 보아, 리의 所當然의 측면을 크게 고려한 발언이라 할 수 있다. 그렇지만 그 극존무대는 원천적으로 天이 소유하였던 힘을 바탕으로 한 권위를 나타냄으로, 리에 있어서도 所以然의 측면까지 아울러 고려해야 할 것이다.

40) 《退溪全書》, 〈心無體用辨〉, (大東文化研究院, 1958, 917~919쪽 참조).

기 연장과 사유라는 속성으로 뒷받침하여 완전히 이질적인 것으로 믿어 온 근세 서구철학을 기준으로 삼는 사람일수록 정주성리학의 기 사유에 대해 애매 모호하다는 비평을 던질 만하겠다. 그러나 현대 과학에서도 에너지론에 기초하여 정신과 물체의 구분이 불가능함을 토로하는 사실을 감안하지 않더라도, 정주학의 기론이 지닌 불분명성을 비판만 할 확실한 근거는 없을 것이다. 그것은 형이상학의 요청성에 따라 마련된 그것대로의 가치를 지녔기 때문이다.

5. 성리학적 불합리성의 특성

정주학이 모든 것을 리와 기로 해명하려 하면서도 리에 더 비중을 두는 경향부터가 합리적인 사유 구사의 증거다. 기에 대한 애매성을 노정하는 한편, 리에 대한 의미의 중첩성으로 해서 전체 이론에서 몇 가지 불합리한 문제점을 내포하고 있음은 그 합리추구가 보인 한계였다. 정주성리학자들도 그것을 자각하고 합리적인 명제와 체계가 될 수 있는 노력을 아끼지 않았지만 성공을 거두지는 못하였다.[41] 심지어 논자 나름으로 그것들을 호의적이고 긍정적인 이해를 도모하여 보기도 하였지만, 문제 자체는 여전히 미결의 상태로 남아 있음을 부정할 수 없다. 특히 모순되어 양립할 수 없는 불합리성이 잔존하고, 그것도 성

41) 전체 이론의 문제 중에 대표적인 것은 '理氣의 관계'에 대한 규정적 설명이다. 리와 기의 관계를 상호 不離 不雜이라고 하여 "둘이면서 하나이고 하나이면서 둘이라"고 한 이율배반의 모순 논리가 곧 그것이다. 리의 실재를 전제로 그 所以의 기능을 動, 發 등으로 주장한 것도 理氣 본래의 작위성 여부에 대한 규정에 어긋나는 예이다. 리의 체용이 가능하다고 논하던 이황이 그 논의를 끝내기 위하여, 일찍이 程頤가 《易傳》에서 표명한 사유를 상기케 하는 "體用一源"을 말한 것 역시 리의 작위성 합리화에 성공하지 못한 예이다. 이러한 사례는 결국 정주학이 애매성 못지않게 불합리한 모순된 이론과 사유를 함유하고 있음을 알리는 증거들이다.

리철학의 중핵을 이루는 개념과 명제가 그러한 이상, 정주성리학은 '납득할 수 없고', '불가사의'하다는 평을 완전히 피할 수는 없다. 불가사의하다는 뜻을 좋게 표현한 '신비롭다'는 평이 나오는 사실도 같은 맥락에서 이해된다.

원초유학이래 정주성리학에는 합리적으로 다 설명할 수 없는 점이 있다는, 일종의 합리적 사유의 유한성에 대한 각성은 매우 일찍부터 있었다. '신'(神)의 개념이 바로 그 점을 입증하는 좋은 예이다. 일찍이 《주역》에서는 "기인 음양 작용의 예측할 수 없는 점을 신이라"고[42] 하였다. 이후 성리학자인 장재(張載)도 신을 '기의 공능'(功能)으로 보았다.[43] 기의 세계는 고정된 것이 아니고 항상 끊임없이 변하는데, 그 생성·변화에 대해서는 언어로 충분히 설명할 수 없는 미묘한 동인(動因)으로 해서 이루어진다는 뜻으로 그는 신을 인정하였다. 기세계의 생성·변화하는 미묘한 동인을 '신'이라 하였던 것이다. 주희나 이황은 이러한 신 관념을 일단 계승한다. 그렇지만 이들은 태극 같은 궁극의 근원적 리를 상정하였던 까닭에, (정신의 신을 음양의 기 자체로 해석하는 것과 달리), 신을 "기를 탄 리"라고도[44] 하였다.

이와 같은 사실은 정주성리학자들이 모든 것을 어디까지나 언어로 표현할 수 있는 범위에서는 합리적으로 이해하던 끝에 그 한계가 있음을 깨닫고 부득이 모순되는 이론마저 동원하였음을 암시한다. 모든 것이 합리적으로만 해석되지 않는다는 것, 합리적인 사유의 적용만으로는 해명되지 않는 분야가 있다는 것을 깨닫고 일종의 '초합리의 논법'을 구사하였다고 볼 수 있다. 따라서 모순 없이 정합성을 갖춘 이론의 전개에 몰두한 데서 그들의 합리적 정신이 발견되고, 그 합리적인 한계를 깨닫고 모순된 이론일지라도 내놓은 데서 약간이나마 일종의 '신비주의적인 색채'가 드러난다고 하겠다. 그러나 미약하게나마 신비주

42) 《周易》, 〈繫辭〉 上, 5장 : "陰陽不測之謂神."

43) 《正蒙》, 〈太和〉 : "鬼神者, 二氣之良能也."

44) 《退溪全書》 上, 689쪽 : "是理乘氣出入之神".

의적 색채가 있다고 하여, 그 철학 전체에 대한 독해가 결코 불가능하다고 할 수는 없다. 리의 이해에서 중층적 구조의 형성 배경을 알면, 비록 그것이 논리상 모순이더라도, 그 내용의 독해는 상당히 가능할 것이다. 리와 기의 관계를 이율배반의 형식으로 나타낼지라도, 불이부잡의 내용을 알면 그 논리형식을 극복하고 의미 내용을 깨달을 수 있을 것임도 이미 지적한 예이다. 그러한 해독의 가능성이 높을 때 정주성리학은 약점과 함께 강점도 충분히 인정받게 될 것이다.

철학 자체가 어디까지나 원리적인 탐구를 하는 학문임을 고려하면, 동양철학에서 정주성리학 같은 것을 가지게 된 것은 큰 다행이라고 생각된다. 과거의 그 철학이 오늘날 액면 그대로 계승될 수 없다고 하더라도, 그 유산으로서 남겨진 사색의 자취는 우리에게 시사하는 점이 많기 때문이다. 기의 정체성을 한마디로 간취하기 어려울 만큼 그 특성을 많이 제시하였음은 그것을 오늘의 지능과 지성이 선별적으로 또는 종합적으로 계발할 길을 열어 논 상태라고 이해할 수 있다. 리에 대하여서도 이황 같은 학자가 소이연, 소당연, 자연(自然), 필연(必然), 능연(能然), 미연(未然), 이연(已然) 등을 상세히 교시한 것[45] 역시 오늘날 원리 추구에 의한 합리적 사유를 정치하게 진척시키는 데 정확성을 기하게 하는 자료로 이용할 가치를 지니는 것임에 틀림없다.

---

45) 윤사순, 〈退溪 天概念의 多樣性에 대한 검토〉, 《21世紀에 있어서 儒學·退溪學의 位相과 役割》, 제 16회 퇴계학 국제학술회의 논문집, 국제퇴계학회, 2000. 6. 15~19.

6

유학의 공생적 인도정신의 함의

제 10 장

'성'으로 이루는 유학의 이상, 성기성물

1. 유학의 이상

널리 알려졌듯이, 유학에는 그 학문목표와 같은 이상이 몇 가지 있다. 그 가운데서 최고의 이상은 '박시제중'(博施濟衆)일 것이다. 이 경지는 요순(堯舜)도 충분히 실현하지 못한다는 공자(孔子)의 지적대로,[1] 역사상 실제로 충분히 구현되지 못하였던 까닭에, 더욱 이상의 성격을 강하게 지닌다.

무엇을 박시하여 중생을 구제하는가? 이 점이 밝혀져야 이 이상의 내용이 명확하여질 것이다. 요순의 치세로 짐작되듯이, 무엇보다도 중생의 '경제조건'을 윤택하게 하여 그들의 빈곤을 면하게 함이 그 내용으로 우선 꼽힐 듯 하다. 그리고 관념상으로는 요순의 무위지치(無爲之治)로 상징되는 '덕치'(德治)가 모든 민인의 생활고를 없게 하는 효과를 초래함이 이 이상의 의미내용이라고 할 수 있다.

이런 맥락에서 공자의 철학으로는 박시의 내용을 애민으로 실현되는 '인(仁)의 정신'이라고 할 것이다. 그에 있어 덕치는 곧 인치(仁治)

1) 《論語》, 〈雍也篇〉.

이기 때문이다. 그러나 공자 자신이 박시제중을 할 능력의 소유자가 아님을 강조한 점으로 추측하면, 인의 정신만으로는 중생구제의 결과에 이르지 못함을 그도 깨달았다고 보아야 한다. 이에 공자는 '수기(修己) 안인(安人)'을 박시제중보다는 좀더 실현가능한 이상으로 제시하였을 것이다.[2)]

유학은 박시제중을 이상으로 여기는 데서 학문을 초월한 세계의 유력한 종교대열에 들게 되고, 수기안인을 이상으로 제시한 데서 막연한 종교적 설화의 성격을 배제하고 구체적인 도덕과 정치 등의 실질적 이론을 제시하는 학문으로 존립한다. 《예기》에 나오는 '대동사회'(大同社會)[3)]는 치자와 피치자 가릴 것 없이 다함께 그 수기안인을 이상적으로 익혀 실천한 공효로서 그려진 사회라 할 수 있다. 《대학》에 나오는 '명명덕(明明德) 친민(親民)'의 이상도 그 의미는 결국 수기 안인에 해당함을 보면, 유학에서 차지하는 수기 안인의 비중이 어느 정도인지 잘 짐작된다.

유학의 이상지향의 사유는 《중용》에 이르면 좀 더 다른 형식으로 언표 된다. 이른바 '성기성물'로 표현된 이상이 곧 그것이다. 이것은 원초적으로 '자아의 성립'과 '타자의 성립'을 아울러 의미한다. 따라서 이것은 수기안인과 밀접한 관련을 가지지만, 그것과도 상당히 변별되는 유학의 이상이다.

수기는 자아의 성취방법에 관한 것이고, 안인은 자주 치인(治人)으로 대용되는 것처럼 이미 존립하는 타인들을 정치 등의 방법으로 평안하게 하는 것이다. 그러므로 이것들은 각각 성기성물과 유사하기는 하지만, 성기성물은 수기의 과정이라든가 타인에 대한 평안에 한정되지 않은 채로 '자타의 궁극적 이상경지'를 지적하는 데에 그 특징이 있다. 이 점이 성기성물의 유의해야 할 점이다. 이 논고는 바로 이런 점에

---

2) 앞의 책, 〈憲問篇〉.

3) 《禮記》, 〈禮運篇〉.

유의하여 그 의미를 현대적 시각에서 새롭게 음미하려는 것이다.

2. 《중용》의 성(誠) 사상

성기성물의 사유가 《중용》에서 나온 것이므로, 그에 대한 올바른 이해를 도모하기 위하여서는 이 책에 담긴 '연관사유'들을 일별하여야 겠다. 그 연관 사유의 고찰에서는 이 책의 성립 같은 서지적 고구가 선행되어야 더 확실한 방법이 될 수 있다.

다 아는 대로 《중용》의 저자는 예로부터 자사(子思)로 알려졌다. 하지만 그 책 내용의 일부가 그의 사상일 가능성은 배제할 수 없지만, 책 전체를 자사 한 사람의 저서로 볼 수는 없다. 그 이유는 《중용》의 체계가 '천'(天)을 궁극적인 것으로 상정한 것과 '성'(誠)을 궁극적인 원리(天道)로 상정한 예에서 보듯이, 한 체계로 되어 있지 않은 데 근거한다. 학계의 일각에서 이 책을 자사계통 사상가들이 이룬 저작의 합성이라고 내리는 고증에 동의한다.

이 책의 저작 연대를 전국시대 이후로 판단하여야 거기에 담긴 사상들의 발전상, 특히 맹자사상보다 일보 진전한 발전상이 이해될 수 있다. 예를 들면, 본성의 유래를 설명한 것(天命之謂性)이라든가, 도덕과 본성의 관계를 언급한 것(率性之謂道), 그리고 진심(盡心)·지성(知性)보다 한 걸음 나아간 '진성'(盡性)을 서술한 것과 그 진성의 방법으로 '성'(誠)을 지극히 역설한 것 등이 다 맹자사상보다 더 발전한 사상에 드는 구체적 사유다.

맹자가 "하늘은 말이 없다(天不言)"는 구실을 내세워 상제의 뜻(天心)을 민중의 뜻(民心)으로 환원한 사유도 인격신인 상제·천의 부정이지만, 그 상제인 천을 마음속에 내재하는 성(性) 또는 천명(天命)으로 상정한 《중용》의 천관은 보다 더 인격적인 상제 천을 부정한 사유임에 틀림없다. 성기성물의 사유 배경에는 이 같은 '인격신의 부정'이 있었음도 주목할 만한 사상경향이다.

《중용》이 《맹자》보다 뒤에 서술되었음은 이 책이 공자사상의 영향에 이어, 맹자사상의 영향도 받았을 개연성이 농후한 것임을 시사한다. 더욱이 앞에 든 《중용》 사유의 예들은 바로 맹자의 성선설을 전제로 존심양성(存心養性)을 논한 것과 같은 문제의식에서 나왔으면서도 그것을 발전시킨 사유라는 점에서 그 개연성을 한층 더 높이는 증거이다. 특히 《중용》의 '진성'(盡性)은 맹자의 '성의 형성'에 관한 '양성'(養性)의 사유나 '성의 인식'인 '지성'(知性)과 달리, 그 성의 '실현'을 표출한 사유인 점에서, 성론의 발전상을 보이는 대표적 예이다. 따라서 《중용》이 전국시대 이후 진한시대에 출현한 서적이라는 학계의 고증을 논자는 받아들인다.

성기성물과 관련된 사상으로서 이러한 것들보다 더 깊이, 그리고 직접적으로 관련된 사상이 있다. 그것은 곧 《중용》의 중핵위치에 있는 '성'(誠) 사상이다. 성기성물이 언급된 맥락 자체가 성(誠)을 논하던 문맥에 있었다. 그것은 "성(誠)이란 스스로 성기(成己)할 뿐만 아니라, 성물(成物)하게 하는 것이다. 성기는 인(仁)과 관련되고, 성물은 지(知)와 관련된다."[4]라는 문장 가운데서 언급되었다. 그러므로 성사상이 어떤 것인지 먼저 밝혀져야 이 내용도 충분히 이해될 수 있다.

《중용》에서 '성'(誠)은 매우 복잡하게 논급된다. 그것을 구체적으로 예시하면 다음과 같다. "성(誠) 자체는 천도이고, 성하는 태도는 인도이다. … 성인(聖人)의 경우, 성(誠)하는 태도는 선(善)을 택하여 그것을 굳게 지키는 것이다."[5], "성(誠)은 사물의 시종이라서 성하지 않으면(不誠) 사물도 없다(無物). 그런 까닭에 군자는 성하는 태도를 귀히 여긴다."[6], "오직 천하의 지극한 성(誠)이라야 자신의 (性)을

---

4) 《中庸》, 25장 : "誠者非自成己而已也, 所以成物也. 成己仁也, 成物知也".

5) 앞의 책, 20장 : "誠者天之道也, 誠之者人之道也. … 聖人也, 誠之者擇善而固執之者也.".

6) 앞의 책, 25장 : "誠者物之終始, 不誠無物. 是故君子誠之爲貴.".

다할 수 있고, 자신의 성을 다 할 수 있으면 타인의 성(性)을 다 할 수 있으며, 타인의 성을 다 할 수 있으면, 타물의 성(性)을 다 할 수 있으며, 타물의 성을 다 할 수 있으면 천지(자연)의 화육을 도울 수 있고, 천지의 화육을 도울 수 있으면, 천지와 함께 셋이 병립할 수 있다."[7] 고 한 언구 등이 그 대표적인 것이다. 이 언구들은 성(誠)의 '특성'과 그 '효능'을 주로 나타낸 내용으로 정리된다.

성(誠)의 의미가 어떤 것이기에 이렇게 말하여지는가? 이것들의 이해를 위하여 무엇보다도 먼저 그 의미부터 상고하자. 그 기본의미는 '정성'(精誠) 또는 '성실'(誠實)과 '진실'(眞實)이다. 그런 까닭에 그 복합적 의미는 "성실하고 진실하여 거짓됨이 없음"이다. 정주(程朱)가 이것을 '진실무망'(眞實無妄)이라 한 것은[8] 이런 점에서 타당한 해석이다. 성실 또는 진실하여 '거짓됨이 없음'이란 결국 행위에 관한 평가라는 점에서 윤리적 원리의 성향을 나타낸 것이다.

이런 의미를 고려하면서 이제 그 '특성' 부분을 음미하자. 성을 천도와 인도의 관계로 논한 것은 자연의 원리인 천도가 곧 인간의 '본받아야 할 원리'라는 일종의 천인합일(天人合一) 사상에서 낸 이론이다. 이는 《주역》에서 천도를 '원형리정'(元亨利貞)이라는 사실적 원리로 파악한 것을[9] 윤리적 가치원리인 성(誠)으로 바꾼 사유이기도 하다. 다시 말해, 천도를 성이라고 한 것은 자연법칙의 일정불변성을 인간의 성실성에 의탁하여 윤리의 원리로 나타낸 사유이다. 《중용》의 성론(誠論)은 이렇게 인간의 행동은 물론, 우주·자연까지 주체적 윤리의 시각에서 포괄적으로 사유한 데에 그 독특한 특징이 있다. 이로써 성론이 수양론의 성격을 일단 지녔지만, 수양론에서 그치지 않는 이론임

---

7) 앞의 책, 22장 : "唯天下至誠 爲能盡其性, 能盡其性, 則能盡人之性, 能盡人之性, 則能盡物之性, 能盡物之性, 則可以贊天地之化育, 可以贊天地之化育, 則可以與天地參矣.".

8) 《中庸章句》, 제 20장.

9) 《周易》, 乾卦.

이 드러난다.

다음, 성의 '효능' 부분을 음미하자. "성(誠)하지 않으면, 사물도 없다"는 언구는 일종의 인식에 관련된 발언이라고 보인다. 그런 점에서 이것은 사물을 인식하는데 있어 기본적 요건이라는 해석이 성립한다.

이와 아울러 "오직 천하의 지극한 성(誠)이라야 자신의 성(性)을 다하게 되고, 그것은 또 타인의 성과 물성을 다하게 되고, 더 나아가 천지의 화육을 돕게 되고, 마침내 나와 천지의 병존이 완전히 이루어진다."는 것은 그 효능의 극대화를 삼재론(三才論) 형식으로 표현한 어구다. 이는 성의 궁극의 효능이 인간인 내가 천으로도 표현되는 자연과 완전히 합일하는 경지임을 가리킨다. 성의 효능은 이 경지에서 그 절정을 이룬다는 것을 《중용》의 저자는 이렇게 구체적으로 서술하였다. '성(誠)에 의한 천인합일'을 논한 데 《중용》의 특징이 있다.

3. 성사상에 기초한 성기성물

성기성물의 '기'(己)와 '물'(物)은 무엇을 가리키는지 생각하여야겠다. 기(己)는 물론 인간인 '나 자신, 곧 자아'를 가리킨다. 물은 원래 인간을 비롯하여 사물일반을 가리킨다. 그런 점에서 이것은 '타인과 타물'을 총칭한 것이다. 따라서 성기란 곧 자아를 이룸(成立)이고, 성물은 타인과 타물을 이룸이다.

하지만 아직 '이룬다'는 이른바 '성'(成)의 의미가 확실하지 않다. 이에 먼저 "성(誠)하지 않으면, 사물도 없다"는 명제를 상기하자. 이 명제를 상기하면, 앞서 이미 밝힌 대로 성(誠)은 기본적으로 사물에 대한 인식능력을 바르게 하는 요건으로 사용되는 용어다. 사실 성(誠) 개념의 기본의미 가운데는 '진실'이 있었다. 인식의 측면은 곧 성이 지닌 진실성과 연관된 측면이라 할 수 있다.

이런 의미에서 판단하면, 이룬다는 '성'(成)은 안으로는 바른 자아의식 내지 자기자각을 가지게 하는 것이고, 밖으로는 타인과 타물에 대한 바른 인식을 가능케 함이라 하겠다. 원전인 《중용》에서 "성물의 경우 지(知)와 관련된다."고 한 것은 이러한 사유를 밝힌 것이라 하겠다.

그러나 성(誠)의 본래적 의미는 진실 외에도 정성 또는 성실을 지칭하는 것이 아니었던가? 이런 의미라면 성(成)도 반드시 인식차원에서 사용됨에 그친다고 할 수 없지 않겠나? 《중용》에서도 '성기'의 경우는 지가 아닌 '인'(仁)과 관련된다고 하였다. 따라서 성기성물을 인식차원에서만 논의되는 것으로 이해하여서는 아니 될 것 같다.

인식차원을 벗어난 경우를 이해하기 위해, 성(誠)에 대한 해명을 더 하기로 한다. 이제 이 개념에는 정성을 다하는 '성실'의 의미가 있었음을 상기해야 하겠다. 성(誠)의 이런 측면의 용법은 《대학》의 '성의'(誠意)에 그 실마리가 있다고 보아야 할 것이다. 성의는 단순히 의식을 참되게 할 뿐만 아니라, 의념(意念)을 순수하게 함이다. 이것은 의식의 원초적 지향이라 할 의념을 불순하지 않도록, 이른바 사념(邪念)이 끼어들지 않도록 함이다.

이때 의념의 순수를 거론하는 이면에는 나의 행동이 이루어지는 남과의 관계가 있기 때문이다. 그 남과의 관계를 중요시하여 관계에 대한 대응설을 안출하는 데 진력한 유가의 사상가가 바로 공자였다. 그는 '애인'(愛人)의 뜻을 담은 '인'(仁)을[10] 제시하면서, 그 인의 구체적 실현방법을 "자신의 마음을 미루어 남을 호의로 대하는 것" 곧 "서(恕)의 방법"이라고 하였다.[11] 풀어 말해, 나와 남의 관계를 융화롭게 하는 열쇠는 다름 아닌 남에 대한 나의 호의적 배려(配慮)라고 생각한 것이 곧 공자의 사유이었다. "성기가 인과 관련된다"함은 바로 이 점을 고려한 발언이라 할 수 있다.

---

10) 《論語》, 〈顔淵篇〉.

11) 앞의 책, 〈雍也篇〉 및 〈衛靈公篇〉.

따라서 '성기'는 원천적으로 타인에 대한 호의적인 배려를 할 수 있도록 의념에 사특함이 끼어들지 않게 하는 마음가짐을 선행적 요건으로 한다. 이런 의미에서, 성기는 자신의 생물적 자아를 인식하는 차원을 넘어선다. 이것은 그러한 인식을 넘어, 나 자신을 '하나의 인격체'로 만드는 것, 곧 자신을 새로운 '도덕적 자아'로 만드는 것이다. 이는 곧 자신의 인간됨을 질적으로 격상시킴이다. 성(誠)을 기초로 한 성기의 진정한 의미가 바로 이러한 데에 있다.

내가 인격체로 된 상태에서 타인을 대할 때, 나는 그 상대하는 타인을 인격체로 대하게 마련이다. 그리하여 나는 타인에게 '인격의 감화'를 주게 된다. 이런 감화는 특히 성기의 단계에서부터 익힌 나의 '애인하는 정(情)'인 호의적인 배려(配慮)가 충분히 베풀어져야 효과를 더 많이 거두게 될 것임은 물론이다. 이는 성기가 결국 사회적으로 타인들과 공존 이상의 '화해로운 공생(共生)'을 초래하게 됨을 시사한다. 여기서 성기에 의한 영향으로서 성물이 마침내 시작된다.

지금 시작이라는 어휘를 구사한 까닭은 성물의 '물'이 타인 외에 타물도 포함하여, 그 '타물에 대한 것'이 더 있기 때문이다. 성(誠)을 기초로 타물을 대하게 되면, 타물을 함부로 무의미하게 대하지 않고, 유의미하게, 또는 적어도 그 유의미성을 찾아 대하게 된다. 그 유의미성은 물론 '나와 관련된 가치'에 해당한다.

타물이 나에게 유의미한 것으로 되는 관계는 공자 맹자가 역설한 '인성(仁性)의 확충'에 의하여 이루어진다. '인'은 본디 인간을 사랑(愛人)하는 본성이지만 그것을 확충할 때는 '타물까지 사랑하는'(愛物) 마음씨로 된다는[12] 것이다. 따라서 성의로 성기하는 단계에서 익힌 인성의 확충은 곧 자연인 타물들을 사랑하는 단계로 진척되기에 이른다. (이 점은 송대의 정호와 주희에 이르러 더 본격적으로 논의되었지만[13] 여

---

12) 《孟子》, 盡心, 〈上篇〉.

13) 程顥는 仁을 '生意'로 파악하고, 朱熹는 仁을 '生物之性'으로 파악하여, 仁의 擴充이 곧 내가 萬物과 一體로 됨(物我一體)을 역설하였다.

기서는 그들의 이론까지 원용할 필요는 없을 것이다.)

이렇게 되면 그 결과는 인간이 타물인 '자연의 화육'을 돕(贊)는 길이 열린다. 이는 자연친화로써 인간이 자연환경과도 '조화로운 공생'에 성공함을 시사한다. 성물의 경지는 여기까지 이르는 것이고, 이것이 성물의 궁극적 경지에 해당한다. 타인과 타물은 이렇게 나와 조화롭게 공생하게 되는 데서 그 유의미한 가치가 실현되는 것이다.

정리하면, 성기성물은 자신을 도덕적인 인격체로 행위하게 하여, 화해로운 사회를 조성하고 자연과도 조화를 이루는 경지다. 이 경지에까지 이르러야 그 가치가 충분히 실현되는 유학의 이상이 바로 성기성물이다.

4. 성기성물의 현대적 함의

성기성물의 표현은 매우 단조롭지만 알아보면, 그 내용은 이렇게 유학의 다른 이상들보다도 매우 독특하다. 이것은 특히 타인과 타물인 타자와 자아의 상호관계를 원만히 하려는 것인 점에 유학의 다른 이상들과 변별되는 독자적 특징이 있다. "박시제중"이나 "수기안인"(명명덕친민) 등은 비록 때와 장소를 가릴 것 없이 적용될 보편적인 이상임에 틀림없지만, 자아와 타인들만으로 된 사회관계를 범위로 정한 데 그 한계가 있다. 이것들에 비하여 성기성물은 타인뿐 아니라 타물인 자연까지 고려함으로써 사회의 한계를 넘어 우주범위로 그 대상의 영역을 넓힌 이상이다.

흔히 천지로 표현되는 자연이 인간의 생존과 생활을 가능케 하는데 필요 불가결한 환경임을 감안하면, 이것을 도외시하고서 이상적인 생활을 그릴 수 없음은 자명하다. 자연환경을 도외시한다는 것은 마치 '생명의 근원과 그 유지' 등에 대한 각성의 결여와 마찬가지다. 따라서 이것을 간과하고 이상적인 생활을 도모함은 근원적 사려 없이 그 지엽적인 사려에만 집착함과 같다. 따라서 성기성물의 사유는 사회와 자연환경을 두루 고려한 범위의 이상적 생활을 도모하는 데 그 가치를 인정받게 된다. 인간에 대한 천지의 중요성을, 비록 유학에서 고대부터 삼재사상 형식으로 깨달아왔고 그 전통사상을 《중용》에서 계승함으로써 표출된 사유라 하더라도, 그 전통사상이 특히 '성(誠)과의 관련'에서 '성기성물의 형식'으로 새롭게 논의된 것은 독자적 사상으로 인정받을 만 한 점이다.

원래 성(誠)의 자의가 '진'(眞)과 통하는 점을 상기하면, 성을 천도로 상정한 데는 이 진의 의미가 이용되었다고 할 수 있다. '진실'은 천도의 본질과 같은 성향이기 때문이다. 이는 실사(實事)를 실사로 다루는 태도와도 무관치 않다. 그런데 "실사에서 구시(求是)"하듯이, 그 진실을 인간세계에 진실로 인지시키고 '진실답게' 이용하는 것은 진실 자체가 아닌 인간의 일이다. 그 일은 '성실의 태도'가 없이는 되지 않는다. 진실을 진실로 인정하고 진실답게 이용하는 데 필요한 것이 곧 거짓(虛僞)을 범하지 않는 성실한 태도다. 《中庸》에서 '성하려는 것', 곧 '성지'(誠之)를 인도라고 한 이유가 바로 이러한 점에 있다. 성기성물의 사유에서는 근본적으로 이와 같이 '성'이 지닌 진실과 성실의 두 복합적인 의미가 이용되었던 것이다.

이러한 점들을 검토하고 보면, 성기성물은 그 이전의 소박한 삼재사상에서 찾아지는 천인합일과 결코 같지 않음을 깨닫게 된다. 이는 성실한 태도에 의거하여 진실한 천도를 본받아, 그 천도의 진실을 내 것으로 자기화한 점에 그 독자성이 있는 사상이다. 여기에 인의 애인 및 애물의 정감까지 동원됨으로써 성(誠)을 바탕으로 한 성기성물은 '물아(物我)가 실제적으로 동화'하는 경지까지 이른다는 의미를 함유하게 되었다.

인격을 기본으로 한 도덕을 논하면서 생명과 자연환경을 경시하기 쉽고, 생명과 자연환경을 중요시하다가 도덕을 간과하기 쉬운 것은 새삼스러운 현상이 아니다. 오늘날에도 '사회윤리'에 치중하다보면 '생태적 환경윤리'에 소홀하고, 생태적 환경윤리에 진력하다보면 사회윤리를 등한히 하는 경향이 흔하다. 이 둘을 겸전하는 일이야말로 현대가 당면한 과제이다. 문제를 이렇게 상정하면, 유학의 이상인 성기성물은 이 두 가지의 겸전이 고려되었다는 점에서 현대에도 함축된 의미를 지닌 사상으로 다가옴을 깨닫게 된다.

성기성물의 이상은 특히 성의와 인성에 의한 인격형성을 바탕으로 사회윤리와 생태적 환경윤리의 목적을 동시에 해결하고자 하는 내용에 해당할 '인-인(人人) 및 인-물(人物) 동화(同和)의 특성(特性)'을 지닌 것이다. 바로 이런 점으로 해서 이 이상은 현대에도 그 가치가 인정될 사상임에 틀림없다.[14] 다시 말하여, 인-인 및 인-물 동화의 특성을 사려 깊게 성찰하면서 그 내실을 다짐에 따라 현대적인 가치가 새롭게 부각될 수 있는 사상이 곧 《중용》의 독특한 성(誠) 개념과 연계된 성기성물인 것이다.

---

14) 丁大鉉교수가 이것을 多元主義時代에 유효하게 利用할 價値로 생각하는 것도 일리 있는 착상이라 하겠다(《다원주의 시대와 대안적 가치》, 정대현, 이화대 출판부, 2006. 2).

제11장
신실학적 신 이념의 모색

1. 유학의 실학전통과 오늘의 과제

유학이 본래부터 '현세·현실치중의식'이 높은 사상임은 다시 말할 나위 없다. 그 점은 특히 공자(孔子)가 제자들에게 "일상적인 아래 것을 배운(下學) 다음 위의 문제에 도달(上達)하도록" 가르치면서, "죽음이나 귀신에 대한 물음을 회피한" 사실로도 극명하다. 현세와 현실에 치중하는 유학의 의식은 자연히 신(神) 본위라든가 자연에 은둔·동화하는 생활에 철저하기보다 인간 중심의 인본(人本)·인문(人文)적 생활에 철저하게 되었다. 그러한 의식은 나아가 유학에 '실제성을 강하게 추구'하는 경향을 띠게 작용하였다. 현실적인 실제성을 강하게 추구하는 이 경향이 바로 유학이 지닌 이른바 '실학(實學)의 특성'이다.

역사의 시각으로 보아도, 유학의 흐름은 곧 '실학의 흐름'이었다고 하여도 지나친 말이 아니다. 공맹(孔孟)사상을 비롯한 원초유학이 인의(仁義)를 바탕으로 효(孝)와 충(忠)에 의하여 '수신(修身)·제가(齊家)·치국(治國)·평천하(平天下)를 상론한 것 자체가 실제성 추구의 소산이다. 한당(漢唐)의 유학이 〔진(秦) 때의 경전멸실로 인한〕 훈고(訓詁)의 특징을 지니게 되었지만, 다른 한편 관학화(官學化)라는 이름의 '통치원리'로 이용된 사실 또한 현실적 실제성의 인정이고, 그러한 기능을 발휘하도록 한 조치에 다름 아니다. 송명(宋明)의 성리학(性理學)은 노불(老佛)의 은둔과 출세간적 특징을 극복의 대상인 공(空)·허(虛)의 약점으로 간주하고 이루어진 끝에, 스스로 '실학임을 명백히 자칭'하였으므로 더 말할 필요가 없다. 청대(淸代)의 실학은 이러한 성리학마저 경세제민(經世濟民)의 능력이 약하고 비실제적임을 지적하면서 그러한 측면들에 대한 보강책의 강구로 한대의 훈고 고증을 본보기로 하면서 '경세치용'(經世致用)을 역설하면서 이루어졌다. 그런 만큼, 그것 역시 실증성과 실제성 추구의식 강화의 결과임에 틀림없다.

이러한 유학의 전통적 실학정신이 한국에서도 삼국시대 이래 조선조 말에 이르기까지 그대로 적용되었다. 어느 대에는 중국에서보다도 그 특성이 더 적극적으로 추구되었음을 볼 수 있다. 조선 성리학과 후기 실학의 경우가 바로 그러하다.

유학의 전통적 특성이 이와 같음을 고려할 때, 오늘의 유학이 그 실학적 특성을 지향하는 것은 조금도 이상한 일이 아니다. 오히려 그것은 당연하다고 판단하여야 할 일이다. 유학의 정신에 정통한 유학자라면, 오늘의 유학 또한 이 시대의 '새로운 실학'(新實學)으로 그 사상적 역할을 다하지 않으면 아니 된다는 데에 동의할 것이다.

오늘의 유학을 (실제성 추구의 정신으로) 실학이 되게 하기 위한 시각에서, 극복·배척해야 할 부실(不實)·공허(空虛)한 것이라고 판단할 것은 무엇인가? 오늘의 유학이 극복의 대상으로 삼아야 할 비실제적 요소는 무엇인지가 먼저 파악되어야 할 문제다.

논자는 일찍이 "신실학의 지평"(제12회 퇴계학 국제학술회의, 모스크바, 1989)에서, 그것을 크게 몇 가지로 지적하였다. 그것들은 이미 다 아는 것이어서 재론하지 않겠다. 여기서 다시 지적하고 싶은 것은 정치적 이념의 상충으로 인한 민족 분단의 고착화 문제이다.

이것이 오늘의 유학이 극복·해결해야 할 문제들 가운데 중요한 문제의 하나라고 논자는 생각한다. 오늘의 한국유학은 이 문제에 도전하여, 그 극복의 길을 찾아야 그 '실학의 구실'을 한다는 평가를 받게 될 것이다. 보기에 따라 민족분단의 고착화를 초래하는 관념상의 이념의 상충·상투는 명분적 허구에 집착하는 것에 지나지 않는다. 어떤 의미에서 어느 한 이념에의 편향적 고착은 비실제·비실용적 태도에 지나지 않는 것으로 판단된다.

유학에서 현실의 폐단을 개선함으로써 이른바 실학적 의지를 발휘하는 데에는 암암리에 독특한 기준이 있다. 그것은 바로 인간존중과 통하는 '인본정신'이다. 원초유학에서 이 점이 확인된다. 즉, 공자(孔子), 맹자(孟子)는 상제(上帝)로서의 천(天)을 적극 부정하지 않았지만, 그렇다고 묵자(墨子)처럼 그것을 철저히 신봉·의지하지도 않았다. 오히려 공맹은 그것을 인간의 힘의 한계와 같은 의미의 운명이라든가, 양심(良心)의 근원 같은 도덕의 근거로 보는 데 그쳤다. 자연에 대하여서도 유학에서는 생명의 원천으로 생각하여 아끼면서 조화의 대상으로 간주하였지만, 노장(老莊)처럼 철저한 몰입·동화의 대상으로 삼지는 않았다. 이것이 유학에 깃든 인본(人本)·인문(人文)적 중용정신(中庸精神)이다.

이러한 정신에서 유학이 지향하는 실제성 추구의 실제적인 현실 개선의 방향은 항상 인간을 구속하고 억압하는 모든 것으로부터 벗어나 자유롭게 하는 것이었다. 유학의 역사는 그런 의미의 인간해방, 인간옹호의 역사라 할 수 있다. 유학의 이러한 실학지향의 전통적 특성에 비추어 보더라도, 오늘 유학이 시대적 폐단으로 간주, 그 시정의 대상·문제로 삼을 것으로는 이념대립으로 인한 민족의 불행을 꼽지 않을 수 없다.

이러한 판단에서 논자는 이제 민족분단의 극복을 위한 '통일지향의 이념문제'를 다루어 보려 한다. 냉전시대의 구시대적 체제를 위한 낡은 이념이 빚어내는 명분적 허구에 언제까지나 사로잡혀 민족의 불행을 계속하여서는 아니 된다는 것이 논자의 신념이다. 민족의 자유롭고 행복한 삶을 위하여, 우리는 이제 낡은 이념의 틀에서 시급히 벗어나야 하겠다.

2. 냉전시대 이념극복의 신유학

이념(理念)은 원래 이상(理想)에서 생기는 것이다. 이상을 추구하는 관념이나 관념체계가 이념이다. 인간에게 이상을 그리는 능력이 있는 한, 이념은 언제나 없을 수 없다. 보다 나은 삶을 지향하는 인간의 욕구와 이상사회를 그리는 인간의 지성이 있는 한, 일정한 이념은 일종의 나침반의 구실을 앞세우기 마련이다.

일정한 이념은 일정한 사회의 인간들에게 희망을 주고 향상된 생활을 도모하게 하며, 나아가 집단화하는 구심점이 되어 준다. 이런 영향을 끼치는 점에서 이념은 사회생활에서의 그 가치와 필요성을 인정받는다. 인간이 사회적 동물임을 긍정하는 사고와 이념의 존립은 짝할 수밖에 없다.

그러나 이념이 일정한 이상을 앞세우고 안출되는 만큼, 그 일정한 이상이 지닌 이상성(理想性)이 소멸되거나 그 이상 외의 영역에로 적용범위가 확대될 경우에는, 그 이념의 효용가치 역시 소멸되거나 부적합하게 된다. 이것은 일정한 이념의 불완전성과 한계성을 가리킨다. 절대불변과 만병통치식으로 적용되는 완전무결한 이념이란 존립하지 않음이 이 대목에서 밝혀진다. 사회의 여건과 이상이 부단히 변하면, 이념 역시 계속 변해야 함이 분명하다. 하나의 이념에만 매이지 않고 새로운 이념을 추구하거나 두 가지, 세 가지 이념들을 다양하게 다원적으로 활용하게 되는 근거도 여기에 있다.

불행히도 역사상 적지 않은 인간들은 이념의 절대성 유일성에 집착한 사례를 남겼다. 이념이 체제를 뒷받침하는 성질로 해서, 특히 독재자들이 권력의 독점을 위해 일정한 이념을 그들 권력의 시녀로 이용하면서 그 유일성, 절대성을 역설하여 왔다. 사정이 이와 같을 때, 그 독재하의 국민은 이념에 의한 통제와 구속에서 벗어나기 어렵다. 이런 경우 이념은 국민의 희망과 이상의 상징이기보다 오히려 국민을 탄압하고 착취하는 권력의 도구에 지나지 않는다. 이러한 때의 이념은 그 바른 가치를 발휘하기보다는 폐해의 본원일 따름이다. 민주화가 충분히 이루어지지 못한 여건에서 삶을 영위한 사람이면, 이것은 누구나 다 체험으로 확인한 사실이다. 이는 바로 우리 자신의 역사 속에서 우리가 체험하여 온 진실이다.

다 아는 대로 8·15광복(1945) 이후 이 민족은 남과 북으로 분단된 상황에서, 각기 자본주의 이념에 기초한 자유민주주의와 공산-사회주의 이념에 기초한 인민민주주의의 체제로 대결하면서 오늘에 이르렀다. 자본-자유주의와 공산-사회주의가 또한 '자유와 평등의 원리'를 근원적 이념으로 하는 것임은 물론이다. 개인의 자유와 인간의 평등을 각각 구현하려는 자본-자유주의와 공산-사회주의의 이 이념체계는 분명히 '근대'(近代)의 획기적인 사상이다. 중세는 말할 것도 없고 근세까지도 '전근대'라는 이름의 구시대로 구분하게 만든 이념 및 그 체계가 바로 이것들이기 때문이다.

이와 같이 민주화를 다같이 지향하면서 안출되어 새로운 근대를 이끌어온 이 두 이념과 그 체계는 그럼에도 불구하고 우리에게 있어서는 분열과 대립, 심지어 적대관계를 이루는 요인으로만 이용되었다. 자유와 평등은 과연 공존 양립할 수 없는 상반관계 또는 이른바 모순관계인가? 자본-자유주의와 공산-사회주의는 언제까지나 융해될 수 없는 사상인가? 유학은 이 문제에 개입할 수 없는 사상인가? 유학은 언제까지나 이 두 이념체계의 갈등과 충돌을 방관만 할 수밖에 없나? 방관하지 않고 문제의 해결을 시도한다면, 어떤 방법이 있겠는가?

이들 근대의 이념체계가 발달하면서, 유학은 이들 양편으로부터 전근대의 낡은 사상, 심지어 한낱 봉건사상으로 밖에 간주되지 않았다. 봉건사상의 대표로 지목되어 지탄과 배척을 받았던 것이 유학이다. 특히 서구의 공업자본주의를 대변하는 막스 베버가 유학을 그렇게 보았고, 중국의 근대 이후의 많은 혁명가들이 또한 유학을 그렇게 생각하고 대하였다. 그런 영향으로 유학이 이 문제의 해결을 위해 접근하는 것에 많은 사람들은 당혹할 수 있고, 혹자는 역사를 거꾸로 돌리려는 망상으로 의아해 할지 모른다. 이런 점에서 문제에 임하는 유학에 대한 해명이 잠시 필요하다.

이 해명에 앞서 우선 유학자들의 사상(이론)과 시대적 응용으로서의 변용을 구분하고자 한다. 이 사이에는 큰 차이가 있고 변용은 시대에 따라 굴절이 있었기 때문이다. 유학자들 개개의 특수 사상과 이들에게 공통적인 보편사상도 구분하여, 일반화된 보편사상을 대표적인 유학사상으로 간주하려 함도 밝혀두겠다. 그리고 변용된 유학이더라도 전통화된 것과 그렇지 않은 것을 구분하여, 그 영향력이 지금까지 암암리에 발휘되고 있는 전통적인 유학의 측면에 주목할 것이다.

이러한 시각 위에서, 과거의 유학사상과 유학적 전통에 (다 같이) 이제는 버려야 할 이른바 전근대적 요소가 있음을 인정하는 한편, 오늘에도 이용하여 유익한 이른바 시대를 초월하는 보편적 진리소(眞理素)가 발견될 것을 기대한다. 문제에 임하는 유학이란 오늘에 이용하여 유익하다고 판단되어 가려낸 유학사상을 의미한다. 따라서 논자가 거론하는 '오늘의 유학'은 오늘에 다시 태어날 새로운 유학인 셈이다. 오늘의 유학은 결코 사농공상(士農工商)의 사민(四民)적 귀천관이라든가, 군왕(君王) 하나에 절대적으로 맹종하던 식의 군주관이라든가, 농업만이 유일한 부(富)의 원천으로 보는 유학이 아니다.

3. 원초유학과 두 이념체제의 약점

돌이켜 보면, 근대 이후 유학을 반드시 부정적 시각 일변도로 이해하여 오지는 않았음도 발견하게 된다. 유학의 전통 위에 사회주의 체제를 세운 국가는 국가대로, 그 위에 자본주의 체제를 이룩한 국가는 국가대로, 다 같이 자기 체제에 적합한 요소들을 유학에서 찾아내어 그 체제를 전통적인 유학의 토양에 토착화·정착화 하려 하였다. 구체적인 예로 중국 대륙의 사회주의 계통 학자들은 공자가 일찍이 '부(富)의 균등'을 강조한 자료라든가, 《예기(禮記)》에 나오는 '대동세계'(大同世界)의 이상에 기대어, 일찍부터 유학에도 사회주의적 요소가 잠재하였음을 논증하려 하였다. 한국이나 대만과 일본 및 싱가포르의 학자들은 이와 대조적으로 유학과 유학적 전통에 일찍부터 자본주의적 요소가 있었음을 들추어냈다. 그들은 공자가 인간의 '의지의 자유'(匹夫之志)를 믿었고, 맹자 역시 성선(性善)적 지성을 바탕으로 한 인격체로서의 인간관을 가지고 있었다든가, (맹자도 인간을 또한 욕구체로 이미 어느 정도 인정하였지만) 순자(荀子)는 성악설(性惡說)에 의한 욕구체적 인간관을 분명히 하였다는 점 등을 강조하였다. 특히 80년대 이후 이른바 동아(東亞)의 유학 문화권에서 경제개발이 급속도로 진전됨에, 이러한 작업은 더욱 활기를 띠고 있다.

사실 유학의 농본적 생활여건이 1년간의 기다림 끝에 수확을 가져오는 까닭에 근검 절약에 익숙하였을 듯하고, 그 같은 것이 관습화되어 《효경(孝經)》의 '절용(節用)에 의한 효(孝)'(서민의 효) 사유도 있게 되지 않았나 추측된다. 나아가 그 사상의 영향이 오늘에도 이들 동아 유학권의 국민저축이 19% 정도로 미국의 두 배 이상 되어 경제개발의 촉진제 역할을 한다는 점도 추측하여 볼 수 있다.

유학에 대한 이러한 긍정적 평가의 연구도 가능하겠지만, 논자가 찾는 오늘의 유학의 기능(역할)은 결코 어느 한편의 이념에만 영향을 주는 요소가 아니다. 두 이념을 한데 융합·통일할 수 있는 성격의 요소다. 이러한 요소의 탐색에 희망을 거는 이유는 바로 위와 같은 두 측면의 요소가 다 있다는 것은 원천적으로 그 '두 측면의 미분화적 사상'이 일찍이 있지 않았겠느냐는 가상이 가능한 데에 있다. 이와 같이 두 측면에 해당되는 미분화적 사상을 찾는 의도에서 이 글에서는 특히 공자사상을 핵으로 하는 '본원적 원초유학'에 주목할 것이다. 주로 원초유학이 논자의 고찰에서 초점을 맞추는 주대상이다.

사실 유학은 동아의 이른바 한자문화권에서 정치·경제·사회·도덕 등 문화를 형성하는 데 주도적인 역할을 담당하였다. 더욱이 일정한 이념이 일정한 '생활방식의 구상'이라는 뜻을 내포한 것임을 감안하면, 이념의 고찰에서는 생활방식 또는 생활태도로서 문화와의 관계를 절대로 소홀히 하여서는 아니 될 것이다. 이 글의 유학에 대한 고찰은 이런 점에서 이념의 배경이 되는 문화형성의 관점에서 행하고자 한다. 이러한 것이 근대 이념의 문제에 개입하는 논자의 입장이다.

다른 한편 근대의 이념 문제에 유학이 개입하게 되는 원천적 이유는 유학이 아닌 바로 자유와 평등의 이념에 입각한 자본주의와 사회주의라는 이념체계의 약단점 내지 폐단에 있음을 또한 밝히지 않으면 아니 되겠다.

공산-사회주의는 공동소유의 화려한 이상에 얽매인 나머지 지나치게 분배의 균등·균일에만 치중하여, 그 체제 수호의 기초이고 출발점인 생산에 허약함을 노정하였다. 거기에서는 생산의 활력소가 사유와 이윤추구에도 있음을 너무 경홀하게 여겼다. 이는 사유의 주체인 개인에 대한 욕구체의 특성을 오히려 그 유물론(唯物論)에 비추어 충분히 인정하지 못한 어리석음을 범하였음을 시사한다. 개인을 경시하고 계급적인 집단에만 전심함으로써 노동계급이라는 특수집단만을 비대화, 존대화하는 결과를 가져왔다. 그리하여 공유(共有)는 끝내 당(黨)만의 공유(公有)로 끝나, 인민전체는 허상에서 그친 형국이 되었다. 공산(共産), 공유(共有)의 이상이 불행히도 '빈곤의 균일'만을 가져와 그 빈곤을 오히려 '도덕성'으로 지탱해야 하는 모순에 이르렀다. 계급투쟁의 혁명적 열정이 어느덧 이제 빈곤 속의 조용한 개인의 도덕적 양심에 의존하지 않을 수 없는 처지로 되었다.

사유(私有)와 이윤추구의 자유를 전제로 한 자본주의 역시 그 자유 편중의 폐단을 심하게 노정한다. 생산을 비롯한 유통 등 경제상태의 활성화를 가져오는 특징 못지않게 인간을 오직 경제적 동물로만 착각하게 하는 것이 제일 문제다. 산업화 공업화 속의 인간성 소외도 문제지만, 계산된 상술들이 '인간의 심성'을 물질적 욕구충족 일변도로 몰아가, 마침내 '인격의 저급화'를 초래함도 그 못지않은 큰 문제다. 물량적 가치관을 조성하여 인간들로 하여금 물질적 향락과 '도덕적 타락'에 빠지게 하는 것 역시 같은 맥락에서 나오는 폐단이다. 더욱이 유산(有産) 자본가의 부(富)의 지나친 편중은 빈곤층의 반발과 위화감을 조성할 뿐 아니라, 사회의 공동운명체적 성격마저 망각하게 하여, 사회의 집단적 응결력을 상실하게 한다. 요컨대 인간의 정신능력으로서의 이성(理性) 신뢰의 사고에서 출발한 자본주의가 유물론자 이상의 감성(感性) 위중의 풍토를 이루고, 개인 치중의 경향이 마침내 타인과 집단과 전체를 도외시하는 고독한 단독자의 천박한 이기주의의 폐단을 낳는다. 오늘의 유학자들이 근대이념과 그 체계에 대한 불만을 갖고 개선의 길을 모색하게 되는 것은 바로 이와 같은 폐단들 때문이다.

4. 유학의 인본과 인도정신

한 가지 주목되는 사실은 오늘날 두 이념체계의 냉전적 갈등이 완화되고 있으며, 서로 정책의 수정을 통해 유사한 형식으로 접근되고 있는 것이다. 자본주의 국가에서 행하여지는 복지정책의 증대와 부의 편중·독점 규제책의 강화가 그러한 것이며, 공산주의 국가에서 점증하는 자본의 국제적 개방과 시장경제의 도입 등이 그러한 것이다. 이러한 현상은 바로 근대 이념체계의 단일적인 편향이 가져오는 폐단에 대한 각성과 그 폐단의 지양책으로 나온 것이 아닐 수 없다. 이는 한 이념의 단일적 실현의 시대가 이미 지났음을 시사하는 현상이고, 이제 두 이념의 조화로운 실현을 기해야 하는 시점에 이르렀음을 의미하는 현상이라고 보아 무방할 듯하다.

이제까지 두 이념체계에 실제로 같은 점이 없지 않았다. 민주를 표방 또는 지향한 점에서 둘은 서로 같다. 따라서 하나의 민주주의의 이름 밑에서 두 이념은 균형 있고 조화로운 통합의 접점을 발견하여야 할 것이다. 어떻게 해야 그 접점을 발견할 수 있을까?

여기서 논자는 두 근대 이념의 출발점으로 다시 돌아간 것 같은 입장에서 이들의 장단점들을 종합하고 지양하는 노력을 특히 유학에 의거하여 시도하여 보고자 한다.

근대 시민사회의 발달과 짝한 민주의식의 성장은 다 아는 대로 민권(民權)의 신장을 의미한다. 그리고 민권의 신장은 또한 인권(人權)의 신장을 가져왔다. 자유와 평등은 바로 이 인권의 신장에 기여한 이념이다. 이렇게 민주의식을 뒷받침하는 인권의식은 무엇인가? 이것은 바꿔 말해 하나의 '인존(人尊)의식'이다. 인존의식이 투철한 데서 '인본(人本)·인도(人道)사상'이 나오게 됨은 자명하다. 이런 점에서 논자는 민주주의를 떠받드는 근본적 기초는 인본·인도사상이라고 생각한다. 이것은 오늘도 그렇고 미래에도 그러할 것으로 생각한다. 따라서 시대를 막론한 민주화의 조건은 인본과 인도여야 할 것이다. 이렇게 보면 민권과 인권의 신장에 기여한 자유와 평등은 물론 인본과 인도를 실현하는 데에도 다 같이 유용한 것이지 어느 하나만 필요한 것이 아님을 알 수 있다. 유학이 오늘날의 민주화에 기여할 수 있는 것은 이 인본·인도정신의 풍부함에 근거한다.

인본과 인도를 거론하려면 필연적으로 대두되는 것이 '인간관'의 문제다. 이 맥락에서는 특히 근세 서구의 인간관이 문제이다. 근세 서구의 인간관은 다 아는 대로 데카르트의 철학으로 대표된다. 그에 따르면 인간은 정신과 물체로 된 것이며, 그 정신과 물체는 완전히 성격을 달리하는 실체로 간주된 것이다. 그 후 헤겔과 마르크스에서 보는 것 같은 정신과 물체의 철저한 대립적 이분화와 그 한편에로 편향하는 사고가 있게 된 것도 이미 잘 알려졌다. 그러나 정신과 물체를 서로 완전히 다른 실체로 보기 어려움은 오늘의 양자역학 등에 기대어 누누이 언급되는 터다. 인간관에 대한 재검토가 이러한 점에서 가능하게 된다.

마침 유학에서는 물체와 정신을 철저히 구분하지 않는다. 유학에서는 인간을 이해할 때에도, 정신이나 물체도 아니지만 (그것이 모이면) 물체를 이루기도 하고 정신력도 발휘하는 '기(氣)로 된 것'이 인간이라고 주장한다. 이때 어느 현상적 사물보다 기의 빼어난 것(秀)을 재료(바탕)로 한 경우가 인간이고, 그렇기 때문에 인간은 다른 어떤 생물보다 우수한 지각능력과 도덕적 행위를 할 수 있는(가능적) 소질로서의 특성(五性)을 지닌다는 것이다. 인간을 만물 중의 영장이라고 생각하는 근거도 이러한 능력을 지녔고, 실제로 이 능력을 발휘한다는 데에 있다. 이 인간관을 바탕으로 하고서, 특히 도덕적 행위를 위한 특성(본성)을 자율적으로 발휘할 때 이른바 '인도'(人道)가 이루어진다는 것이 또한 유학의 이론이다.

경제, 사회 등의 문제는 바로 인도(人道)의 구현을 위한 중요 여건으로서 관계된다. 사유(私有)와 공유(共有)는 인간의 생활형식으로 보아, 둘 중 하나만의 선택을 용인하는 식의 상반관계가 아니다. 왜냐하면 욕구체로서의 인간은 독립된 개인으로 살아가는 측면이 있는 동시에 일정한 집단과 전체의 구성원으로도 살아가기 때문이다. 이때 자유(自由)는 바로 개인의 독립된 사유(私有)의 삶에 도움을 주는 이념이며, 평등(平等)은 전체의 성원된 공유(共有)의 삶에 도움을 주는 이념이다. 그런 만큼 이런 점에서도 자유와 평등 및 사유와 공유를 양립불능의 상반·모순관계로 보아서는 아니 된다. 이 중 어느 한 이념이나 이념체계에 편향·편중해서는 아니 되는 논거가 바로 여기에 있다. 이 두 이념은 다 같이 적절히 응용되고, 이들의 이념체계 역시 융화되어야 하는 논거 역시 여기에 있다.

5. 본원유학에 깃든 두 이념의 접점

이럼에도 불구하고 설령 이것들을 상반·모순관계로 간주해야 할 경우를 가상하더라도, 서구철학의 사고와 유학의 사고는 서로 같지 않음에 유의해야 한다. 서구에서는 상반·모순되는 것은 투쟁을 통하여 해결된다고 믿지만, 유학에서는 그렇게 생각하지 않는다. 간혹 유학에서도 반대되는 것들의 상극(相克)관계를 말하지만, 그런 경우는 매우 적다. 주돈이(周惇頤)의 '태극도설'(太極圖說)에서 "동(動)과 정(靜)은 서로 그 뿌리가 됨"이라 하듯이, 상반되는 것을 유학에서는 서로 의존하여 도와주는 대대(待對)의 관계로 파악하는 사고가 주조를 이룬다. 따라서 투쟁은커녕 평화로운 조화가 있게 된다. 이것이 유학의 '중화'(中和)사상이다.

물론 소유의 문제는 위의 예와 같은 물리적인 운동현상이 아니다. 사유와 공유는 근본적으로 욕구충족에 관한 것이며, 욕구충족은 그 만족하는 충족도 여하에 따라 만족·불만족으로 귀착되는 성질의 것이다. 상호 이해관계로 대립되는 데서 이기(利己)의 투쟁과 혼란이 야기되는 데에 문제가 있다. 이는 문제의 심각성이 이기심(利己心)의 상충에 있음을 의미한다.

이 경우에도 유학의 중화(中和)사상이 유효하다고 생각한다. 중화(中和)란 원래 '인'(仁)의 인간성을 구현하는 데서 그 실마리가 찾아지기 때문이다. 공자에 따르면 인(仁)이란 '사람을 사랑하는'(愛人) 인간성이다. 이 인의 구체적 실현은 '서'(恕)의 태도로 가능하다. 이 경우 서(恕)란 "내가 하기 싫은 것이면 남에게도 시키지 않는 것(己所不欲, 勿施於人)"이며 "내가 하고 싶은 것이면 남에게도 하게끔 하여주는 것(己欲立而立人, 己欲達而達人)"이다. 결국 내 마음을 미루어 남에 대하여 '호의적인 배려'를 보이는 것이 서이다.

이와 같은 남에 대한 배려의 태도가 가능하려면, 나와 더불어 남이 함께 존재한다는 '공존(共存) · 공생(共生)'의 긍정이 선행해야 함은 물론이다. 남에 대한 배려는 곧 나의 겸양(謙讓) 내지 염치(廉恥)로 통하기까지 한다. (사실 공자의 인(仁)은 이런 점에서 그의 윤리설의 근본원리인 것이다.) 이와 같이 인(仁)을 실현하는 서(恕)의 태도는 나와 남과의 공존·공생을 긍정하는 심정의 발로이다.

남과의 공존·공생을 우리가 일단 긍정한다면, 그리고 그 긍정이 겸양과 염치로 통하는 배려에서 나온 것이라면, 우리의 이기적 욕구는 조절 가능의 상태로 감퇴될 수밖에 없을 것이다. 욕구에 대한 이성적 조절은 그 다음 과제에 속하는데, 그러한 조절이 이루어져 서로의 욕구충돌과 갈등을 해소한 상태가 '중화'(中和)다. 이러한 서(恕)에 의한 인(仁)의 실현이야말로 "신실학의 지평"(1989)에서도 약간 언급하였듯이, 이기심(利己心)의 상충해결을 위한 기본 조건이라고 판단한다. 논자가 공자의 본원유학을 중요시하는 이유의 하나가 이 대목에서 밝혀진 셈이다.

인(仁)의 심성을 가장 기본적인 기저에 두는 것으로 해서 논자의 입론을 이성경시론(理性輕視論)으로 판단하면 곤란하다. 사유(私有) 지향의 욕구가 앞서기 때문에 논술의 순서를 이렇게 잡았을 따름이다. 사유지향의 이기적 욕구에 대한 완화와 조절은 역시 전체적인 공유성을 감안하여 행해져야 하는 것이고, 그때 '이성의 작용'은 양측을 함께 통찰하는 지혜여야 한다는 뜻에서 아무리 중요시하더라도 지나침이 있을 수 없다. 이성의 역할은 결국 '사유와 함께 공유'를 아울러 조절·조정하는 것이다.

여기서 논자는 맹자의 성선설(性善說)을 상기하게 됨과 아울러 유학자들이 엘리트로서 선비(士)의 역할을 철저히 강조한 사실을 상기하게 된다. 맹자는 인간에게 먹고 번식(食色)하는 본능이 있음을 지적하면서도, 그것 못지않게 선(善)과 의리(義理)를 지향하는 이성능력(仁義

禮智)이 있음을 역설하였다. 그리고 많은 유학자들은 국가·사회의 발전이 군왕 이하 모든 국민에 의하여 추진된다고 믿으면서도, 그 중에도 발전의 방향을 옳게 선도하는 것을 선비의 일로 간주하였던 것이다.

이상으로 오늘의 이념 극복에 대한 논술을 마감하면서, 한 가지 덧붙여 고려해야 할 것이 있다면, 민족의식(民族意識)의 문제가 아닐까 한다. 우리와 같은 비교적 단일민족이라 할 경우의 분리 상태에서는, 민족의 혈연공동체나 문화공동체 및 운명공동체적 성격 등 어느 모로나 민족의식을 망각해서는 아니 되겠다는 것이다. 민족의식이 소멸되지 않는 상태라야 이념적 융합도 성과를 거두기 쉽기 때문이다.

물론 율곡(栗谷, 李珥)의 말대로 "국시(國是)란 모든 국민이 동의하는 바"(所同然者)임을 고려한다면, 어느 한두 학자의 주장으로 단기간에 이념문제의 큰 진전을 기대함은 무리인 줄 안다. 그렇지만 무리일 정도로 어렵더라도 논자가 서술한 유학이론이 우리 나름의 '제 3의 길'을 살아가게 하는 데에 적은 도움이나마 주어 성과를 거둘 수 있을 때, 한국유학은 오늘의 시대적 요구에 부응하는 그 '새로운 실학'(實學)으로서 역할을 하게 되는 것임에 틀림없다. 그러한 역할을 해내야만 한국유학의 신실학적 전망도 밝다고 할 수 있다.

보 편

제 12 장 유학의 자연철학

제 12 장

유학의 자연철학

1. 유학에서 자연철학의 문제

여기서 말하는 '자연'은 인간 주체와 대조되는 객체의 세계를 가리킨다. 이것은 인간과 인위의 산물을 제외한 대상세계 전체에 해당한다. 감지되는 대상 중 개체는 근본적으로 배제할 수 없으나, 그것들을 별도로 문제 삼지 않는 한, 여기서 문제 삼는 자연은 그러한 개체들의 총체이다. 따라서 이 '자연'은 관용상의 '우주'와 거의 비슷하다.

인간은 어느 누구도 자연을 떠나서는 존재할 수 없다. 인체 자체가 자연물인데다가, 호흡을 비롯하여 의식주를 가능케 하는 재료가 모두 자연물이므로, 자연이야말로 인간의 생존과 생활을 가능케 하는 환경적 기초이다. 이는 또한 인간의 공동생활, 특히 인류의 문화 형성을 뒷받침하는 본래적 기반이다. 이것 없이는 인간의 생존과 인류 공동의 문화가 불가능함을 감안하면, 인간과 인류문화에 대한 자연의 중요성은 막중한 것이다.

자연 조건이 인간의 생활방식에 영향을 주는 것은 특히 환경과 문화 특징과의 관계에서 확인된다. 대상세계 전체로서의 '자연'은 사실상

'환경'의 극대 개념이고 '문화형성의 조건'이라는 점에서, 일정한 '자연관'에 관한 고찰은 곧 그 문화의 특징과 원인에 대한 역추적의 작업에 속한다. 예를 들면, 사고유형에 영향을 주는 요인을 자연조건에서 찾을 때, 기독교나 불교의 '천당', '극락'과 같은 초월적인 타계희구(他界希求)의 원인을 '사막'과 '열대'라는 역경적 자연조건에서 찾는 유의 고찰이 그러한 것이다. 자연조건과 사고유형과의 관련을 이렇게 밀접한 것으로 생각할 수 있다면, 유학의 경우도 그 자연관에서 유학의 독특한 사고 유형이 찾아질 수 있을 것이다. 유학은 사계절이 분명한 온대지역에서 발흥·형성된 만큼, 유학의 자연관에는 온대적 사고가 깃들어 있을 것을 가상할 수 있다. 이러한 점에서 우리는 자연을 배경으로 하면서 그것과 연계된 '유학의 자연관'을 살펴보려고 한다.

유학에서는 일찍이 '자연'이라는 용어를 사용하여 왔지만, 엄밀히 살피는 한, 그 의미는 오늘 우리가 지칭하는 의미와 일치하는 측면과 함께 일치하지 않는 측면이 있다. 오늘날 유학에서는 '자연'을 '우주'와 거의 동의로 사용함으로써, 대상세계 전체를 지칭한다. 그러나 이 용어가 원래 《노자》(도덕경)에서 사용되기 시작하였듯이, 고대 유학에서는 거의 사용하지 않았고, 사용하더라도 명사보다는 부사나 형용사로 더 사용하였다.[1] 대상세계 전체를 지칭하는 자연의 뜻으로는 '천지사방', '천지만물', '만물', '천지' 및 '천'(天)이라는 용어를 과거 유학에는 많이 사용하였다. 그러므로 이 글에서도 '천' 등의 이 용어들을 문맥에 따라서는 '자연'과 거의 같은 의미로 취급하면서 자연관을 탐구할 것이다. '우주' 역시 본래의 출처가 《회남자》였고, 그 원의가 각각 '상하사방'(上下四方: 宇)과 '왕고금래'(往古今來: 宙)이다. 자연의 의미와는 원의상 거리가 있다. 그러나 우(宇)와 주(宙)를 합성하면 대상세계 전체라는 자연계의 의미를 나타내게 된다. 그런 까닭에 현대 유학에서는 '우주'를 '자연'과 거의 동의어로 사용하고 있다. 이에 이 글에

1) 윤사순, 〈退溪의 자연觀〉, 〈栗谷의 자연觀〉, 《조선시대 성리학의 연구》(고대 민족문화연구소, 1998)에서 누차 언급하였다.

서도 '우주'를 '자연'과 병칭하면서 거의 동의어로 사용할 것이다.

자연을 우주나 천지만물 등의 용어로 다양하게 지칭하는 사실 자체가 유학에서의 자연관의 변이에 기인한 현상이다. 이 현상은 바로 자연에 대한 유학의 이해가 일의(一義)로 이루어지지 않고, 인지의 발달과 역사적인 경험에 따라 다의(多義)로 이루어져 왔음을 드러내는 증거이기도 하다. 자연에 대한 다의의 이해를 고려한다면, 그 이해를 위하여 동원된 용어들을 주목하지 않을 수 없다. 용어의 구사가 곧 개념화와 직결됨을 감안하면, 일정한 자연관으로서의 자연 이해는 결국 구사된 용어로 드러나는 개념화의 현상이기도 하다. 이에 우리는 유학에서 자연의 이해에 구사하는 용어들의 개념에 특별히 주목하면서, 유학의 자연관과 그 변이 양상을 파악하기로 한다. 따라서 이 고찰은 유학의 '과학으로서의 자연학'이 아닌 '자연철학'에 대한 조명이다.

자연철학 성격의 이 고찰에서도 유학의 자연학적 탐구 양상을 완전히 제외할 수는 없다. 여기에서도 반드시 그러한 고찰이 앞서야 마땅할 때가 있을 것이다. 그러나 우리의 의도는 그러한 고찰에 머물지 않고, 더 나아가 자연학적 지식을 유학자들이 인간생활에 응용하기 위하여, 그것을 구체적으로 수용 또는 변용하는 철학(형이상학)적 자연관을 탐색하려는 것이다. 이것은 자연학이 가치중립적인 데 비하여 자연철학은 가치관을 곁들인 사고임을 전제로 하는 것이다. 이러한 시각으로 이제 우리는 고대중국의 유학에서부터 근대조선의 유학에 이르는 범위의 고찰을 진행키로 한다.

2. 유학적 자연철학의 발단

1) 자연의 발견

B.C. 4~5세기 이전의 동아(東亞) 지역은 풍부한 수량과 온난한 기후로 인하여 수렵과 농경 생활에 대체로 편리한 자연조건이었다. 하늘(天)의 일월성신(日月星辰)과 네 계절(四時)의 운행이 분명하고, 땅(地)의 산천초목(山川草木)과 금수(禽獸) 등의 풍성함이 그러한 예이다. 동아의 고대인들에 있어 이러한 자연은 우선 '장대'한 것이었고 '경이'로운 대상이었다. 《시경》, 《서경》 등에 수없이 나오는 "위재(偉哉)!" 등의 감탄사가 그 점을 입증한다. 장대함과 경이로움으로 해서, '찬탄·숭모의 대상'으로 간주된 것이 원초적인 유교권에서의 자연이었다. 고대에 자연 전체를 〔한 자(字)로써〕 상징하였던 '천'(天)이라는 글자의 모양이 '사람(人) 머리 위의 것', 또는 '일대'(一大), 즉 '하나의 가장 큰 것'을 의미하였음도[2], 자연에 대한 '장대한 느낌'(印象)의 반영이라 하겠다.

그 자연 조건은 반드시 생존에 유리한 것만은 물론 아니었다. 태풍과 뇌정을 수반한 폭우·홍수라든가 그 반대의 지독한 한발(旱魃)은 인간의 목숨까지 앗아가는 위해의 요인이었다. 이른바 천재지변은 인간의 생존을 방해하는 장대한 자연의 가장 위협적인 양상이었다. 천재지변 중에서도 범람하는 황하의 홍수가 인간의 생존을 결정짓는 대표적 자연현상이었던 듯하다. 《서경》에서 요순(堯舜)의 예에 따라 우(禹)임금이 행한 치수업적을 제왕이 되기에 족한 조건으로 기술하고 있음에서[3] 그러한 추측이 뒷받침된다.

일월(日月)의 변화와 천재지변에서, 인간들은 자연의 가공할 힘,

---

2) "一大"의 풀이는 陽村 權近이 그의 《入學圖說》, 〈天人心性分釋之圖〉에서 자세히 하였다.

3) 《書經》 권2, 〈大禹謨〉; 같은 책 권3, 〈禹貢〉.

즉 초인적인 괴력을 발견하고 목도하였다. 그리고 이것만은 못하지만 독초와 맹수에게서도 그러한 것을 발견하였다. 이러한 발견은 벌써 수렵생활 시기부터의 일이다. 따라서 인간이 대적하기에는 너무나도 벅찬 존재, '초인적인 힘'을 가지고 무시로 행사하는 존재가 곧 자연이라는 이해가 고대 사회에서 있게 되었다. 자연은 곧 초인적인 힘을 가지고 인간을 생존케도 하고 사멸케도 하는 존재라는 이해가 곧 최초의 고대 자연관이었던 셈이다.

2) 자연신의 상정

자연의 '초인적인 힘'은 곧 '자연을 지배하는 초인적인 힘'을 상정케 되었고, 그러한 사고는 마침내 일종의 신(神) 관념을 낳았다. 경이롭도록 장대한 자연의 현상은 그 자연 속에 있으면서 자연을 조종·지배하는 신으로 말미암는다는 생각이 곧 그것이다. 자연 속에서 자연을 조종·지배하는 초인적인 힘을 지닌 존재가 신, 즉 자연신이다.

초인적인 위력·괴력은 결국 숭상의 대상이기 마련이고, 그런 점에서 자연신은 숭배의 대상으로 되었다. 또 자연의 종류와 수가 많은 까닭에, 자연신 역시 종류나 수효가 많을 수밖에 없었다. '천제'(天帝), '지기'(地祇), '풍사'(風伯), '운사', '우사'(雨祇), '산기', '수기' … 등이 그러한 실례이다.[4)]

농경생활로 더 접어들면서 우풍한서(雨風寒暑)가 생존 조건으로 더욱 중요시되고, 우풍한서 역시 일월성신과 산천초목을 아울러 관장하는 힘(神)으로 인한 것이라는 믿음 때문이었던지, 천제와 지기가 점차로 신들 중에서 가장 많이 숭앙되었다. 천제와 지기 중에도 천제는 신들을 대표하는 으뜸 신으로 믿어지고 숭앙되었다. 천제를 으뜸 신으로 간주한 것은 자연물 중에서 하늘(天) 자체를 가장 큰 것으로 생각한

---

4) 《史記》, 〈封禪書〉; 《漢書》, 〈地理志〉 등.

사고에 뒷받침되었을 것이다. 즉, 가장 큰 자연물을 지배하는 신이 가장 힘센(强力) '으뜸 신'이라는 사고가 가능하기 때문이다.[5] 이는《시경》등에 보이는 주대(周代)의 기년제(祈年祭) 습속에서 확인되는 점이다.[6] 아무튼 '천제'야말로 일명 '상제'(上帝)로도 불려지는 신으로, 자연신 중에 인격신으로 의인화된 최고의 숭앙대상이었다.

'천제'가 인격신으로 믿어짐으로써 가상적으로 '천지'(天志), '천의'(天意)가 특별히 지적되지만, 고대(은, 주)에 천제의 의지는 대체로 '천명'으로 표현되었던 것이다.[7] 따라서 자연의 변화는 물론, 인간까지도 천명으로 인하여 생존하고 사멸한다는 사고가 있게 되었다. 이런 사고에서는 자연은 천제의 의지로 생성・변화하는 존재일 뿐이다. 이것이 뒷날《장자》등에서 자연을 '조물자'의 산물로 보는 원천적 사고이다.[8]

3) 자연에 대한 원리적 이해의 싹

천제에의 제사 등 숭배가 주로 농경을 통한 인간의 생존을 위한 것이지만, 그 농경은 자연에의 적응 태도가 없고서는 전혀 불가능하다. 물론 수렵에서도 위험을 피하고 안전을 찾는 식의 자연 적응, 즉 맹수나 낙뢰 등 회피의 자연 적응이 있었고, 이에 길흉의 '점술'(역술)이 싹텄다고 볼 수 있다.[9] 그러나 농경이 주된 생업으로 되어 갈수록 자연에의 적응은 기후변화와 같은 거대한 자연 변화에 포괄적으로 적응하는 방식으로 되어 갔다. 천관의 천체에 대한 관찰과 '점술'이 그러한

---

5) 주2) 참조.

6) 風・雲・雨神들이 天界의 天帝의 命에 복종하는 位階가 있었으며, 祖靈(祖先神)도 天帝의 左右에 배석하는 것으로 믿어졌다(《中國文化叢書》8, 大修館書店, 1968, 16~17쪽).

7)《書經》권7, 〈大誥〉;《詩經》권19, 〈周頌〉.

8)《莊子》권3, 〈大宗師〉.

9) 郭末若(1892~1978)의 주역이해가 이러한 종류의 이해로서 대표적이다.

자연 적응을 위한 예비 행위로 지적될 수 있다. 이에 짝하여 개발된 고대 역술 역시 마찬가지다.[10]

고대인들에 있어 천재지변은 대체로 불가측적인 것이고, 거의 부정기적·비평상적인 재앙이었지만, 낮(晝)과 밤(夜)의 전환·반복은 그들에게도 평상적·정기적인 자연변화였다. 그 낮과 밤에서 일광(日光)의 광명(光明)과 월야(月夜)의 암흑은 이미 수렵시대부터도 안위에 큰 차이로 경험된 환경·조건이었다. 광명한 낮은 여러 가지 위험을 피하며 활동할 수 있는 조건임에 비하여, 암흑의 밤은 활동의 제약과 함께 위험이 훨씬 증대되는 조건이다. 암흑을 벗어나 광명의 세계로 전환됨이 유교권의 무속적인 창생설화로 된 것도 바로 낮과 밤의 안위조건 이해에서 비롯되었을 것이다.

낮과 밤에 주목하는 한, 자연의 주기적인 변화로부터 자연의 법칙적인 특성들에 대한 이해가 싹텄다. 태양이 발산하는 광명과 월야의 음영, 즉 태양(日)이 보이고, 안 보이는 상황을 대조적으로 상징하는 '양'(陽)과 '음'(陰)의 관념이 그 하나의 예이다.[11] 《국어》에서 "양이 지극해지면 음으로, 음이 지극하면 양으로 된다"[12]고 한 것이나, 《주역》에서 '극즉반(極則反)'의 형식으로 음양의 소장을 풀고 있음은 이미 고대(殷代)에 음양을 단순히 대조적인 상관관계로만 보지 않고, 자연의 생성·변화의 대응적 원리로 보았음을 뜻한다. 일찍이 《좌전》에서 "음양의 작용은 길흉이 생기는 바가 아니라"[13]고 하였음은 바로 자연의 생성 자체인 음양의 작용을 인간의 길흉사와 구별하였던 증거이다.

음양의 원초적 발상이 태양을 기준으로 한 낮과 밤, 또는 활동과 비

---

10) 殷代에 이미 干支에 의한 紀日法이 행하여졌다. 殷王들의 死后에는 10干名을 廟号에 붙여 불렀다(위 《中國文化叢書》 8, 14쪽).

11) 陰陽의 글자는 春秋이전부터 있었는데, 侌은 구름으로 인하여 해(日)가 보이지 않는 것이고, '昜'은 구름이 걷혀서 해가 보임을 나타냈다는 것이다. 이것이 陰陽의 本義이다(朱駿聲, 說文通訓定聲說).

12) 《國語》 권21, 〈越語〉 下: "陽至而陰, 陰至而陽."

13) 《左傳》, 僖公 16年조.

활동적인 상황에서 비롯된 까닭에, 그 둘의 특성적 함의는 《주역》에서 보듯이, '동'(動)과 '정'(靜), '강건'(剛健)과 '유순'(柔順), '남'과 '여'이며, '건'(乾)과 '곤'(坤), 즉 '천'과 '지'로 되게 마련이었다.[14] 이러한 유추는 당시 '천동(天動) 지정(地靜)'의 육감적 천지관과도 일치하는 이해이기도 하였다. 이에 따라 '천원(天圓) 지방(地方)'의 구조적 이해가 생겼던 것 같고, 성신의 운행에 기초한 세시·계절의 변화에 대한 이해 역시 점차 구체화하였다.[15] 《주역》에서 '천도'를 원형리정(元亨利貞)의 순환으로 파악·기술하고 있는 것도[16] 후대의 해석대로 계절의 변화에 대한 이해에서 나온 것이다.[17]

도구 사용의 인간 지능은 일찍이 고대부터 불(火)의 이용을 비롯하여 석기, 목재, 수리, 토질, 청동, 철 등을 이용하였고, 그에 따라 이 도구들의 재료를 중심으로 한 이해가 또한 고대 자연의 이해에 속한다. "홍범" 구주(九疇)에 '오행'〔五行(水火木金土)〕이 들어가는 것으로 보아 그 점을 알 수 있다.[18] 이 오행 관념의 정리는 자연 중에서 이것들이 인간 생활에 이용가치를 가장 많이 지닌 자연물(개물)로 간주하였음을 의미할 것이다. 그리고 '오행' 외에 《좌전》에서 '음양풍우회명'(陰陽風雨晦明)을 '육기'(六氣)로 표현하고 있음[19]은 이 여섯 가지를 인간의 뜻대로 이용할 수는 없지만, 자연을 대표할 정도의 대표적인 자연물로 간주하였기 때문이 아닌가 한다. '육기'에 거론된 음양 회명은 전술한 논자의 해석에 부합될 요소로서, 풍우와 더불어 기의 명칭

---

14) 《周易》, 〈繫辭〉.

15) '天動地靜', '天圓地方'의 사고를 근간으로 한 대표적인 天體觀이 蓋天說·渾天說인데, 뒤에서 또 언급하겠지만, 이것들은 漢代에 구체적으로 이론화한 것이다. 天體의 운행과 관련지은 歲時 季節의 변화관 역시 漢代에 더욱 구체적으로 이론화한다.

16) 《周易》, 〈乾卦〉.

17) 漢代의 董仲舒와 宋代의 朱熹의 경우에 자세히 소개할 것이다.

18) 《書經》 권6, 〈洪範〉.

19) 《左傳》, 昭公元年조: "六氣曰 : 陰陽風雨晦明也."

하에서 이해되고 있음에 주목하게 된다.

4) 원초적 자연관의 특징과 응용

자연에의 적응을 절대적으로 요하는 농경은 다른 한편으로는 '자연의 응용'이기도 하다. 자연에의 '전체적 적응과 그 응용'이 곧 농경이다. 곡물의 재배, 가축의 양육 등이 다 그러한 것이다. 이러한 농경에 동아의 고대인들이 점차 성공하면서, 그들은 자연으로부터 '생명'의 특성을 깨달았다. 즉 생식·번식·재배를 통하여, 유학 형성의 전초적 배경 사회에서는 생명을 자연의 특성으로 파악하였다.[20]

농경의 성공은 곧 증산과 번식에 의한 번영을 의미한다. 생식·번식·재배를 통한 생산·산출과 증산·번영은 사멸의 공포를 자주 잊게 하고, 나아가 '현세'를 살만한 것으로 긍정케 하는 요인이었다. 유가의 선조인 동시에 도가의 선조였던 동아의 고대인들은 농경의 성공을 바탕으로 하여 자연과 더불어 생애를 함께 하는 현세에 대하여 별다른 회의 없이 긍정하였다. 유가의 선조들은 자연으로 형성된 현세를 이의 없이 있는 그대로 긍정적으로 받아들였다. 그들의 현세 긍정 사고는 곧 나와 자연을 생성·보존케 하는 '생명존귀시'(生命尊貴視)로 통하는 것이기도 하다. 유가의 생명존귀시 사고는 이렇게 고대 농경사회에서부터 싹텄다.

저절로 생성하여가는 자연과 인간 자신에 대한 불만이 별로 없어서였던지, 유학계의 선조들은 타계(불교나 기독교적 타계)에 대한 희구를 하지 않았다. 오직 자연에 적응하는 사고만을 철저히 하였다. 유학에서의 타계는 자연으로서의 천상이거나 지하에 불과하다. 유가의 신조차 자연에 있는 자연신일 뿐, 자연계로 이루어진 현세를 벗어나는 신이 아니다. 인격화한 최고신으로서, 천상에 존재한다는 천제·상제마

---

20) 다음 3절에서 구체적으로 밝히겠지만 《周易》에서 이 점이 확인된다.

저 현세의 범위를 벗어나는 존재가 아니다.

자연 이외의 경지에서 자연을 창조하는 존재(신)를 유학에서는 상정하지 않았다. 유학에서의 자연은 신의 창조물이 아니다. 천제·상제가 비록 뒷날 '조물자'로 간주되었지만,[21] 그런 때에도 그 조물자는 우주·자연의 창조주가 아니라, 자연의 생성인 '조화'로서의 '조물' 자체를 의미할 뿐이다. 조물자로서의 천제나 천은 일종의 만물의 '주재자'(재물자, 宰物者)에 불과하다. 그런 까닭에 천제나 상제(天)는 조물자로 말해질 경우에도,[22] 다만 초인적인 능력을 가졌다고 믿었지만 전지전능한 절대자로서의 신이 아니다. 그러한 신을 고대 유학에서는 일찍이 상정하지 않았다. 유학의 신은 천제·상제이거나, 《주역》의 '음양불측자'라는 설명에 의거하여 성리학자들이 '기의 공능'이라고 하듯이, 자연의 생성에서 느끼게 되는 불가사의함을 뜻한다. 유학에서 분명하고 확실하게 있다고 믿는 것은 오로지 자연과 그 안의 인간뿐이다. '천과 지 및 인간'만의 현존을 굳게 믿고, 그 상호관계를 논하는 것이 유학이다. 이것이 바로 원초유학 이래의 '삼재사상'(三才思想)이다.

완전·무결한 절대적인 신이 자연을 완성품으로 창조하지 않은 이상, 유학의 자연은 실상 미완성품으로 존립·생성하고 있는 것이다. 끝없는 생성과정에 있는 것이 유학의 자연이다. 3절에서 보게 되듯이 자연의 원리(天道)가 《주역》에서 '원형리정'(元亨利貞)의 순환으로 파악되고 있으며, 그러한 주역의 생성이 마침내 미완으로 그치고 있음이 좋은 예증이다.[23]

농경에서의 자연의 응용 외에, 자연의 이용으로서 또 간과해서 안 될 것은 문자의 발명·개발과 그 이용이다. 자연물의 형상을 상징화한 상형문자, 즉 은허(殷墟)의 갑골(甲骨)에 보이는 표의문자가 바로 그

---

21) 주 8) 참조.

22) 《書經》, 《詩經》의 上帝는 '造物主'가 아닌 '主宰者'이다. '造物者'를 '造物主'로 표기하는 것은 天主教(西學)의 영향 이후부터의 일이다.

23) 《周易》 권21, 未濟卦.

것이다. 고대인들은 그 문자에 의하여 예를 들면, "천"을 '창공', '천제·상제'(천명) 등의 의미로 사용하였다. 이러한 문자사용은 고대인들의 지능이 이미 개념적 사고를 상당한 정도로 하였음을 입증하는 사실이다.[24)]

자연신들과 그 중의 천제를 으뜸으로 숭배한 고대에, 당시의 천관을 인간의 정치사회에 이용한 것도 아울러 상기해야 한다. 인격화한 천제(상제)에 대한 제사가 점차 의식화하면서 '예'(禮)가 발생하였다. 그 천제의 호·불호의 감정을 가상한 제사 때의 신성·부정의 관념이 행위의 당(可)·부당(不可)으로 구분·규정된 예속·법속이 있게 되었다는 것이다.[25)] 뿐만 아니라 당시 자신을 스스로 천자라고 하던 권력자들은 천제의 명령인 '천명'을, 천제가 자신에게 부여한 통치권이라고 믿게 하였다. 그들은 이른바 왕권천수설을 자아내어 국민을 지배하는 구실로 이용하였다. 뿐만 아니라 '천상지하'의 사실적인 상하관념을 가치면의 상하 귀천으로 전환하여, '천존지비'의 관념을 '군신상하'로 이용하는가 하면, 부계중심사회의 가부장적 '남존여비'라는 사회질서의 근거로 이용하였다.[26)] 자연 질서에 대한 자의적 해석이 곧 국가·사회·가족의 규범 모형으로 이용되기 시작하였던 것이다. 특히 고대 국가의 관제에 사계절의 명칭(춘하추동)이 적용되고 있음은 자연질서뿐 아니라 '자연에의 적응' 사고의 조기 개안과 그 철저함을 짐작케 하는 증거이기도 하다.[27)]

---

24) 물론 유사개념이 많아질 때 그것들을 한 글자에 다 포함하지 못하여 불편을 느끼게 되고, 또 그것들을 무리하게 한 글자로 포괄함으로써 혼란이 야기되는 경우도 있지만, 표의문자가 사고능력을 향상시키는데 매우 좋은 도구임은 인정해야 한다. 문자에 의한 사고능력의 향상으로 인간은 자연상태를 벗어나는 철학을 형성한다는 점에서도 표의문자의 가치는 높이 평가할만하다.

25) 西晋一郎·小糸夏次郎, 《禮の意義と構造》(東京畝傍書房, 1941) 참조.

26) 《周易》, 〈繫辭〉와 《周禮》 등에서 얼마든지 확인된다.

27) 《周禮》가 그 대표적인 증예이다.

3. 원초유학의 자연철학

1) 자연의 원리 탐구

생활에 여유가 좀 있고 좋은 경치를 만나게 되면, 사람들은 그 경치에서 심미적인 감흥을 느낀다. 주대의 유가들도 자연의 장대함과 경이로움 못지않게, 그 아름다움을 자연의 속성으로 간주하면서 찬미하고 감상하였다.[28] 동아의 풍토에는 예로부터 인간으로 하여금 그 아름다움을 느끼게 하는 자연의 경관(조건)이 많다.

춘추시대의 공자는 산수의 아름다움을 즐기는〔요산요수(樂山樂水)〕 동시에, 그 자연물(山水)의 특성과 지인의 인성관의 밀접한 관련까지 논하였다.[29] 이것이 뒷날 유학자들이 자연을 인성함양의 각도로 대하게 된 원천적 사고이다. 공자 이후 유학자들에 있어 자연은 심미적으로 감상하고 즐기는 대상일 뿐 아니라, 심성수양의 거울 또는 교본과 같은 것으로 간주되어 온다.

자연물의 특성 파악은 곧 자연에 대한 원리적 이해로 통하는 것이기도 하다. 자연의 원리를 파악하여 객관 지식을 쌓아가려는 의식은 《주역》의 '궁리'(窮理)[30]와 그 후 《대학》에 '격물 치지'(格物 致知[31])라는 용어 구사로써 본격화한다. 이는 이미 《시경》에서 '유물 유칙'(有物 有則)[32]을 언급하고 《주역》에서 "한 번 음(陰)으로, 한 번 양(陽)으로 됨을 도(道)라 한다"[33]고 함에서도 확인된다. 이는 곧 각 자연물에는 그것대로의 법칙(원리)이 있을 뿐만 아니라, 보다 근본적으로는 음양

---

28) 《詩經》에서 우리는 民俗歌謠, 男女의 情感, 國家의 治亂과 더불어, 山川·樹木·鳥花에 대한 (마음의) 感動을 詩로써 표현하고 있음을 본다.

29) 《論語》, 〈雍也〉: "子曰 : 知者樂水, 仁者樂山."

30) 《周易》, 〈說卦傳〉.

31) 《大學》, 〈格物致知章〉.

32) 《詩經》, 〈大雅·蒸民〉.

33) 《周易》, 〈繫辭傳〉: "一陰一陽之謂道."

의 소장에 의한 자연의 변화에 '도'(道)라고 하는 보편적 원리가 있음을 믿고, '궁리'나 '격물'의 방법에 의하여 그 법칙 · 원리들을 파악하던 증거의 일단이다. 요컨대 '이'(理) · '즉'(則) · '도'(道)라는 개념을 구사함으로써 원초유학에서는 자연에 대한 원리적 이해를 본격적으로 시도하였다.

2) 자연법칙의 '천'(天)과 우주생성론

자연에 그 원리를 상정한다는 것은 물론 자연신관의 쇠퇴에서 있게 되는 현상이다. 사실 천제(상제), 천관으로 대표되던 자연신관은 공자 · 맹자에 이르러, 크게 퇴색한다. 비록 공자 · 맹자가 천제(상제), 천관을 완전히 배제하지 않은 채 어느 정도 잔존시키지만,[34] 그들은 상제나 천제의 천(天)이 무엇보다도 말(언어)하지 못함을 지적한다. 원래 괴력난신(怪力亂神)을 말하기 싫어하던[35] 공자가 "천(天)이 무슨 말을 하던가?"[36] 한 것과 맹자가 "천(天)은 말하지 않는다"[37]고 한 것이 그것이다. 특히 공자는 "천(天)이 무슨 말을 하던가? 사계절이 돌아가고 온갖 생물이 생겨나지만, 천(天)이 무어라 말하던가?"[38]라고 하였다. 그가 '말없는 천(天)'에 비교된 '사계절의 변화와 생물의 생육'을 지적함은 그것들의 자체 법칙이 있음을 함축적으로 암시한 것이다. 말없는 천(天)이 곧 의인화된 천제의 무력함과 무의미를 상징하는 반면, 자연이 천제와 무관하게 독립적으로 존립함을 의미한다. 이것은 개울가에서, 그가 "흘러감이란 이와 같아서 주야를 가리지 않는

---

34) 孔子가 "天之將喪斯文…天之未喪斯文"(《論語》, 〈子罕〉), "噫天喪予天喪予"(《論語》, 〈先進〉), "知我者其天乎"(《論語》, 〈憲問〉)라고 한 것이 그 예증이다.

35) 《論語》, 〈述而〉: "子不語怪力亂神."

36) 같은 책, 〈陽貨〉: "天何言哉."

37) 《孟子》, 〈萬章〉上: "天不言."

38) 《論語》, 〈陽貨〉: "子曰, 天何言哉? 四時行焉, 百物生焉, 天何言哉?"

다”[39] 고 한 것과도 일치한다. 따라서 공자에 이르러, 천(天)의 의미는 이제 ‘자연자체’와 ‘자연법칙’의 의미로도 이해되고 구사되기 시작한다고 할 수 있다. 이어서 순자가 천(天)을 불인한 것이라고[40] 생각한 뒤로, ‘천’(天)의 의미는 더 ‘물칙’, ‘음양지도’와 같은 ‘자연법칙’을 지칭하게 되었다.

그렇다고 유교인에 비친 자연이 기계적인 변화를 하는 것은 결코 아니다. 유학에서의 자연은 앞서 살펴본 대로 농경적인 생명현상의 시각으로 파악된 것이었다. 그 생명현상의 시각은 《주역》의 “역이란 끊임없는 생성이다”, “천지의 특성은 생이다”라고 한 명제에서 더없이 분명하여 진다.[41] 따라서 원초유학 이래 유학에서의 자연의 ‘변화’는 단순한 (물리·화학적) 변화가 아닌 ‘생성’이라는 것이다. ‘우주·자연의 특성’이 ‘생명’이기 때문에 자연의 변화는 생명체의 생성·소멸의 변화이다. 이로써 원초유학 이래의 우주·자연관이 생명체관, 즉 유기체관에 해당하는 것임을 알 수 있다.

생명체인 우주이므로, 그 우주·자연의 법칙, 즉 ‘천도’는 (2절 “4) 원초적 자연관의 특징과 응용”에서 비쳤듯이) ‘원형리정’(元亨利貞)이라고 하는데,[42] 이는 막연한 변화나 또는 기계적 변화가 아니고, 순환하는 생성변화를 가리킨다. 다시 말하여 원형리정이라는 네 가지 법칙은 사계절의 운행과 순환에 따라 함께 변하는 농작물의 생성현상에서 얻은 발상이다. 이 점은 실제로 이후 성리학자들에게서 더욱 상세히 논하게 된다. 그러나 이미 고대에 《주역》에서 “생성에는 원래 태극(太極)이 있었고, 그 태극이 음과 양(兩儀)을 생성하였음”[43] 을 일찍이 논하고 있다. 자연은 음양의 기로 되었다는 것, 그 기의 생성은 소급하

39) 같은 책, 〈子罕〉: “逝者如斯夫, 不舍晝夜.”
40) 《荀子》 권11, 〈天論〉.
41) 《周易》, 〈繫辭〉: “生生之謂易”, “天地之大德曰生.”
42) 같은 책, 〈乾卦〉.
43) 같은 책, 〈繫辭〉: “易有太極, 是生兩儀.”

여 보면 시초가 있는데, '태극'으로 말미암아 최초의 기가 생겼다는 것이다. 이에 우주·자연의 궁극적 근원은 천제가 아닌 '태극'이라고 하게 된다. 태극은 자연에 대한 법칙적 이해에서 도출한 자연의 궁극적인 근원이다. 그리고 이것이 음양을 생성케 하였다는 사고가 바로 '시원적 우주생성론의 단초'이다.

3) 인성과 자연

공자는 재앙을 내리는 천(天)을 여전히 고려하였기 때문이었는지, "천(天)에 죄를 짓는다"[44], "천(天)을 속이겠는가"[45]라고 함으로써, 약화된 개념인 과거의 천제 개념을 도덕적인 방향으로 이용하였다. 즉, 비양심적인 행위(죄)의 제어장치와 같은 '양심의 근거'로서 천(天)의 의미를 구사하였다. 그리하여 그는 '천'(天)을 천제의 의미와 함께 어느 정도 법칙적인 의미를 지니게 하였지만, 그 법칙은 자연법칙 아닌 '윤리·도덕적 법칙'의 성격을 지니게 하였다.

이는 "천(天)은 말하지 않는 것"이라고 한 맹자가 '천명'을 '민심'으로 보는 한편, 천자뿐 아니라 민인 전체에 적용되는 '인의의 심'을 '양심'이라 하면서, 그 인의의 근거를 천(天)에 둠(천작, 天爵)으로써 '양심의 근거'라는 천의미가 더 구체화된다.[46] 《중용》에서도 인의와 같은 본성의 근거를 '천'(天)이라 하여(천명),[47] 천(天)은 양심의 근거로도 일반화된다. 천(天) 의미의 자연법칙화와 도덕법칙화의 사고가 유학에서는 이와 같이 자연의 근원인 '천'(天) 개념을 바탕으로 구성된다. 이는 인간 본성의 비인위적·자연적 본구성을 주장하게 되는 근거다.

천제(상제) 개념의 쇠퇴가 '천명'을 천자에게만 적용되던 통치권을

---

44) 《論語》, 〈八佾〉: "獲罪於天."
45) 같은 책, 〈子罕〉: "欺天乎."
46) 《孟子》, 〈告子〉上: "仁義忠信, 樂善不倦, 此天爵也."
47) 《中庸》, 首章, "天命之謂性."

부정하고, 민인 일반에 적용되는 '본성'이라 이해하게 되었다고 해서, 천명의 이해가 반드시 이것으로 그치지 않는다. '천명'으로서의 천은 여전히 인간의 능력을 크게 초월하는 천제나 자연의 능력을 암묵적으로 전제하고 쓰는 개념이다. 천제의 능력이 쇠퇴하였더라도, 여전히 초인적인 것임에 틀림없다는 사고가 계속 작용한다. 그 결과 천명은 이후 점차로 인간 능력의 한계를 지칭하는 '운명'의 의미로 사용하게 된다. 공자의 "오십에 지천명"48), "도가 장차 행하여짐도 명(命)이고, 장차 폐하여짐도 명(命)이라"49)는 것이 그 좋은 용례다.

4) 예와 도덕의 근거이고, 합일의 대상인 자연

자연신에 대한 원초적인 제사의식에서 예속과 법속이 함께 대두되었음을 앞에서 지적하였다.50) 춘추시대의 유자는 예(禮) 교육으로 살아가던 사람들(상례자, 相禮者)이었다. 그런 까닭에 공자가 "예(禮)가 아니면 보지 말고, 듣지도·말하지도·움직이지도 말라"51)고 하였듯이, 원초 유학시기부터 유학자들은 예(禮)를 지극히 중요시하였다. 중요시한 끝에 공자는 예치를 주장,52) 정치 측면을 통한 예(禮) 시행의 길을 트는 한편, 도덕 측면으로는 예(禮)의 실행 요건과 근거를 각각 '공경'과 '보은' 등으로 밝혔다.53) 인의 본성에 대하여 그가 "사람을 사랑하는 것"54)이라고 한 해석이나, 과(過)와 불급(不及)을 피하는 '중용'의 이론55) 역시 그의 이러한 도덕의식과 연관된 사상이다. 이후

48) 《論語》, 〈爲政〉: "五十而知天命."
49) 같은 책, 〈憲問〉: "道之將行也與命也. 道之將廢也與命也."
50) 주25) 참조.
51) 《論語》, 〈顔淵〉: "非禮勿視. 非禮勿聽. 非禮勿言. 非禮勿動."
52) 같은 책, 〈爲政〉: "道之以德, 齊之以禮, 有恥且格."
53) 孔子의 孝와 三年喪에 대한 설명이 그 대표적인 예임.
54) 《論語》, 〈顔淵〉: "樊遲問仁. 子曰 愛人."
55) 같은 책, 〈雍也〉: "子曰, 中庸之爲德也, 其至矣乎."

《예기》에서는 인사의 의칙인 예(禮)를 '이'(理)와 '의'(義)라고 규정하면서, 동시에 그것을 '천지를 본뜨고 사시를 본받고 음양을 준칙으로 한 것'[56]이라 한다. 이는 예가 다름 아닌 자연의 법칙 내지 질서가 인간사회에 그대로 (본떠서) 적용된 것이라는 사고이다.[57]

규범법칙인 예나 도덕을 이와 같이 자연질서와 근본적으로는 이질시하지 않고, 오히려 자연질서 자체라고 하는 원초유학의 사고는《중용》에서 더욱 분명히 언명된다. "천(天)이 명(命)한 것을 성(性)이라 하고, 성을 따르는 것을 도(道)라 한다"[58]는 것이 그 좋은 예이다. 이 '천명(天命)의 성(性)'은 앞에서 언급하였듯이, 본성의 선천적 본구를 가리킨다. 그러한 "본성을 좇은(따른) 결과로 이루어지는 것이 도덕"이라고 하는 사고는 도덕이 결코 인간의 의지로 제정한 인위의 현상이 아니고, 타고난 본성으로 인하여 이루어지는 자연현상임을 가리키는 것이다. 도덕을 이렇게 본성에 의한 자연적인 현상으로 파악하는 사고로 해서, 역으로 유학에서의 우주·자연의 법칙은 항상 도덕과 그 원리의 기준으로 간주된다.

인간의 성 자체를 자연적으로 생긴 것으로 간주하는 까닭에, 원초유학에서는 "성을 알면 천을 안다"[59]고 한다. 《중용》에서는 "인성을 다할 수 있으면 물성을 다할 수 있고, 물성을 다할 수 있으면 천지의 화육을 도울 수 있다"[60]고 한다. 성을 구현하면 도덕을 이룰 뿐만 아니

---

56) 《禮記》, 〈仲尼燕居〉: "禮也者理也"과 같은 책, 〈喪服四制篇〉: "凡禮之大體, 體天地, 法四時, 則陰陽, 順人情, 故謂之禮." 그리고《荀子》, 〈大略〉: "義, 禮也."

57) 이후 朱熹는 이와 같은 뜻에서 禮를 "天理之節文"라고(《朱子語類》 권42) 하였다.

58) 《中庸》, 首章, "天命之謂性, 率性之謂道."

59) 《周易》, "知性則知天" 및《孟子》, 〈盡心〉 上: "盡其心者, 知其性也. 知其性, 則知天矣."

60) 《中庸》, "能盡其性, 則能盡人之性. 能盡人之性, 則能盡物之性. 能盡物之性, 則可以贊天地之化育. 可以贊天地之化育, 則可以與天地參矣."

라, 자연질서에 합치케 되며, 나아가 자연의 생성(화육, 化育)까지 돕게 된다는 것이다. 여기에서도 인간 사회의 도덕질서가 자연 질서와 일치되는 한 계열의 성격임을 드러낸다. 그 근거는 역시 인간 본성을 (물성인) 자연성으로 간주하는 데 있다. 인간이 본성에 의하여 자연 질서와 합치하고 자연의 생성을 돕도록 되기까지 한다함은 결국 자연을 예와 도덕의 근거로 간주하는 것이며, 동시에 그것을 인간과 하나로 되는 대상, 이른바 '물아일체' 또는 '천인합일'의 대상으로 파악하는 사상이다.

자연과 인간이 하나로 같다는 것은 따지고 보면 이미 언급한 《서경》의 '천생증민'(天生烝民)이나 《주역》의 '천지가 부모'(乾稱父 坤稱母)라는 문구로부터 시사되었다.[61] 그러한 것이 지금 여기에서 좀 더 분명히 명문화된 것에 지나지 않는다. 이와 같이 유학에서의 인간은 '생'을 매개로 하여 자연과 시원적으로 연결된다. 반면 사멸을 통하여 인간은 자연에 귀속된다. 이에 '생'과 반대되는 사멸에서의 '귀신', '정영' 등의 개념이 있게 된다.[62]

4. 성리학의 자연철학

1) 복합적으로 이해된 자연

본원유교 이후 자연철학의 흐름에서 가장 큰 변이를 보이는 것은 송명의 성리학이다. 그 성리학이 이루어지기 이전, 하나의 과도기적 사상의 위치를 점하는 것이 한대의 동중서 사상이다. 동중서에 있어, 자연에 대한 이해는 법칙의 시각이 조금 구사되는 한편, 잔존하는 천제

61) 제 2절 2)에 나온다.
62) 다음 장인 '性理學의 자연哲學'에서 鬼神 등이 氣로 설명된다.

(상제)의 시각이 구사된다.

그는 자연 법칙의 의미로 '천' 또는 '천도의 상'을 논한다. 예를 들면 "천도의 상은 일음(一陰)·일양(一陽)이다"[63], "천도는 춘난(春暖)으로써 생(生)하고 하서(夏暑)로 양(養)하고 추청(秋淸)으로 살(殺)하며 동한(冬寒)으로 장(藏)한다"[64] 라고 함이 그러한 것이다. 그는 또 법칙적인 이해와 유사한 수(數) 개념도 구사한다. "천(天), 지(地), 음(陰), 양(陽), 목(木), 화(火), 토(土), 금(金), 수(水), 구(九)와 인(人)인 십(十)은 천(天)의 수(數)가 끝남이다"[65] 라고 할 때와 같은 경우가 그러한 것이다. 이러한 시각에서 그는 "천에는 사계절(사시)이 있고, 매 계절은 3개월이어서, 3·4는 12라, 12개월로 세수가 끝난다"는 견해도 표명한다.[66]

사계절의 기본 변화인 난(暖)·서(暑)·청(淸)·한(寒)으로 천도(天道)의 구체적인 내용을 설명하였음은 자연의 특성에 대한 지적이라는 점에서 (단순한 사계절의 순환만 지적하였던) 이전 경우보다 일보의 진전이라고 할 수 있다. 뿐만 아니라 그는 "봄의 생함(生)과 여름의 성장(長)은 백물(百物)의 흥성(興)이고 가을의 청쇄(殺)와 겨울의 수렴(收)을 백물의 간직(藏)"[67] 이라 하여, 사계절의 기온 변화가 생물의 "생·장·살·수"의 현상을 가져옴을 지적하였다. 이는 곧 농경에서 이전에 발견한 자연과 생물과의 (생성상의) 필연적 관계를 법칙적으로 이론화하는 데서 또 일보의 진전을 보인 것이다.

이 동중서는 사계절 기온변화에 따른 생물의 생장살수를 다만 음양

---

63) 《春秋繁露》 권12, 〈陰陽義〉: "天地之常, 一陰一陽."

64) 같은 책 권13, 〈四時之副〉: "天之道, 春暖以生, 夏暑以養, 秋淸以殺, 冬寒以藏."

65) 같은 책 권17, 〈天地陰陽〉: "天地陰陽木火土金水九與人而十者, 天之數畢也."

66) 같은 책 권7, 〈官制象天〉: "天有四時, 每一時有三月, 三四十二, 十二月相受, 而歲數終矣."

67) 같은 책 권13, 〈人副天數〉: "春生夏長, 百物以興, 秋殺冬收, 百物以藏."

의 "기"에 의한 자연현상으로만 보는 데서 그치지 않는다. "춘기의 따뜻함(暖)은 '천(天)이 사랑하여 생(生)케 함', 추기의 청쇄(淸)는 '천(天)이 엄하게 되어 이루게 함', 하기의 더움(溫)은 '천(天)의 즐거워 길러줌', 동기의 차가움(寒)은 '천(天)의 슬퍼 간직함'[68]이라 한다. 의지를 가진 천(天)(천제·상제)이 그의 의지대로 하는 현상이라는 주장이다. 그는 이 점을 "천(天)에도 희노의 기와 애락의 심이 있어 인간과 하나로 부합한다"[69]고 주장한다. 따라서 그에 의하면 사계절의 난(暖), 서(暑), 청(淸), 동(寒)은 천(天)이 계절에 따라 드러내는 위상벌형의 뜻이다.[70] 이런 맥락에서 동중서는 "천심"을 말하고,[71] 원천적으로 '천'을 "군물지조"[72]라고 부른다. 조물 내지 산물의 능력까지 갖춘 천(天), 즉 상제가 곧 그의 자연과 관련된 천(天)이다. 이러한 능력으로 해서 그의 천(天)은 계절의 변화뿐 아니라 재해도 야기한다고 믿어진다. 군왕의 실정·악정에 대한 '천견론'이 곧 그러한 이론이다.[73]

이와 같이 살피면 동중서에서의 자연은 곧 법칙적으로 생성하는 기이기는 하지만, 보다 근본적으로는 여전히 천제(상제)에 의하여 지배·주관되는 것이다. 여기서 주목되는 것은 어느 시각으로 이해되던지, 자연은 인간을 원천적으로 해롭게 하지 않는 존재라는 이해이다. 사계절의 변화와 변화에 따른 인간의 생존과 백물의 생성은 오히려

---

68) 같은 책 권11, 〈陽尊陰卑〉: "春氣暖者, 天之所以愛而生之. 秋氣淸者, 天之所以嚴而成之. 夏氣溫者, 天之所以樂而養之. 冬氣寒者, 天之所以哀而藏之."

69) 같은 책 권12, 〈陰陽義〉: "天亦有喜怒之氣, 愛樂之心, 與人相副."

70) 같은 책 권13, 〈四時之副〉: "聖人副天之所行以爲政, 故以慶副暖而當春, 以賞副而當夏, 以罰副淸而當秋, 以刑副寒而當冬, 慶賞罰刑, 異事而同功, 皆王者之所以成德也."

71) 董仲舒, 《漢書》 권56, 〈賢良對策之一〉.

72) 같은 책, 같은 곳.

73) 같은 책, 같은 곳.

'시혜'하는 천의 특성(天德)과 '화생'케 하는 지(地)의 특성(地德)에 의한 것이다. 실정하는 군왕에 대한 천견의 재해마저 인간 군왕(人君)을 인애하는 천심에 의하여 야기된다고 이해되었다.[74]

2) 원리적 이해의 심화

송명 성리학의 발흥으로 자연관이 원초유학 이래 가장 큰 변이를 보이게 된 데는 그만한 사상적 배경이 있었다. 그 변이는 남북조로부터 수·당대의 노장·불교에게서 영향을 많이 받고 생기게 된 현상이다. 성리학의 발흥배경에는 노장의 초속적 '자연'사상과 출세간적인 불교의 수양 및 법계설 등의 영향이 있었다.

성리학에 이르면 우선 자연은 여전히 '심미의 대상'이지만, 또 벼슬을 멀리하던 처사에게 세속초탈의 고독감을 잊고 '안위', '심성수양'에만 전념케 하던 처소이고 자료이었다.[75] 성리학을 특히 '위기지학'(爲己之學)의 각도로 익히던 '산림처사'의 자연에 대한 애착은 노장계의 은자의 그것에 결코 뒤지지 않았다.[76] 다만 노장계의 은자류가 자연을 다분히 자신의 몰입·물화의 대상으로 삼았던데 비하며, 처사들은 그것을 인생의 지혜 습득의 교본 및 정신적인 자아를 우주대(大)로 성숙시킬 수 있는 (합일의) 대상으로 삼았던 것이 서로 다른 점이다.

성리학자들이 자연을 이와 같이 대하게 된 이면에는 자연에 대한 그들의 새로운 이해가 있었다. 자연에 대한 그들의 보다 더 철저한 법칙적·원리적 이해와 그 원리를 인간·사회에 응용하던 심화된 사상이 있었다. 성리학의 명칭 자체가 '성명의리지학'(性命義理之學)의 준말이며, 이학(理學)·도학(道學)·의리지학(義理之學)·신유학(新儒學)

---

74) 같은 책, 같은 곳.

75) 朱熹, 李滉 등의 글에서 얼마든지 확인된다.

76) 山林處士의 修己는 다른 성리학자들의 修己의 모범이 될 정도로 금욕에 엄격하였다.

등으로 대용됨에서 그 점을 알 수 있다. 특히 성리학이니 이학이라는 명칭의 유래가 천리(天理), 인성(人性), 성명(性命), 이기(理氣) 등의 용어를 유달리 많이 구사하는 문제의식에 말미암은 사실로 그 점을 짐작할 수 있다.

성리학의 발흥과 더불어 가장 큰 변이를 보인 것은 '리'(理)와 '천'(天) 개념의 새로운 구사이다. 자연에 대한 원리적 이해를 강화하면서 성리학자 정호(明道) 등은 '천리'라는 용어를 새로 사용한다.[77] 이들은 자연의 변화법칙을 전보다 더 확신하면서, 그 법칙을 이로 환원하여 "천하의 만물은 모두 다 '리'(理)로 살필 수 있다"[78]고 한다. 그들은 "천하에는 다만 하나의 '리'(理)가 있을 뿐이다. 이는 실한 것이며 근본(本)이다."[79] "실로 리(理)가 있기 때문에 물(物)이 있고, 실제로 물(物)이 있기 때문에 그 용(用)이 있다"[80]고도 한다. 이는 만물의 변화법칙일 뿐 아니라, 더 나아가 '만물을 생성시키는 근본'(生物之本)[81]으로서 우주의 근원이라는 것이다. 즉, 정주(程朱) 이후의 성리학자들은 '태극'(太極)을 '리'(理)로 보면서, 그 '리'(理)로서의 태극이 우주의 궁극적인 원리 내지 근원이라고 생각한다.[82]

자연이 태극이라는 궁극적인 이로 인하여 생성된다는 것은 곧 '천제'(상제)의 주재(主宰)·조물(造物) 능력과 그 존재마저 부인하는 사고이다. 사실 성리학에서는 천재(天災) 같은 특별한 경우 외에는 천제를 별로 믿지 않고, 믿더라도 제한된 범위로 믿는다. 성리학자들은 오히려 '천즉리'(天卽理)임을 새롭게 주장한다.[83] 궁극적 의미의 '천'개

---

77) 程顥·程頤, 《二程全書》 권1~2, 〈外書〉.

78) 같은 책 권19, 〈遺書〉: "天下物皆可以理照."

79) 같은 책 권12, 〈遺書〉: "理者 實也, 本也." 및 같은 책 권19, 〈遺書〉: "天下只有一箇理."

80) 같은 책 권40, 〈雜言〉: "實有是理, 故實有是物. 實有是物, 故實有是用."

81) 朱熹, 《朱子語類》.

82) 같은 책 권94, 〈周子之書·太極圖〉.

83) 鄭之雲의 《天命圖解》에서는 이 명제를 첫머리에 놓고 있다.

념이 성리학자들에 이르러 '태극'이라는 '리'(理) 개념으로 대용하게 되면서, 천관(天觀)은 '리법천관'으로 변하게 되었다. 성리학에 이르러 자연은 리법천관의 시각으로 이해되는 대상이었다.

3) 이기개념으로 본 우주 · 자연

이가 단순히 자연현상의 '질서'나 '조리'와 같은 법칙에 그치지 않고, 천제의 능력을 대신하는 '궁극의 근원'인 '태극'이라는 생각은 이를 '궁극적인 원인'으로 간주하는 사고이다. 그것은 본래의 천인 천제의 '주재'(主宰) 기능을 '원인'의 개념으로 환원하는 사고이다. 이런 맥락에서, 이의 의미를 설명할 때 성리학자들은 '소이연'(所以然) 또는 '소이연지고'(所以然之故)라 하여, '그렇게 되는 까닭'이라는 의미를 이에 더한다. 이는 《주역》에서 '일음일양지위도'(一陰一陽之謂道)라 한 것을 정이가 '도는 음양이 아니다. 한번 음으로 한번 양으로 되게 하는 것이 도이다'라고 한 데서 비롯한다.[84] 따라서 성리학자들이 자연을 이법천관으로 이해하는 이면에는 이와 같이 천제 본래의 주재천관의 변화가 있었다. "천이 곧 이"라고 할 때의 이는 주재천의 변용개념인 셈이다.

여기서 주의할 것은 이가 함유하는 원리 · 법칙의 의미영역은 반드시 자연의 물리적 변화에 한하여 적용되지 않는다는 점이다. 이가 도와 상통하는데, 도가 천도뿐 아니라 인도까지 의미하므로, 이는 도덕의 원리 · 법칙까지 의미하게 된다. 그런 경우 이의 의미는 '소당연'(所當然) 또는 '소당연지칙'(所當然之則)라고 설명하게 된다. 이는 이른바 당위의 도리라는 의미까지 더 함유한다. 이러한 의미들이 복합적으로 구사되면서, 복잡한 이론을 형성하는 것이 성리학에서의 리(理) 개념이다.[85]

---

84) 程顥 · 程頤, 《二程全書》 권4, 〈遺書〉: "道非陰陽也. 所以一陰一陽道也."
85) 윤사순, 〈존재와 당위에 관한 퇴계 · 이황의 일치시〉(《한국유학사상론》, 예문

어떤 의미로 사용하던지 리(理)의 특성은 (도와 같은 이상) 감각을 초월한 것이고, 그런 점에서 '형이상'으로 표현된다.[86] 무형(無形), 무취(無臭), 무색(無色), 무정의(無情意), 무계도(無計度), 무조작(무작위)〔無造作(無作爲)〕, 무생(無生), 무사(無死)라는 것이다.[87] 무사라는 특성이 고려될 때, 그것은 '무이유'(無而有) 또는 '실유'(實有)라는 주장까지 있게 된다.

리(理)와 대조되는 기(氣) 역시 성리학에서는 이전보다 복잡하게 상정된다. 기(氣)는 물론 음양·오행으로서 현상의 물을 이루는 '재구' 즉 '생물지구'(生物之具)이다.[88] 따라서 기(氣)는 '형이하'(器)의 특성을 지닌다. 즉 취산(聚散)·굴신(屈伸)·왕래(往來)하며, 학자에 따라서는 그 (氣의) 생멸을 인정하기도 부정하기도 한다.[89] 기(氣)에 경중(輕重)·청탁(淸濁)·수박(粹駁)·정조(精粗) 등의 특성을 상정함으로써, 질(質)·정(精)·신(神)·혼(魂)·백(魄) 및 의(意) 등과 연관된다는 것이다.[90] '귀신' 역시 기에 지나지 않아서, 귀를 '음기', 신을 '양기'라고 성리학자들은 이해한다.[91]

성리학이 무르익으면서 리(理)와 기(氣)의 관계도 논급된다. 주희에 의하면, 리(理)는 기(氣)를 구체적인 소재로 얻고(稟)서야 일정한 형(形)의 물(物)을 이룬다. 기(氣) 역시 아직 물(物)은 아니고, 리(理)로 인하여 (理와 合하여) 형상있는 물(物)로 드러난다. 따라서 리

서원, 1997)에서 이 점을 상술하였다.

86) 程顥·程頤, 《二程全書》 권16, 《遺書》, "道是形而上者."

87) 朱熹, 《朱子語類》 권1, 〈理氣上·太極天地上〉: "理無形", "理却無情意, 無計度, 無造作."

88) 朱熹, 《朱子大全》 권58, 〈答黃道夫〉: "氣也者, 形而下之器也, 生物之具."

89) 徐敬德(花潭) 같은 張載(橫渠) 계통의 학자는 氣의 生滅을 부정하고 '一氣恒存'을 주장하지만 程朱를 따르는 李滉(退溪) 같은 학자는 氣의 生滅을 주장한다.

90) 陳淳, 《性理字義》(一名; 北溪字義) 참조.

91) 위와 같음.

(理) 와 기(氣) 는 실제로(在物上으로) 는 분리될 수 없는(不離) 관계이다. 그러나 리기가 구체적으로 한 물에 있다고 하더라도, 한가지로 혼잡될 수 없는(不雜) 것이다. 또 리(理) 가 모든 것의 원인인 만큼, 논리상(在理上) 기(氣) 없는 리(理) 는 있을 수 있어도, 리(理) 없는 기(氣) 는 있을 수 없다. 논리상으로는 기(氣) 보다 리(理) 가 선행하는 것으로서, 리기는 어디까지나 구분되는(不離) 관계이다.[92] 요컨대 리기는 불리 · 불잡의 관계이고, 그런 의미에서 이것들은 '일이이, 이이일'(一而二, 二而一), 즉 '하나(不離) 이면서 둘(不雜) 이고, 둘이면서 하나'라고 한다.[93] 형식논리로 납득될 수 없는 이 관계의 명제를 "리기지묘(理氣之妙)"라 한다.[94]

리(理) 로 인하여 만물이 생겨나는 만큼, 만물은 리의 시각에서 서로 같다. 리에 비하여 경중 · 청탁 · 수박의 차이가 있는 기로 해서 만물은 구분되는 형상을 갖게되는 만큼, 기의 시각에서 보면 만물은 서로 다르다고 하게 된다. '리동(理同), 기동(氣異)'이라는 것이다.[95] 이 점을 이이(李珥) 는 또 독특하게 '리통기국'(理通氣局) 이라고도 표현하였다.[96] 이것이 우주 · 만물을 리기론의 시각에서 이해할 때의 기본이론이기도 하다.

더 나아가 리기개념 중 리(理) 의 측면에서만 우주 · 만물을 이해한다면, 정주계의 성리학자들은 또 '리일분수'(理一分殊) 라는 어구를 구사한다.[97] 이는 만물이 근본적으로 태극(太極) · 리로 인하여 생성되

---

92) 朱熹, 《朱子語類》 권1, 〈理氣上 · 太極天地上〉 및 《朱文公文集》 中, 〈答劉叔文〉.

93) 朱熹가 한 이 표현을 누구보다도 李珥(栗谷) 가 즐겨 사용하였다(李珥, 《栗谷全書》 권1, 〈答成浩原〉).

94) 朱熹, 《朱子語類》 권1, 〈理氣〉.

95) 《朱子語類》 권4, 〈性理〉. 이 '理同, 氣異'는 18세기 조선의 '人物性同異論'의 기초사고로 활용되었다.

96) 李珥, 《栗谷全書》 권1, 〈答成浩原〉.

97) 程顥 · 程頤, 《二程全書》 권40, 〈雜言〉 : 및 朱熹, 《朱子語類》 권27.

는 만큼, 총체적인 범위로 우주·만물은 '하나의 태극'(總體一太極)이라 할 수 있으며, 개체상으로는 '각각 분화된 태극'(物物各具一太極)이라는[98] 의미이다. 요컨대 우주·만물은 태극이라는 '리의 한 체계'(理一分殊)라는 이해에서 이러한 어구를 구사한다. 따라서 우주·자연은 정주 성리학에 의하여 지극히 합리적인 체계의 형이상학으로써 이해된다.

4) 우주의 태초 형성설

자연에 대한 형이상학적 이해는 선진시대부터 노장이 유학보다도 더 깊이 하였다. 예를 들면 노자의 "유는 무에서 생(生)하였다"[99], "도(道)가 일(一)을 생(生)하고 일(一)이 이(二)를 생하고 이(二)가 삼(三)을 생하고 삼(三)이 만물을 생하였다"[100]는 이론이 그러한 것이다. 유교부흥의 의지로 발흥한 성리학은 극복의 대상으로 적대시한 노불의 영향을 간접적으로나마 상당히 받았음을 이미 밝혔지만, 노장의 위와 같은 우주 태초 형성설이 그 한 예이다.

원래 유학에서 우주의 초생에 관하여 언급한 것으로는 3절에 소개한[101] 《주역》의 "역에는 원래 태극이 있었는데(易有太極), 이것이 양의(음양)를 생하였다"는 언구에 불과하였다. 성리학자인 주돈이(濂溪)는 이것을 골간으로 하여 아래와 같은 이론을 제시하였다. "무극이면서 태극(無極而太極)이지만, 태극(太極)이 동(動)하여 양(陽)을 생하였는데, 동이 지극하면 정(靜)하여지는 법, (태극이) 정하여 음(陰)을 생하였다. … 음과 양의 나뉨으로써 양의(兩儀)가 존립하게 되었다. 양과 음의 변합(變合)으로 수화목금토(水火木金土)를 생하였다. … 오

---

98) 朱熹, 《朱子語類》 권94, 〈周子之書·太極圖〉.
99) 老子, 《道德經》, "天下萬物生於有, 有生於無."
100) 같은 책, "道生一, 一生二, 二生三, 三生萬物."
101) 제3장 2)에 나온다.

행의 생겨남에 각기 하나의 그 성이 있게 되었는데, 무극의 진(眞)과 이오(二五, 음양과 오행)의 정이 묘하게 합하고 응하자, 건도(乾道)는 남성을 곤도(坤道)는 여성을 이루면서, 리기의 교감으로 만물을 화생하였다. 만물이 생겨남에 변화가 무궁하게 되었다"[102]는 것이다. 이 이론은 '무극과 태극의 관계', '태극의 독존적 선재와 동' 및 '생' 등의 문제를 야기하였지만,[103] 정주 등이 주리론의 입장에서 계승 합리화함으로써,[104] 그 계통의 우주 초생설을 대표하게 되었다.

다른 한편 태극을 우주의 궁극적 근원으로 보지 않는 소옹, 장재, 서경덕 등은 또 다른 견해를 표명하였다. 이들은 기의 '생멸성'을 부인함과 동시에, 리에 대하여서는 '원인'(所以然之故) 의미를 부인하고 '질서', '조리'로서의 법칙 의미만 인정한다. 그런 까닭에 우주·자연의 원초적 생성은 '항존'하는 기의 자체변화에 지나지 않는다. 도대체 기에 생멸이 없으므로 그 존재의 시와 종이 없다. 따라서 우주의 태초란 허정(虛靜)하였던 기 본래의 '체'(體)가 취산(聚散), 굴신(屈伸)하는 '용'(用)으로 전환된 때를 의미할 뿐이다. 그것은 기(氣)의 본체(本體)인 '태허'로부터 그 용인 '기화' 현상으로의 전환일 뿐이다. 기의 체(體)인 태허를 '선천'(先天), 그 용인 기화를 이들은 '후천'(後天)이라고 하면서, 선천으로부터 후천에로의 전환을 '개벽'(開闢), 또는 '합벽'(闔闢)이라고 하였다. 그들에 의하면 개벽은 그 무엇이 시킨 것이 아니고(非孰使之), 어쩔 수 없이(不得不已) 저절로(自能) 그렇게 된 것(機自爾)이다. 이러한 개벽이 있을 때, 일기(一氣)는 이기(二氣)

---

102) 周敦頤, 〈太極圖說〉.

103) 우선 老莊에서 사용한 無極을 인정할 것인가 부정할 것인가에 따라 程朱系와 陸王系가 나뉜다. 그것을 인정하는 程朱系라 하더라도 太極과 陰陽을 理와 氣로 대치하면 이 이론은 理氣의 구분, 理氣의 특성의 차이를 설명하는 데에 난제를 야기한다. 윤사순, 〈퇴계의 우주발생관〉(太極生兩儀觀) (《퇴계철학의 연구》, 고대출판부, 1980)에서 이 난제를 상술하였음.

104) 특히 退溪의 합리화의 이론이 程朱系의 합리화 이론을 대표한다. 본인의 위 논문에 소개하였음.

로, 이(二)는 다기(多氣)로의 분화가 있었고, 음양의 특성에 따라 일월성진과 천지가 형성되었다는 것이다.[105] 이것이 주기론적 우주 형성설이다.

5) 자연현상설

자연의 생성·변화에 대하여서는, 기의 생멸에 대한 견해 차이와 상관없이 어느 성리학자나 기의 취산(聚散)·굴신(屈伸) 또는 음양(陰陽)·오행(五行)의 변합(變合) 작용으로 설명한다.[106] 다만 자연의 변화 현상이 오직 기만으로 이루어지는 것이라든가, 리 때문에 기의 그러한 현상이 생긴다는 이른바 주기·주리의 사고에 따라, 근본적인 현상·변화에 대한 이론이 양분된다. 주기의 사고로는 자연의 변화는 마치 "물이 물의 특성을 지닌 채로, 얼었다 녹았다 하듯이, 본체인 '태허' 안에서 기가 취산(聚散)함"에 불과하다고 한다.[107] 그러나 주리의 사고로는 "천지의 변화란 기가 자연히 생생하여 그침이 없는 것(自然生生不窮)이지만, 그 (기의) 왕래 굴신은 다만 리일 뿐이라"고 한다.[108] 즉, 기의 현상이 리 때문이라는 것이다.

자연 현상에 대한 성리학적인 이해로서 빠뜨릴 수 없는 것이 또한 《주역》의 사고에 근원한 상수설(象數說)이다. 리(理)란 원래 물리의 법칙·도덕 법칙(당위의 도리) 외에도 논리와 수리의 법칙을 의미한다. 그런 까닭에 유학자들은 기로 해서 개체의 형상이 이루어지지만, 기외에 그 '형'을 이루는 것으로는 '상'이고, 그 '상'은 근원적으로 '수'로 해

---

105) 徐敬德, 《花潭集》 권2, 〈雜著·原理氣〉: 〈雜著·理氣說〉 등 참조.

106) 風雨雲霜 등을 張載가, 氣候는 朱熹가 氣의 작용에 의한 설명을 상세히 하였다(山田慶兒, 《朱子の자연學》, 岩波書店, 1978).

107) 張載, 《張子全書》 권2, 〈正夢·太和篇〉: "氣之聚散於太虛, 猶氷凝釋於水."

108) 《二程全書》 권16, 〈遺書〉: "天之氣亦자연生生不窮. …往來屈伸只是理也."

서 있게 된다고 한다.[109] 이렇게 변화에서 상수를 중요시하는 것이 또한 성리학이다.

소옹(邵雍)은 상(象)을 사원구조의 '사상'(四象)으로 논한 것으로 유명하다. 그는 음과 양 및 그 교호관계(陽交于陰, 陰交于陽)인 '태양(太陽), 소양(少陽), 소음(少陰), 태음(太陰)'을 "천의 사상"이라 하는 한편, 강(剛)과 유(柔) 및 그 교호관계(剛交于柔, 柔交于剛)인 '태강(太剛), 소강(少剛), 소유(少柔), 태유(太柔)'를 "지의 사상"이라고 하였다.[110] 이는 기(음양)의 다과와 강유의 특성을(분화시켜) 음양의 다과에 대조함으로써, 자연을 이해할 수 있는 사원구조의 단위로 삼은 것이다. 따라서 사상으로 이해하는 방식에 있어서는 자연의 요소로서의 오행마저 사행(水火木石)으로 바뀌고, '원(元)·회(會)·운(運)·세(世)'라는 네 수의 단위가 일월성진의 운행수치의 반영이라고 주장된다.[111]

정이에 이르면, 전술하였듯이 수보다는 리가 궁극적인 것으로 믿어져, "리(理)가 있은 뒤에 상(象)이 있고, 상(象)이 있은 뒤에 수(數)가 있게 된다"[112]고 한다. 기설에서도 소옹의 사행설 역시 배제되고, 오행설이 계승·발전된다. 특히 주희에 의하면, 기에는 원래 경중의 기와 질이 있다. 그런 까닭에 "오행의 질(質)은 지(地)를 구성하고, 그 기(氣)는 천(天)에서 유행한다. 질의 측면에서 오행의 생성순서를 말하면, 수화금목토(水火金木土)로서 수목(水木)은 양(陽), 화금(火

109) 劉牧, 《經解》, 〈易數鉤隱圖序〉: "… 形由象生, 象由數設. …"

110) 《皇極經世》 권3, 〈觀物內篇〉: "太陽少陽太陰少陰, 成象於天而爲日月星辰. 太剛少剛太柔少柔, 成形於地而爲水火土石." 및 같은 책 권5, 〈觀物外篇〉: "太極旣分, 兩儀立矣. 陽下交於陰, 陰上交於陽, 四象生矣. 陽交於陰, 陰交於陽, 而生天之四象. 剛交於柔, 柔交於剛, 而生地之四象."

111) 《皇極經世》 권4, 〈觀物內篇〉: "日經天之元, 月經天之會, 星經天之運, 辰經天之世."

112) 《二程全書》 권63, 〈伊川先生文集·答張宏中書〉: "有理而後有象, 有象而後有數."

金)은 음(陰)이다. 기(氣)의 측면에서 오행(五行)의 유행순서를 말하면, 목화토금수(木火土金水)로서 목화(木火)가 양, 금수(金水)가 음이다. 총괄하여 말하면 기(氣)가 양이고 질(質)이 음이며, 착종하여 말하면 동(動)이 양이고 정(靜)이 음이다."[113] 라는 것이다. 이때 질(質) 측면의 오행 생성순서와 기(氣) 측면의 오행 유행순서가 곧 오행의 '상극(相克)과 상생(相生)'의 관계이다. 여기서 자연의 변화를 오행의 '상극', '상생'관계로 파악하는 방법이 나온다.

오행의 상극·상생이 각각 순환론적 사고임은 물론이다. 이 사고 역시 생생(生生)하는 기(氣)의 끊임없는 생성현상을 나타낸다. 원래 자연의 변화는 고대 특히 동중서(董仲舒)이래 순환하는 사계절의 기온〔난(暖), 서(暑), 청(凊), 한(寒)〕이 생물에게 생(生), 장(長), 살(殺), 장(藏)케 하는 현상이라고 파악하였기 때문에, 그 영향으로 주희(朱熹)는 오행관계 역시 순환적으로 생극한다고 이해하였다. 생장하는 기(氣)의 현상을 특별히 고려한 주희는 동중서의 사고를 계승·발전시켜, 생물이 지닌 사계절의 생(生), 장(長), 살〔收(遂)〕, 성〔成(藏)〕을 원(元), 형(亨), 리(利), 정(貞)에 적용하였다. 자연법칙으로서의 천도인 원(元), 형(亨), 리(利), 정(貞)이 곧 생(生), 장(長), 수(遂), 장(藏)의 원리라는 것이다. 이리하여 자연 전체를 생명체(유기체)로 간주하는 견해가 더욱 이론적으로 충실하여졌다.[114]

자연에 대한 생명체관을 성리학자들은 기(氣)뿐만 아니라 리(理)의 측면으로도 확고히 하는 사고를 개발하였다. 리(理)가 '소이연'(所以然)의 의미뿐만 아니라 '소당연'(所當然)의 의미를 함께 지녔다고 생각한 이들은 '태극'(太極) 역시 단순히 '음양(陰陽)의 생성·유행의 리(理)'에 그치지 않고, 동시에 '극호지선(極好至善)의 표준(表德)'이라고 한다.[115] 태극(太極)은 궁극적인 필연의 리(理)일 뿐 아니라 지선

113) 朱熹, 《太極圖說解》.

114) 朱熹, 《朱子大全》 권74, 〈玉山講義〉; 같은 책 권67, 〈元亨利貞說〉.

115) 太極에 대한 이러한 의미규정은 周敦頤가 하였다. (朱熹, 《朱子語類》 권

(至善)의 리(理)이기도 하다는 것이다. 따라서 하나의 '태극(理)의 체계'(理一分殊)라 할 수 있는 우주·자연은 필연의 법칙만 적용되는 기계가 아니라, 일정한 선의 기준을 향하여 당위의 목적론적인 생성을 하는 생명체라는 이해가 암암리에 있었던 것이다.[116]

기(氣)의 집체인 우주·자연은 그 기(氣)의 끝없는 생생(生生)으로 해서 영원·무궁히 존립할 수 있다. 그리고 그 영원무궁한 기(氣)의 생성이 가능한 것도 영원히 소멸되지 않는(無死) 리(理)에 근거하여 이루어지기 때문이다.[117]

6) 도덕의 근거와 합일의 대상

인간과의 관계에서 이해하는 성리학의 자연관은 기본적으로 본원유학의 사상을 계승한 것이다. 즉, 자연과 인간은 부모·자식과의 관계라든가, 자연의 원리는 도덕의 준거이며, 그러므로 그 원리와 인간의 행위가 합치하도록 힘써야 한다는 견해가 그러한 것이다. 다만 그러한 견해를 성리학에서는 원초유학보다 더 형이상학적으로 상론할 뿐이다.

성리학자들은 인간의 형태 가운데 머리와 발의 형태인 '두원족방'(頭圓足方)을 그들의 천지이해인 '천원지방'(天圓地方)에 일치시킴으로써, 고대 삼재사상(三才思想) 이래의 '천지(天地)의 소생(所生)'이라는 인간관을 계승·합리화한다. 정지운(鄭之雲), 이황(李滉) 같은 학자는 이것을 그의 〈천명도(天命圖)〉를 통하여 명시하려 하였다.[118]

94.)

116) 윤사순, 〈존재와 당위에 관한 퇴계이황의 일치시〉(《한국유학사상론》, 예문사, 1997)에서 상술하였음.

117) 이것은 朱熹의 이론인데, 퇴계가 인용함을 본다(윤사순, 《퇴계철학의 연구》, 고대출판부, 1980, 170쪽).

118) 鄭之雲, 《天命圖》; 李滉, 《天命圖》 등.

일부의 성리학자들은 사상·오행의 관념을 동원하여 인간의 감각기관(耳, 目, 口, 鼻)을 비롯한 온갖 장부와 인간의 본성(仁義禮智信) 등이 다 사상 또는 오행의 특성과 일치한다고 주장하여, 위의 이해를 더욱 강조한다. 동양 의학의 이론까지 동원하는 사상설·오행설이 곧 그 예증이다.119)

그들은 무엇보다도 인간 역시 리(理)와 기(氣)로 된 것(理氣之合)이라는 이론을 가지고 인간과 자연과의 근본적인 동일성 및 양자의 합일 가능성을 주장한다. 인간의 신체를 비롯하여, 심(心)·정(情)·성(性)까지도 이기를 떠나서는 존립할 수 없고, 논의될 수 없다는 것이다. 신체와 심(心), 정(情)은 다 '리기(理氣)의 합'이고, '성(性)은 곧 리(理)'라는 사고를 상정하기 때문이다.

리(理) 개념의 확대에 해당하는 '성즉리'라는 명제를 정이같은 학자들이 주장한 것은 '천즉리'의 명제 못지않게 유학사에서 사상적 전환을 크게 가져온 것이다. 천즉리가 상제천관(上帝天觀)을 불식하는 리법천관(理法天觀)의 발상 전환이지만, '성즉리'(性卽理)는 리기론적 이해를 자연계뿐만 아니라 인간 본성에까지 적용하는 사고 방식이어서 그러하다. 이 명제의 대두 이후에 '인성'과 '물성'이 서로 같은가 다른가의 문제가 크게 제기되었음이 그 좋은 증거이다.120)

인간(人性)과 자연(物性) 사이에는 서로 다른 점도 있고 같은 점도 있다. 타고나는 기(氣)의 차이로 인하여 인간과 만물의 모양이 다르듯이, '기질의 특성'으로는 양자가 서로 다르다. 그러나 음양·오행 자체에는 차이가 없듯이, 음양·오행을 근본적으로 이루는 '태극·천명으로서의 리(理)'인 '본성'의 측면으로는 양자가 서로 같다. '기질의 성(性)'으로는 인간과 만물에는 차이가 있지만, '본연의 성(性)'으로는 양자가 서로 동일하다는 것이다. 이것이 곧 위에서 리기(理氣) 개념을

---

119) 이른바 四象醫學의 이론이 그러한 것이다.

120) 18세기부터 조선의 성리학자들은 1세기 반 이상이나 이 논의(論辨)를 행하였다.

소개할 때, '리동기이'(理同氣異)라고 한[121] 사고의 연장이다.

이때 본연의 성은 태극·천명의 리(理)일 뿐 아니라 구체적으로는 '오성'(五性) 또는 '오성'(五常)인 '인의예지신'(仁義禮智信)이기도 하다는 것이 성리학자들의 견해이다.[122] 이러한 견해는 곧 오성(五性)의 자연적인 발현이 곧 '오륜'(五倫)인 부자·군신·부부·장유·붕우간의 '친(親)·의(義)·별(別)·서(序)·신(信)'의 규범으로 된다는 이론을 낳는다. 일찍이 《중용》에서 "천명지위성(天命之謂性), 솔성지위도(率性之謂道)"라 하면서, 《좌전》과 《맹자》 이래의 오륜을 가리켜 "천하의 달도(達道)"라고 한 것을[123] 성리학자들은 다시 정리하여, 오륜의 도리란 오성을 자연스럽게 따름(率)으로써 이루어지는 것일 뿐이라 하였던 것이다. 이 이론 역시 도덕을 자연화한 본성에 기초시킨 '도덕자연화설'의 연장이다. 따라서 성리학자들도 자연과 그 법칙을 여전히 도덕의 근원이며 준거로 간주하고 있는 것이다. 이런 점에서 성리학자들은 경(敬)(主一·精一) 등의 수양(執中)을 통하여[124] 기질성의 제약을 벗어나 본연의 성을 따르고자 노력하였다.

본연성의 구현은 다만 도덕의 성립에만 목적이 있는 것이 아니다. 그것은 더 나아가 인간이 자연과 합일하려는 데 더 큰 목적이 있다. 성리학자들은 인간의 본성을 대표하는 '인'(仁)에 대한 공자의 해석인 '애인'(愛人)을 '생의'(生意), '생물지성'〔生物之性(心)〕으로, 즉 정호(程顥)가 생의로 주희가 생물지성으로 확대 해석하였다. 그리하여 인(仁)의 실현을 일종의 자연애를 통한 '물아일체'의 통로로 파악하였다.

---

121) 주95) 참조.

122) 이때 五性인 仁義禮智信의 본성을 완전히 五行과 짝하는 本然性으로 보아, 人性·物性의 같음을 주장하는 견해가 있지만, 五性은 인간만이 지닌 성으로 보아 인성·물성의 다름을 주장하는 견해도 있다. 人物性同異의 논변에서 그 견해차이가 분명히 드러났다.

123) 《中庸》 20장.

124) 이 경우 〈人心道心說〉을 거론한 것은 이것이 대표적인 예가 될 수 있기 때문이다. 성리학자들의 수양설은 물론 이외의 것이 많아서 매우 복잡하다.

다시 말해 그들은 애인하는 인(仁)의 본성을 인간뿐 아니라 자연 전체를 애호하는 본성, 즉 '애물'(愛物)하는 본성으로 확대·해석함으로써, 궁극적으로 인간이 자연과 합일할 수 있는 길을 열었다. 이는 우주의 특성이 생명인 만큼, 인간의 대표적인 본성 역시 생의, 생물지성일 수밖에 없고, 그런 점에서 인(仁) 등의 본성을 실현하면 인간이 우주·자연과 합일하게 된다는 이론인 것이다. 이때 주희는 자연의 원리(天道)인 원형리정(元亨利貞)에 각각 인의예지(仁義禮智)를 배분, 서로 일치하는 것으로까지 주장하였다.[125] 그는 인간 본성의 본래적 자연성을 더욱 구체화하여, 원초유학 이래의 천인합일의 이상을 더욱 형이상학적으로 뒷받침하였던 것이다. 자연은 성리학자들에 있어, 특히 도덕론과 천인합일론의 경우에, 심각한 형이상학적 이해의 대상으로 되었던 것이다.

유학에서 자연이 가장 형이상학적 이해의 대상으로 된 경우는 육왕계(陸王系)의 심학(心學)에서였다. '심즉리'(心卽理)[126]를 주장하는 것으로 특징 지워지는 그 계통에서는 '물리'(物理) 자체를 '사리'(死理)로 간주하면서, 주관적인 심(心)으로서의 리(理)를 '생리'(生理)라고 한다.[127] 이는 물리를 경시하면서 심리 내지 심(心) 자체를 중요시하려는 의도의 표명이다. 이러한 의도는 나아가 '심외무리'(心外無理), '심외무물'(心外無物), '오심시(吾心是) 우주'(우주卽吾心)라는 주장을 낳는다.[128] 심학자들은 '외물'(外物)로서의 우주·자연을 심(心)으로 환원하는 식으로 내재화 또는 심화한다. 그들에 있어 심(心)은 단순히 자연질서의 입법자가 아니라 자연 자체를 내함하는 절대적 주체에 해

125) 주112)와 같음.

126) 陸九淵, 《象山全集》 권1.

127) 王陽明, 《傳習錄》 上, 〈薛侃錄〉: "所謂汝心, 卻是那能視聽言動的. 這箇便是性, 便是天理. 有這箇性, 才能生這性之生理. 便謂之仁. 這性之生理發在目, 便會視, 發在耳, 便會聽, 發在口, 便會言, 發在四肢, 便會動: 都只是那天理發生. 以其主宰一身, 故謂之心."

128) 陸九淵, 《象山全集》 권22, 〈雜著·雜說〉.

당한다고 할 수 있다. 이러한 까닭에 인(仁)(생의)의 심성(心性)에 의한 자연과의 합일(物我一體)을 심학(心學)에서는 정주(程朱) 이상으로 역설한다.

육왕심학(陸王心學)에서는 따라서 '궁리'로서의 '격물'이란 결코 물리의 탐구가 아니다. 심학에 있어서의 격물은 실상 물리 탐구를 제외한 '의(意)를 바로잡음'(正意)일 뿐이다.[129] 그러므로 심학에서의 격물은 궁리 아닌 성의 내지 정심의 수양에 해당한다. 그것은 바로 올바른 의(意)와 심(心), 특히 심(心) 속의 본성인 '양지'(良知)로써 도덕행위를 하기 위한 준비작업이다. 육왕이, 정주의 격물설을 비판하는 데에는 이와 같이 도덕 확립의 목적이 있었던 것이다. 이렇게 살피면 "심즉리"의 명제는 결국 기(氣)(심지기)에 의한 심(心)의 지각작용이나 객체로서의 기(氣)세계인 자연을 부정하기 위하여 제기한 것이 아니다. 그러나 그것은 도덕 수립을 철저히 하기 위하여, 비록 리(理)를 천리의 이름으로까지(存天理 去人欲) 많이 말함에도 불구하고, 도덕의 자연화를 넘어서는 일종의 자연의 도덕화와 같은 의지의 강렬함으로 인하여, 오히려 기(氣)세계를 소홀히 하는 태도로 흘렀다.

5. 실학의 자연철학

1) 전통적 자연관의 붕괴여건

기(氣)로 이루어진 객관세계 전반(자연)을 심(心)으로 환원하여 이해하면서 수양과 도덕을 특별히 강조하는 심학은 17세기 이후 격동·격변하는 시대환경으로 해서 비판받게 된다. 그 관념론적이고 비실

129) 王陽明, 《傳習錄》上, 〈徐愛錄〉: "格物, 如孟子大人格君心之格, 是去其心之不正, 以全其本體之正." 및 같은 책, 〈陸澄錄〉: "格者, 正也, 正其不正, 以歸於正也."

질·비실제적인 성향이 현실극복의 무력함으로 해서 명청(明淸) 교체기를 지내던 지성으로부터 특히 배척되기에 이른다. 그 배척의 경향은 천주교와 서구근대과학의 영향으로 해서, 더욱 근본적이고 철저한 배척인 '성리학 전반의 회의'로 진행된다.

한편, 심학이 크게 유행하지 않은 대신 정주계(程朱系)의 예설(禮說)이 크게 풍미한 17~18세기의 한국에서는 그 형식주의적인 명분(名分) 절대시 성향의 정·주 성리학이 비판의 표적으로 된다. 16세기 말~17세기의 왜란 호란이 그러한 사상적 비판의식을 조성한 여건이었다. 이와 같이 중국·한국을 가릴 것 없이 17세기 이후의 격동하는 여건에서 탈성리학(심학)의 의지에서 발흥한 것이 실학(實學)이다.

예수회 교도들이 전하는 천주(天主)신앙은[130] 미약하여진 천제(상제)관념의 부활을 촉진함으로써, 리법천관(理法天觀)으로 이해되던 그동안의 자연관을 동요케 한다. 서구의 천문, 지리, 역산, 의학 등의 지식은 종래의 자연관에 일종의 충격적인 것이기에 충분하였다.[131] 특히 '지구설', '지동설', '태양계', '은하계'의 이론들은 당시 유학계에도 일종의 코페르니쿠스적 전회의 자연관으로 다가왔다. 그것들은 바로 '지구 중심'의 천체관을 수정케 함으로써 '인간 중심'·'중국 중심'의 자연관을 개정하지 않을 수 없게 만드는 지식이었다.

'천원지방', '천동지정'이 진실이 아니라면, 지체가 천계의 중심이라는 믿음은 쓸모 없으며, 구형 지체에서는 중국이 지리상으로는 더 이상 세계의 중심이 될 수 없으며,[132] 인간의 '두원족방'을 더 이상 천지의 닮은꼴이라고 할 수 없게 되었다. 인간 본위·인간 중심적 자연관

130) Matteo Ricci(利瑪竇)의 《天主實義》가 그 대표적임.

131) 《治曆緣起》, 《天文略》, 《遠鏡書》, 《千里鏡說》, 《職方外記》, 《西洋國風俗記》, 《天文圖南北極》, 《萬里全圖》 등이 있다.

132) 중국 중심의 사고인 華夷觀의 붕괴는 중국인에게는 자존심을 잃게 하는 것이었던 반면, 한국 같은 변방민족에게는 자존심을 찾고 새로운 민족의식을 갖게 하는 계기이기도 하였다. 洪大容의 〈毉山問答〉(《湛軒書》 上)에서 그 점이 확인된다.

은 더 이상 존속될 수 없게 되었다. 그런데다 서구의 해부학 지식은 오행의 특성이 결코 인간의 장부(臟腑)의 기능과 일치하지 않음을 깨닫게 하였다. 이는 자연과 인간의 근본적인 유대마저 단절시키는 요인에 해당한다.133)

2) 자연이해의 시각

17세기 이후에도 외형상으로는 정주리학은 여전히 관학의 위치에서 존속되고 육왕심학 역시 명맥을 유지하였다. 새 시대환경에 적응하는 유학인 실학은 이들 성리학을 벗어나는 시각에서 성리학 풍토에 대한 자기반성·자기비판의 양상으로 형성되었다. 그러므로 실학이 이 시대의 사상을 대표하는 유학으로서의 의의를 지닌다. 그 실학이 시대환경에 부흥하기 위하여 제창한 구호가 '경세치용'이고, '이용후생'이며, '실사구시'이다. 이는 성리학보다 실질적이고 실제적인 학문을 추구하는 뜻에서, 새로 형성될 유학인 실학이 이러한 특징의 내용과 성격을 갖추게끔 하는 일종의 조건임을 의미한다.

경세치용, 이용후생은 황종희(黃宗羲) 등에서 보듯이 공맹 이래의 위민·민본 정신의 극대화를 바탕으로 하고서,134) 농산과 공산의 장려를 통한 민생의 증진을 목표로 한 구호이다. 실사구시는 고염무(顧炎武)에게서 보이는 실증적(實證的)인 고증(考證)(훈고, 訓詁)의 방법론적 특성이다. 이 구호들로 보아 실학은 민본·위민 정신 못지않게, 자연을 농공 등의 산업의 방향으로 이용하려는 의지가 이전의 유학보다 두드러지게 되고, 고증의 실증 정신 또한 그러한 의지를 뒷받

133) 서구의 해부학 지식은 인간을 자연과 유리시키고 인간의 인체 생리구조를 기계적으로만 파악함으로써 자연과의 유기적 관계를 배제하고 있다. 이에 반해 동양의 의학 지식은 자연과 인간의 관계를 유기적으로 바라보며 陰陽·五行을 통해 이러한 관계를 통일시키고 있다.

134) 黃宗羲, 《明夷待訪錄》; 朴齊家, 《北學議》; 朴趾源, 《熱河日記》.

침하는 것임을 알 수 있다. 청대의 '중체서용론'이나,[135] 한말의 '동도서기론'[136]의 제창은 바로 이러한 실학의 자연이용 정신을 밑거름으로 하고서 표명된 것이다.

민생 증진을 지향하면서 농공의 산업증대에 힘쓰는 의지라든가, 보다 더 실증적으로 사실에 충실하려는 사고경향을 리기론에 적용한다면 그 결과는 자명하다. 그것은 감각을 초월하는 관념적인 리(理)보다 감각이 가능하며 경험적인 기(氣)를 중요시하게 되는 것이다. 특히 실학에서와 같이 우주·자연에 대한 근원적 이해를 여전히 리기론으로 할 경우, 그렇게 될 수 있다. 물론 실학자들에 있어서도 리기에 대한 기본적인 견해는 리(理)를 떠난 기(氣)이거나, 기(氣)를 떠난 리(理)만으로 모든 자연현상을 이해할 수 없다는 사고였다. 그러나 실학에서 우주·자연의 이해에 행하여진 리기론의 주류는 실제로 주기론(主氣論)의 경향이었다. 청의 왕부지, 안원, 대진, 담사동, 강유위, 엄복 … 등이 그렇고, 조선 후기의 이수광, 박세당, 이익, 홍대용, 정약용, 최한기 등이 그러하다.[137] 주기론적 자연이해가 실학에서 우주·자연을 리기론으로 이해하는 시각의 주류였다.

'성즉리', '심즉리'라는 성리학의 이 명제들은 리(理)를 기준으로 하여 심성을 이해하면서, 나아가 자연의 이해에 있어서도 은연중 리(理)를 기준으로 하는 주리(主理)의 경향을 보인다. 리(理)를 모든 변화의 원인(所以然)이라고 할 때 그러한 경향을 보인다. 그러나 이 주리의 사상들이 현실에 부적합하다고 하면서, 이보다 더 현실 극복력이 강한 사상을 이루려할 때, 그것도 다만 리(理)와 기(氣)라는 두 개념 중에서 선택하여 이루려할 때에는, 앞에서 언급한대로 기(氣)의 측면에 비중을 더 두는 방법을 택할 것은 필연이라고 하여 과언이 아니다. 실학의 자연이해의 철학이 주기론의 경향으로 흐른 것은 이 같은 배경이

135) 李鴻章, 曾國蕃 그리고 張之洞 등 이른바 양무운동파의 주장이다.

136) 朴珪壽에서 연원한 '東道西器論'은 온건개화파들에게서 주장되었다.

137) 李瀷의 四七論은 主理의 경향이지만 자연에 대한 이론은 主氣의 경향이다.

작용하였다고 볼 수 있다.

3) 리의 주재성과 태극의 생기설 부정

리(理)보다 기(氣)에 치중하는 경향은 리(理)개념을 전혀 사용하지 않는 것이 아니라, 그것을 다만 기(氣)작용에서 찾아지는 '조리', '질서' 정도의 '법칙성'으로만 인정하는 사고경향이다. 구체적으로 말하여 이 경향에서는 주희 등 일부 주리의 성리학자들이 상정하던 리(理)개념의 '원인'(所以然)으로서의 이른바 '주재성'을 부정한다. 안원, 대진, 정약용, 최한기 등은 리(理)에 대하여 조리(條理)외에 문리(紋理), 문리(文理), 기리(肌理), 주리(腠理), 옥리(玉理), 맥리(脈理), 치리(治理), 법리(法理) 정도의 의미만 인정한다. 그러면서 기(氣)의 실체성과 그 작용(有爲)하는 특성을 매우 중요시한다.

리(理)의 주재적인 원인성은 실상 리(理)에 일종의 실재성을 부여하고서 말하는 '기(氣)에 선행·독존'하는 특성을 전제로 상정한 것이었다. 그러므로 주기론자인 안원(顔元)은 "만약 기질이 없다면 리(理)가 어디에 부착하겠느냐"[138]고 하면서 리(理)의 독존·실재성을 부정한다. 이공은 "무릇 사(事)에는 조리(條理)가 있어, '리'(理)라 하니, (리는) 사중(事中)에 있는 것이다. 지금 '리(理)가 사상(事上)에 있다'고 함은 리(理)를 따로 일물(一物)로 삼는 것인데, 리(理)란 허자(虛字)이다. 물(物)이 될 수 있겠는가?"[139]라는 것도 같은 뜻으로 하는 발언이다. 왕부지가 일찍이 "천하는 오직 기(器)일 뿐이다. 도(道)란 '기(器)의 도'이니, 기를 '도의 기'라고는 할 수 없다."[140]고 한 것도

138) 顔元, 《四存篇·在性篇》 권1. "若無氣質, 理將安附."

139) 李塨, 《論語傳注問》: "夫事有條理曰理, 卽在事中, 今曰理在事上, 是理別爲一物矣. 理, 虛字也. 可爲物乎?"

140) 王夫之, 《周易外傳》 권5, 〈繫辭上傳〉, 제 2장: "天下惟器而已矣. 道者器之道, 器者不可謂之道之器也."

기(氣)를 떠난 리(理, 道)의 독존성을 부정한 것이며, 리(理)가 기(氣, 器)에 선재(선행하여 존재)한다는 사고를 부정한 증거이기도 하다. 이는 강유위의 발언, "무릇 물(物)은 다 기(氣)에서 비롯(始)된다. 이미 기(氣)가 있은 뒤에 리(理)가 있는 것이다. 인(人)과 물(物)을 생(生)하는 것은 기(氣)이다. 주자(朱子)가 '리(理)란 기(氣)에 앞서 있다'고 한 그것은 틀린 이론이다."[141] 라는 데서 더없이 분명하여진다.

리(理)가 기(氣)에 앞서 있을 수 없다고 함은 최초의 '일원지기'(一元之氣: 陽) 이전에 우주의 근원적 리(理)인 태극이 선재할 수 없다는 것이기도 하다. 따라서 이 사고에서는 "태극이 양의를 생하였다". 즉 '태극동이생양'(太極動而生陽)이라는 우주의 태초 생성설을 부정하게 된다.[142] 여기서 대진(戴震)은 "음양의 유행 그 자체가 '자연'한 것일 뿐이다. 이른바 리(理)란 그 자연 속의 '필연'에 지나지 않는다. 따라서 필연과 자연은 두 가지(二事) 다른 것이 아니다. 그 자연에 나아가 기미(幾微)의 놓침조차 없이 다 밝히는, 이것이 필연(必然)이라"[143] 는 것이다. 이러한 주기 경향의 언설의 예는 다 열거할 수 없을 만큼 많다.

4) 객체로서 타재하는 자연

일찍이 원초유학에서부터 대두하였고 동중서에게서 본격적으로 이론화하였던 자연을 의인화(擬人化)한 이론은 성리학에도 어느 정도나마 잔존하여 왔다. 즉, '지성이면 감천한다'는 사고는 주희같은 성리학

141) 康有爲, 《萬木草堂口說》. "凡物皆始于氣, 旣有氣, 然後有理. 生人生物者氣也. 朱子以'理在氣之前', 其說非."

142) 이 이론은 이미 主氣的인 性理學者들도 비판하여 온 것이다.

143) 戴震, 《緖言》 上. "陰陽流行其自然也. … 理非他, 蓋其必然也. …必然與自然非二事也. 就其自然明之盡而無幾微之失焉, 是其必然也."

자에 이르러서도 '인심과 천심 또는 천지지심(天地之心)이 서로 감응한다'고 계승된다. 그러나 이 '천지지심'이라는 의인화된 '우주의 마음'을 실학자들은 글자 그대로 해석하지 않는다. 《사서》에 대한 정주의 해석을 크게 비판·수정함으로써,[144] 사상적으로 조선의 탈성리학적 실학을 발흥케 한 박세당(朴世堂)은 '천지지심'이란 '리'(理) 이외의 다름이 아니라고 한다. 따라서 인간과 천지지심과 감응하는 마음(心)의 교류는 불가능함을 주장하면서, 그는 주희의 '천인상감'(天人相感) 사고를 비판·배척하였다.[145]

박세당에 의하면 우주·자연과 인간이 서로 영향을 주고받을 수 있는 측면은 마음(心)의 측면이 아닌 기(氣)의 측면이다. "나의 기(氣)가 순하면 천지의 기(氣)도 순하여진다"고 하는 기(氣)의 세계에서, 인간과 자연은 서로 영향을 끼친다.[146] 이를테면 그는 기(氣) 측면에서의 '천인동질'을 전제로, 그 기(氣)를 매개로 한 인간과 자연의 상호 영향관계를 인정하였다. 사실 기(氣)의 천인동질 사고로는 실학자들 또한 성리학자들 못지않게 '물아일체'(物我一體)를 주장하였다. 강유위가 "천(天)과 인(人)은 같은 기(氣)로서, 내외(內外)의 구분이 없다. … 물(物)이 곧 나요, 내가 곧 물(物)이며, 천(天)이 곧 인(人)이요, 인(人)이 곧 천(天)이다."[147] 라고 한 것이 그러한 예이다.

기(氣)로서의 근본적인 천인동질(天人同質)을 인정한다고 해서, 실학자들의 물아일체관이 성리학자들의 그것과 반드시 같다고 할 수는 없다. 왜냐하면 실학자들에 이르면, 기(氣)를 성리학에서보다 더 구체적으로 차별화하기 때문이다. 즉, 인간의 기(氣)와 물(物)의 기(氣)

144) 그의 저서 중 《思辨錄》이 그러한 것이다.

145) 윤사순, 〈朴世堂의 實學思想에 관한 硏究〉(《韓國儒學論究》, 현암사, 1980, 269쪽).

146) 朴世堂, 《思辨錄》, 〈中庸〉: "吾之心正, 則天地之心正. 吾之氣順, 則天地之氣亦順矣."

147) 康有爲, 《中庸註》: "物我一體, 無彼此之界. 天人同氣, 無內外之分. … 物卽己而己卽物, 天卽人而人卽天."

를 분별하는 경향이 성리학에서보다 실학에서 더 두드러지기 때문이다. 조선의 이익(李瀷), 정약용(丁若鏞), 최한기(崔漢綺) 등 실학자들은 인간의 기(氣)와 물(物)의 기(氣)를 각기 소기(小氣)·대기(大氣), 혈기(血氣)·외기(外氣), 신기(神氣)·대기(大氣), 인기(人氣)·물기(物氣) 등으로 분별한다.[148] 따라서 근본의 시각이 아닌 구체적인 시각에서 이들은 '물아일체'보다 '물아분별'(物我分別)에 치중하는 경향이 강하다. 인간으로부터 자연을 분리하여 상대하려는 경향이 두드러진다.

성리학에서는 '리동'(理同), '기동'(氣異), 즉 리(理)의 측면으로는 인물(人物)·물물(物物)이 다 서로 같지만, 기(氣)의 측면으로는 인(人)과 물(物)은 물론, 물(物)과 물(物)도 서로 다르다고 하였다. 기(氣)만으로도 그 형상 등이 다를 수밖에 없는 인(人)과 물(物)의 관계인데, 하물며 질적 차이가 있는 기(氣)인 경우에야 더 말할 것이 있겠는가 하는 이론이 성립한다. 이것은 주기적인 성리학에서 주장하여 실학에로 이어온 '인성 물성의 부동론'과도 관련된다. 리(理)가 이미 기(氣)에 부착한 기 중의 질서에 불과하다면, (그리고 '성즉리'라고 한다면) 인물에 있다고 할 리(理)로서의 성은 양상이 서로 다른 기(氣)에 있으므로, 인성과 물성은 서로 다를 수밖에 없다. 인성 물성의 부동설이야말로 인(人)과 물(物)의 이분·분별설(二分·分別說)이다.

정약용은 이러한 경향에서, 인간과 만물을 분명히 구별한다. 그에 의하면 인간은 자의로 '자작'(自作), '자주장'(自主張), '자행'(自行)하며 살아가는 존재이지만, 금수 정도의 물(物)만 하더라도 '부득불연'(不得不然)의 양태로 존재한다는 것이다.[149] 인간은 자기의식과 자기의지로 판단 , 욕구, 행동하는 '자율적 주체'이지만, 금수·초목·수석

---

148) 李瀷, 《星湖集》 권5 ; 丁若鏞, 《丁茶山全書》 권5 ; 崔漢綺, 《明南樓叢書》.

149) 윤사순, 〈茶山 丁若鏞의 人間觀〉(《韓國儒學思想論》, 예문서원, 1997, 438쪽).

등의 만물은 본능과 필연의 조건에 따라 현존하는 '필연적 객체'에 불과하다는 것이다. 이와 같이 인(人)과 물(物)과의 차이의 현격함을 지적하는 그의 발언은 물론 만물이라는 자연을 인간과 구별되는 물리적 객체로 이분시(二分視)하려는 의도의 발로라 하겠다. 자연을 합일의 대상이 아니라 물리적 객체로 간주하는 사고가 바로 자연을 인간 생활에 이용할 대상으로서 도구시하는 사고로 연결됨은 물론이다. 실학에 있어 자연은 이제 농공 산업을 뒷받침할 '도구적인 이용의 대상'으로서의 가치를 지니는 것이기도 하다.

5) 자연의 물리적 이해와 윤리의식의 동요

실학에서 기(氣)에 치중하여 자연을 객체시하는 경향은 자연계를 감각되는 경험사실에 입각하여 이해하는 사조이다. 그것은 자연에 대한 '실사구시'류의 고증 내지 실증적 사고의 결과이기도 하다. 이런 맥락에서 몇몇 실학자들은 기(氣)를 인정하면서도, 다른 한편 '음양'·'오행'에 대한 종래의 이해를 바꾼다. 음양의 본래 발상 자체가 〔일광(日光)이 비치는〕 '양지'와 그 반대편인 '음지'에서 비롯되었음을 지적하여, 그것을 기(氣)의 특성일 뿐 기(氣) 자체가 아님을 주장한다.[150] 박지원, 박제가는 '오행'을 우주·자연을 형성하는 근본 요소가 아니라, 구체적인 자연물 그대로 이해하여야 함을 주장한다. 그들은 수(水), 금(金) 등을 관개·수리사업에 응용한다든지, 채광에 의한 국부의 방향으로 이용할 자연물임을 역설한다.[151] 이에 이르러 실학은 성리학의 주리론적 우주 생성론의 체계를 이미 근본적으로 무너뜨린 데 그치지 않고, 성리학의 주기론적 우주·자연론의 내용, 즉 그

---

150) 洪大容의 〈毉山問答〉(《湛軒書》 上) ; 丁若鏞의 〈中庸講義補〉(《與猶堂全書》 권1).

151) 윤사순, 〈實學思想의 哲學的 性格〉(《韓國儒學論究》, 玄岩社, 1980, 324~325쪽.)

형이상학마저 무너뜨린다. 이러한 사고가 자연에 대한 형이상학적 이해를 벗어나 물리적 이해로 접어드는 것이다.

이 점은 위에서 살핀 강유위의 사고에서도 발견된다. 기(氣)를 연결고리(天人同氣)로 하여, 그가 인물일체의 의미로 '천즉인', '인즉천'을 말할 때의 그 '천'(天)은 '자연'자체로 간주한 것이다. 이는 천제(상제)천관과 리법천관을 떠나 새로운 자연천관을 거론하고 있는 대목이다. 이러한 현상은 위와 같이 형이상학적 시각을 벗어나 구체적인 자연물을 중요시하는 사고 경향으로 볼 수 있다.

그렇다고 실학자들이 천(天)에 대한 일의적인 이해로서의 자연천관만을 가고 있었던 것은 아니다. 정약용·강유위 같은 학자는 마치 성리학자들이 리법천관(理法天觀)을 주장하면서도 여전히 천재지변(天災地變)을 통한 천견(天譴)의 천제관(天帝觀)을 견지하였듯이, 천주교의 영향하에 천제(상제)관의 회복을 보였다.[152] 천주교에서 말하는 구중천설(九重天說) 십이중천설(十二重天說) 등의 지식까지도 이들과 많은 실학자들이 가지게 되었다. 따라서 실학자들의 천관(天觀) 역시 상당히 복잡한 천관이었는데, 그럼에도 성리학의 경우보다는 이들에서 자연(天)의 이해가 더 두드러졌다.

자연을 도덕의 근거 및 자연 법칙을 도덕 원리의 준칙으로 간주하던 종래의 관념도 실학자들에 의하여 부정되기에 이른다. 원초유학 이래 "도덕은 천(天)이 명(命)한 '성'(性)을 따르는 데에서 이루어진다"는 것이었다. 그 사고를 성리학에서는 '천즉리'(天卽理), '성즉리'(性卽理)라는 명제를 통하여, 선천적으로 본구한 (리로서의) '오성'의 자연발로로 '오륜'이 구현된다는 것이었다. 그러나 정약용 등은 리(理)의 실재성을 부정하는 까닭에, 오성의 본구〔심속의 과립(顆粒)〕을 부정한다. '성즉리'의 명제 자체가 불교의 '만유일체' 사상의 영향에 불과한 것으로 간주하여 배척한다. 그에 의하면 "성은 일종의 기호"에 해당한다는

---

152) 丁若鏞은 단순히 上帝觀만 보였으나, 康有爲는 '孔子敎'의 설립까지 주장함으로써 더 적극적인 면모를 보였다.

것이다.[153] 그것은 소질·경향성 이상의 것이 아니다. 따라서 인의의 도덕은 인의의 도리를 알아 인위적으로 행하는 데서 이루어지는 것이지, 인의의 본성이 마음에 본구되어 있어서 이루어지는 것이 결코 아니라고 한다.[154] 이는 도덕이 인성의 필연적 '구현'이 아니라 인위적인 수립에 의거한다는 이론이다.

도덕수립의 인위성을 지적하여 그는 종래 도덕수립의 자연성을 부정하였던 것이다. 이것은 바로 도덕 측면에서의 자연과 인간의 연결마저 단절시켰음을 의미한다. 실학시대에도 오륜이 단순한 도덕에서 그치지 않고 실상 사회체제 전반을 대표하는 규범이었음을 감안하면, 그 자연성의 부정은 당시의 전근대·봉건적 사회체제 전반의 붕괴를 예고하는 사상적 단초에 해당한다. 실학의 발흥, 그 자연관의 파급 영향은 이토록 큰 것이었다.

6. 유학적 자연철학의 변천

이제까지의 고찰로 판단하면, 유학의 자연관은 시대에 따라 변하였다. 그 주요 변천은 유학 자체의 흐름과 짝하는 양상일 수밖에 없어서, 대체로 유학 형성의 기반, 원초유학, 성리학, 실학의 자연관을 이루고 있다. 논자는 이러한 변천의 개략적인 정리를 다음과 같이 하게 된다.

유학의 자연관 형성조건은 온대지역의 농경생활이었다. 이 조건이 특히 '생명'을 인식케 하였다. 수렵생활을 벗어나 농경에 성공하면서, 자연은 특히 작물재배를 가능케 하여주는 존재로 이해되었다. 그것은 작물재배를 가능케 함으로써 인간을 생존하게 하는 것이다. 따라서 유

153) 丁若鏞, 《與猶堂全書》 2, 〈中庸自箴〉; 같은 책 2, 〈論語古今註〉; 같은 책 2, 〈自撰墓誌銘〉.

154) 丁若鏞, 《與猶堂全書》 2, 〈論語古今註〉; 같은 책 2, 〈中庸講義〉.

학에서의 자연은 원천적으로 인간을 생존하도록 하는 세계이며, 생존을 위하여 인간이 그것에 조화롭게 의지하여야 하는 세계 외의 다름이 아니다. 이는 '생명을 유대'로 하여 불가분의 관계로 파악된 대상 세계가 곧 유학의 자연관임을 의미한다.

'천지' 또는 '천'으로 언표되는 유학의 자연은 애초에 '천원지방'(天圓地方) · '천동지정'(天動地靜)의 양상으로 이해되었다. 천동지정이 지구 중심의 천체관인데, 이 지구 중심의 천체관은 뒷날 개천설(蓋天說) · 혼천설(渾天說)이 성립된 경우에도 마찬가지로 지속된다.[155] 유학의 자연은 또 고대로부터 그 존재성을 있는 그대로 의심할 바 없이 줄곧 긍정되어 오면서, 다만 무엇으로 인하여 그 존재와 운행이 유지되는지의 설명만이 시대에 따라 달라질 따름이다. 그 첫 설명은 천제(天帝), 지지(地祇), 풍백(風伯) 등 자연신의 주재(主宰)에 말미암는다는 것이다. 이 경우에는 자연신 중 특히 천제(상제)의 위력이 가장 뛰어나, 사실상 천제 · 천(天)의 주재가 자연을 총괄한다는 이해로 굳어진다.

천제 · 천(天)은 자연뿐만 아니라 인간과 사회까지 주관한다는 것이 원초유학 이전부터의 사고이다. 인간은 근본적으로 천제 · 천(天)의 소생〔천생증민(天生蒸民)〕이기 때문이다. 인간이 천제의 주관을 받는다는 사고에서 '천명'을 받은 제왕의 통치권을 인정하는 사고가 자리하게 된다. 이러한 천인관계론은 이후 각 시대의 천관에 따라 다르게 된다.

천제 · 천(天)은 애초에 자연신의 존재로 상정되어서였기 때문인지, 그것이 자연(萬物)을 주재 또는 주관하는 존재로 믿어지면서도, 자연을 창조하였다고는 생각하지 않는다. 그러면서도 인간만은 (제왕을 비

155) 고대의 천체관에서 이미 언급하기 시작하였지만, 蓋天說은 漢代의 《周髀算經》에서 볼 수 있고, 渾天說은 後漢의 張衡이 지은 《渾天儀》에 의해 일단의 완성이 이루어졌다. 이외에도 여러 우주론(宣夜說 · 安天論 · 穹天論 · 昕天論)이 있는데, 이러한 우주론에 대해서는 《晋書》의 〈天文志〉에 종합적으로 기록되어 있는 것을 볼 수 있다.

롯하여 모두 다) 천제의 소생(子女)이고, 천지(天地)·자연의 소생이라고 생각한다. 천지(天地)·자연을 인간의 부모라고 하는 사고가 결국 인간을 '만물의 영장'으로 간주하는 근거가 된다. 그리고 인간 영장관이 이후 유학에서 인본주의와 같은 인간을 존귀하게 여기는 사고의 근거로 된다.

이상의 고찰만으로도 자연이라는 용어자체가 왜 유학에서 나오지 않고 《노자》에서 나왔는지 짐작할 수 있다. 그 까닭은 자연에 해당하는 개념을 애초부터 '천지' 또는 '천'(天)으로 사용하면서, 그것의 존재·운동·변화에 관한 이해 역시 천제·천(天)으로 하기 시작한 데 있다. 본격적인 철학으로서의 유학이 성립하기 이전부터 유학의 사고터전에는 '천(天) 개념'을 통하여 자연을 이해하였기 때문이다. 천(天) 개념에 근거하여 자연을 이해한 점에서, '유학의 자연관'은 '천관'(天觀)으로 집약된다고 하여도 과언이 아님을 알 수 있다.

공자에 의하여 본격적인 학문적 기초를 다지게 된 원초유학(原初儒學)에서 가장 큰 사고의 전환이 일어난 것도 천관의 변화이다. 공자에게서 '천'(天)은 여전히 허공·천제(상제)·자연일반의 의미였지만, 다른 한편 천(天)은 일종의 법칙을 의미하는 것으로 간주되었다. 공자는 천(天)의 '무언성'(無言性)에 입각하여 천(天)을 '자연법칙'과 죄의식과 같은 '양심 내지 도덕적 근거'로 간주하였다. 천(天)의 내재화에 해당하는 사고의 변이가 그에게서 있었다.[156]

원초유학에서 법칙적인 사고가 천도(天道)·인도(人道, 人路)의 각성으로 구체화되는 한편, 천도는 또한 인도의 준칙으로 상정되었다. 그리고 자연과 인간이 상통할 고리는 마음(心)에 들어 있는 '생명의 속성'인 '성'(性)이라고 믿어졌다. '성'(性)의 글자 자체가 '심'(心)과 '생'(生)의 합성임은 결코 우연이라 볼 수 없다. 이에 진심(盡心)·진성(盡性)이면 지천(知天)이라든가, 또는 찬천지화육(贊天地化育)이라

156) 이것은 《詩經》, 《周易》 등에 보이는 〈則〉, 〈道〉 개념에 부합하는 사고의 변이이기도 하다는 것을 이미 본론에서 밝혔다.

는 이해가 있게 되었고, 진심(盡心)·진성(盡性)의 방법으로서 성(誠)·경(敬)을 원초유학에서부터 역설하였다.157)

수양에 의한 인도(人道)의 실현은 또한 구체적으로 예(禮)의 실천이기도 하였다. 그런데다 춘추전국(春秋戰國)시대는 사회가 극심한 혼란에 빠진 상황이었으므로, 당시 공자·맹자·순자 등은 예로 상징되는 인도의 확립에 급급하였다. 그러므로 당시 사상가들은 인도 확립에서 인간의 영장성을 확인하고, 인간됨의 가치를 찾고자 하였다. 그러한 원초유학자들은 인도의 수립을 어디까지나 '자연과의 상호관련'과 '천도(天道)에의 일치'를 고려하면서 모색하였던 까닭에, 인간의 도란 곧 인의예지와 같은 인간의 선천적으로 본구한 본성(천명지위성, 天命之謂性)의 자연 발로에서(솔성지위도, 率性之謂道) 형성되는 것이라고 하였다. 다시 말하여 당위의 도덕형성에 자연성을 부여하여, 도덕의 근거가 자연에 있다고 생각하였다.

성리학의 자연관 역시 그 특징은 천관(天觀)을 바탕으로 자연을 이해한 것이다. 물론 성리학에도 복잡한 종래의 천관을 계승하는 측면이 없지 않아서, 동중서의 의인화된 자연관마저 어느 정도 계승한다. 그러나 성리학적 자연관의 특징은 '천즉리'로 대표되는 리법천관(理法天觀)에 기초한 자연이해이다.

'천즉리'라는 명제는 마치 '리(理) 이외에는 아무 것도 없다'는 식으로 '모든 것이 리(理)로 풀이될 수 있음'을 공언한 것이다. 리(理)의 의미가 모든 '원리·법칙'임만 상기하더라도, 이는 성리학이 자연에 대한 '합리적 이해'를 도모한 의지의 표명이다. 더욱이 리(理)를 '원인'(所以然)이라고까지 한 해석은 '천제의 주재성'까지 리(理)로 대치·환원하는 인과적 사고이다. 이점을 감안하면 천즉리의 사고가 얼마나 인격신 신앙의 종교성을 탈피하는 철학적 사고방식인지 알 수 있다. 시대환경, 특히 노불의 영향도 있었지만, 성리학에서 자연의 구성요

---

157) 《孟子》, 〈盡心〉; 《中庸》 22장 등.

소〔음양·오행의 기(氣)〕와 그 특성이라든가, 우주·자연의 시초〔태극생양설(太極生陽說)·개벽설(開闢說)〕 및 인간과 자연의 관계를 자세히 언급한 것은 그 이전 유학의 단편적이고 기본적인 사고들을 특히 리기론에 의한 본체론적 차원의 철학을 수행하던 결과다.

성리학의 자연관에서 그 이전 유학을 계승·담지하고 있던 기본 사고구조는 별다른 것이 아니다. 그것은 우선 우주·자연을 성리학에서 일종의 생명체(유기체)로 간주하여 천도인 '원형리정'(元亨利貞)을 춘하추동에서 있게 되는 '생장수성'〔生長收成(藏)〕의 특성으로 파악한 것이 그 하나이다. 이는 고대 이래의 생명의 관점에서 이해하던 자연관의 보충론이다. 성리학에서 그 원형리정의 생장수성을 나아가 '인의예지'와 짝하는 것, 특히 인성을 대표하는 '인'(仁)을 '생의'(生意), '생물지성'(生物之性)으로 설명한 것 또한 그러한 것이다. 우주·자연의 특성이 '생'인 이상, 우주·자연의 일부·개체인 인간의 본성 인의예지 역시 생명의 특성이 아닐 수 없다는 판단에서 인(仁)에 대한 생의 등의 규정이 나왔기 때문이다.

성리학에서 인간 형상을 '두원족방'(頭圓足方)이라고 강조한 것은 생명을 매개로 한 '물아일체', '천인합일'의 구도를 강조하기 위한 이론이다. 그러나 인간의 경우(두원족방 외에) 생활하는 양상(立生)과 오성의 구비(旁道), 타고난 기질의 빼어난 점(最秀)에 대한 강조는 물아일체의 성격으로 해서 매몰되기 쉬운 인간의 영장적 권위를 유지·옹호키 위한 수단이다. 인간의 영장성은 성리학에서도 여전히 오성의 자연 발현인 '오륜의 실천'이라는 도덕적 관심에서 역설되었고, 그 도덕적 관심은 '도덕의 자연화'를 넘어 '자연의 도덕화'의 성격을 (특히 심학에서) 띨 정도로 두드러진 것이었다.

도덕적 관심에 속하는 예를 절대시 경향으로 해서 인간성마저 지나치게 구속하던 성리학의 경향은 17세기부터 그 예의 명분·형식주의 측면이 리기론과 함께 비생산성·비실제성의 폐단으로 감지되기 시작하였다. 도덕적인 명분·형식을 합리화하는 성리학의 리기론을 '공리

(空理)·공론시(空論視)하면서, 오히려 민생을 위한 토지제의 개선·농법의 개량·공구의 개선과 물품의 유통 및 병력의 증강들을 초래할 '박학'(實學)의 경향이 대두하였다. 이 경향이 탈성리학적인 실학의 흥기이다.

그러나 한중(韓中)에서의 탈성리학적 실학은 적어도 자연관의 맥락에서 보는 한, 주체적인 역사의 자기원인 못지않게 '서세동점'의 영향을 크게 받으면서 형성되었다. 천주교(서학)와 서구 근대과학을 수반한 제국주의의 무력은 동아 유학계의 사상풍토를 근본적으로 동요케 하였다. 특히 근대과학을 바탕으로 한 무력은 자연에 기초한 유학의 도덕의식을 무력화하고, 인간과 자연을 연결하는 생명 의식을 망각하게 하였다. 자연을 이제는 기구·기계로 이용할 무생명적 물체로만 인식하게 되었다.

서구의 월등한 무력 못지않게, 유학자들이 엄연한 진실로 긍정하지 않을 수 없었던 것은 수리(數理)와 현상(現象)이 차질없이 맞아떨어지는 서구의 천문, 역산(曆算)이었다. 역산이 보다 더 유학자들에게 충격적이었던 것은 그 근대 천문학이 전하는 '지동설', '지구설'이었다. 이 이론들은 엄연한 진실로 받아들여 그동안 유학적 자연관의 기본틀이었던 '천동지정', '천원지방'의 신념을 전혀 빗나간 오류로 만들었다. 이전의 전통적인 지체중심·중국중심·동양인 우위의식이 모두 무너지는 이른바 '코페르니쿠스적 전회'가 유학풍토에서도 일어났다. 조선후기와 청대 실학은 이 같은 전통적 사고의 붕괴라는 정신적 혼란·의식 전환기에서 이루어진 유학이다. 요컨대 전통적인 자연관이 근본적으로 붕괴되고, 그 옛 자연관에 기초한 오륜적 도덕질서가 근거마저 붕괴·상실케 된 와중에서 이룬 유학이 곧 실학이다.

이러한 여건을 고려하면 실학이 탈성리학의 이론들을 제창한 것은 사실상 필연적이고 당연한 것이었다. 태극·이의 독존적 선재 부정에 의한 우주(氣) 생성의 부정 등 리(理)학설의 파괴와 오행의 실물시(實物視)라든가 음양의 음영·광명시에 의한 기(氣)학설의 파괴 및 본성의 선천적 본구에 의한 도덕설의 부정은 새로운 유학의 형성을 위하여 겪어야할 전근대적인 사고 제거의 일환이었다. 그것은 새로 형성할 유학을 위한 구각탈피의 과도기적 고뇌다.

7. 전망적 여론

유학에서 자연관의 변천은 시대에 따라 약간의 예외는 있었으나, 대체로 학문적 성격을 갖추기 이전부터 배태된 유학의 배경인 자연이해를 거의 일관되게 계승하면서 보충·합리화하는 식으로 진행되었다. 특히 17세기 서구 근대과학을 바탕으로 한 세력의 영향을 받기 이전까지의 자연관이 그러한 양상의 변천이었다. 그러한 유학의 자연관은 물론 그 나름의 개념들로 형성되어 왔다. 천(天)·천지(天地)·물(物, 萬物)·기(氣)·리(理)·생(生)·사(死, 消滅)·〔인(人)〕·성(性)·〔심(心)〕·귀신(鬼神) 등이 모두 유학의 자연관을 형성하던 개념이다. 이 중에 천(天)과 기(氣)와 리(理)가 유학의 자연철학을 이루어 온 대표적 개념이다.

이러한 개념들도 자연관의 변천에 따라 조금씩 변하였지, 항상 고정된 한 가지 의미로 사용된 것이 아니다. 특히 '천'개념이 시대에 따라 가장 많은 변이를 보인 것이다. 창공·상제·자연·리—즉 자연법칙·당위의 법칙·근원적 원인—등의 천(天)의 의미가 그것을 입증한다. 이 점은 천(天)개념이 지닌 의미의 변이에 따라 유학의 자연관의 주요변이가 이루어졌다고 하여도 과언이 아닐 정도이다.

자연관에 이용된 개념의 의미의 다양함은 유학에서 자연을 이해한 철학사상의 풍요로움을 입증하는 증거 외의 다름이 아니다. 그러나 그럼에도 불구하고 17세기 이후 서구과학을 핵으로 한 서세의 영향을 받게 된 이후에는 성리학의 붕괴·실학의 방황으로 상징되는 유학의 침체를 겪고 있음이 사실이다. 왜 이렇게 되었을까? 그 원인이 무엇일까?

그 원인은 무엇보다도 유학적 자연관의 기본적인 틀을 이루던 천체관, 이른바 천지관의 구조가 서구 근대 과학에 의하여 그릇된 것으로서 붕괴되었기 때문이다. 원초유학에서부터 성리학에 이르기까지 자연관의 기본틀이었던 천체(天地)관의 붕괴는 앞서 지적한대로 자연 자체와 그 법칙에 대한 과거(17C 이전)의 이해까지 오류로 간주토록 하였을 뿐만 아니라, 삼강·오륜·예로 대표되는 유학의 도덕관과 국가사회체제를 뒷받침하던 '규범의식'까지 불신토록 하였다. 유학에서의 자연관은 곧 일체의 유학적 규범의식의 근거였던 만큼, 그 자연관의 붕괴는 곧 유학적 사회질서까지 붕괴시키는 결과를 초래하였다. 거기에 서구 제국주의의 무력(武力)이 도덕적 규범의식을 무력화(無力化)함으로써, 유학권의 총제적 붕괴·해체를 촉진하였다.

극도로 합리적인 이해를 시도하던 성리학이 17세기 이후의 실학시기에 이렇게 붕괴될 수밖에 없었던 데는 또 성리학이 추구하던 합리성이 과학의 그것과 성격상 서로 다른 원인도 있었다. 그것은 바로 과학에서는 경험·사실과 부합하는 합리성을 추구하는데 비하여 성리학에서는 주로 형이상학적·명분·논리적 합리성을 추구하기 때문이다. 성리학의 별칭인 성명의리지학(性命義理之學)이라는 이름에서 보이는 성명은 주로 인성(人性)과 운명(運命)을 뜻하고, 의리(義理)는 일종의 사회정의를 뜻하는 것으로도 이 점이 분명하여진다. 자연관에서 자연과학을 외면하고서는 마침내 실패로 끝나기 마련임을 여기서 확인하게 된다.

하지만 논자는 유학의 자연관이 서세동점으로 이미 그 종언을 고하였다고 생각하지 않는다. 원래 17세기 이전의 유학 역시 각각 그 시대의 과학을 기초로 형성하였던 것이다. 동아에서도 과학을 외면하고서 그 자연관을 형성한 때는 일찍이 없었다. 다만 17~19세기경의 천체학, 병기제작 등 지극히 좁은 범위의 과학·기술에서 유학계가 서구에 뒤졌을 따름이다. 앞으로의 유학은 동서 구분 없는 '세계과학'을 호흡하면서 그것을 바탕으로 철학을 형성할 것이다. 더욱이 예나 지금이나 과학은 사실의 탐구에 그칠 뿐 가치문제를 도외시한다. 그러나 인간, 인류의 생활은 앞으로도 여전히 철학적 가치의식 없이는 불가능하다고 생각한다. 현대 첨단 과학과 그 부산물의 몰가치적 응용이 야기하는 인류공멸의 가능성을 직시할 때 그 점은 더욱 분명하다. 이러한 점에서 앞으로의 자연관은 과학지식의 자료와 함께 가치지향의 철학으로서의 새로운 실학적 시각에서 이루어져야 할 처지에 있다. 이미 살폈듯이, 유학은 그 자연관까지도 가치 지향 의식에서 형성하였듯이, 철저한 도덕철학의 성격을 지닌 사상이다. 그 도덕철학의 전통이 오래고 풍부한 그만큼 유학에는 앞으로의 인류생활을 위한 유용한 지혜가 많이 있기 때문에, 논자는 유학의 미래 부흥을 오히려 낙관한다.

이러한 관점에 설 때 기(氣)개념 같은 것이 끝내 부정될 수 없는 좋은 예에 든다고 할 수 있다. 기(氣)개념에 있어서 이미 실학자에 의하여 음양과 오행의 관념이 비판받았고, 그 특징이 근대서구적인 물체성이나 정신성 중 어느 것에 해당한다고 할 수 없을 만큼 애매모호하며, 심지어 입자나 파동성만으로는 그 존재양상을 규정할 수 없는 규정불가성으로 해서 기(氣)개념은 비판받을 여지가 있다. 그러나 그러한 규정불가성이나 음양·오행에 대한 비판으로 해서 기(氣)개념 본래의 특성으로 상정된 '자연의 존재와 운동과 생명'을 가능케 하는 것이라는 가설적 규정마저 불가능할 수는 없다. 인간을 포함한 자연 전반과 그것의 생성·운동을 초래하는 가장 원천적인 존재라는 의미의 무엇이 기(氣)라고 상정할 수 있는 가능성은 현대 과학의 견지에서도 충분히 용납될 것이다. 음양·오행은 그러한 가능성을 확인한 다음에 새롭게 수정·보완되어야할 관념이다. 음양만 하더라도 자연계에 명암·동정·강유·남녀 등 상반·대조적인 성향의 현상이 존재하는 한, 그에 적합한 이해방식은 여전히 필요할 것 같다.

자연과 연결된 '생명'의 개념 역시 폐기되어야할 개념이 아니라고 논자는 생각한다. 인간과 자연의 연결 고리로서 '기'(氣) 못지않게 중요한 개념이 '생명'이라고 논자는 판단한다. 자연철학의 문제를 무생명

사멸 상태에서 야기될 문제로 국한한다면, 그것은 유학의 인간애 · 인본의 사고에 있어서는 사실상 무의미한 문제에 지나지 않는다. 초월의 이름아래 자연을 떠나는 이른바 타계리상시(他界理想視) 마저 유학의 사고로는 현세에서의 도피이고 현세에 대한 무책임으로 밖에 보지 않는다. 그것은 결국 자신의 생명을 포기함과 다르지 않다. 유학의 생명관은 단순히 농본사회에서 얻어진 지적 수확에 그칠 성질이 아니다. 유학의 생명관은 우주 · 자연과 더불어 인간 · 인류의 생존과 생활의 영속 · 번영을 기하려는 지혜이다. 생명은 현세에서의 인간과 자연과의 '합일적 전체주의'에 기초한 생태학적 지혜에 속하는 개념이다. 그러한 까닭에 이제는 한낱 생명의 형성요소가 지니는 무기물과의 무차별성에만 유의할 것이 아니라, 그 시공의 구조적 특성과 가능태, 예를 들면 염색체가 지니는 유전자의 잠재력 등에 더 유의해야 하지 않을까 한다. 이러한 시각에서라면 유학의 생명관 특히 성리학적 리(理) 철학의 태극관마저[158] 새로운 논법으로 재해석될 여지가 있다.

같은 맥락에서 우리는 정약용같은 학자가 '성'(性) 을 다만 '기호'(嗜好) 에 불과하다는 견해에서, "성즉리"를 부정하였던 것을 다시 수정할 수 있을 것 같다. 비록 성을 기호라고만 규정해야 하는가도 문제이지만, 설령 기호라고 규정하더라도 우리는 성리학의 대표적 명제인 "성즉리"가 반드시 성립되지 않는다고 할 수 없을 것 같다. 왜냐하면 '기호'란 일정한 '경향'을 의미하는 만큼, 그것은 일정한 '가능성'으로서의 '확률적 원리'로 번역 · 대응시킬 수 있기 때문이다. 물론 기호에는 자유의지가 개재되는 반면, 확률은 수리의 필연성이 뒷받침하는 까닭에 이 두 가지를 동일시할 수 없다는 반론이 야기될 수 있다. 그러나 기호에서의 자유의지는 환경이라는 여건의 제약을 받는 한편, 확률의 세계 또한 일정한 오차를 수반하는 것이지 결코 기계적인 성향의 필연의 세계가 아님을 고려해야 한다. 이러한 성향을 고려한다면, 기호의 성

158) 이는 주로 "總體一太極, 物物各有一太極"이라는 "理一分殊"의 사고를 지칭한다.

을 확률적인 가능성으로 번역 · 대응시키는 "성즉리"의 사고가 성립할 수 있을 것이다.

불확정성을 전제로 하여 자연을 대하여야 하는 현대 과학시대라고 하여 잠재적인 소질로서의 가능성의 세계(능력)가 지니는 일정한 원리 내지 법칙성을 외면한 채 무원칙의 몰이성적 사고에 빠져 있을 수는 없다. 현대에도 인간의 성에 대한 존재론적 파악에 해당하는 명제의 사고를 성립시킬 때, 자연의 원리인 천도는 여전히 인간의 규범인 인도와 불가분의 관련을 갖는 것으로 간주될 수 있겠고, 그런 점에서 '도'로서의 '이' 역시 '성'과 함께 앞으로도 계속 유의미한 개념으로 탐구되어질 수 있을 것이다.

유학의 자연철학에서 가장 기본적인 핵심 문제는 어떻게 해야, 한편으로는 인간과 자연의 동일시에 의한 양자의 일치 · 조화를 기하면서, 다른 한편으로는 양자의 이질시에 의한 자연에서의 인간의 차별 · 우월을 기할 수 있느냐는 것이다. 물론 이 문제의 두 가지 측면은 서로 모순관계이므로, 그 해결이 지극히 어려울 수밖에 없다. 그러나 자연철학 문제의 핵심인 바에야 우리는 결코 이 문제를 그 어려움으로 해서 외면할 수는 없다. 그것은 과학과 철학이 서로 성격을 달리하면서도, 함께 협조해야 함과 별로 다르지 않다. 아무튼 과학의 자연관만으로는 과학이 야기하는 '인간의 물화' 경향을 방지할 수 없다는 것만으로 해서도, 앞으로의 자연 파악과 그에의 대응에는 철학적 인식과 대응이 필요하다. 첨단과학이 이루어 가는 과학 만능 추세의 현대문명으로 보아 '인간의 물화'는 결코 가상에서 그치지 않을 가능성이 높다. 물과 인간의 무차별 현상은 윤리의식의 부재 속에서 날로 그 실현가능성이 점증하고 있다. 그러므로 이러한 추세에서 자연과 조화를 이루면서도 인간의 우월성을 어떻게 확보할 것인지가 앞으로 우리가 풀어야할 가장 긴요하고도 심각한 '자연철학적 문제'이다. 이는 마치 16세기 정지운, 이황 등이 자연과 인간의 불가분의 관계를 고려하면서 인간의 권위를 확보하기 위하여 《천명도》를 그리고 그 《해설》을 짓던[159] 작업을 앞으로 우리가 다시 해야 함과 같다.

여기서 논자는 과거에 기(氣)를 통한 인간과 자연의 동질성을 "인즉물"이라고 인정한 끝에, 거기서 오는 인간의 물화를 방지하기 위하여 천제(상제)와 인간의 연결을 별도로 강구한 강유위와 정약용의 종교적 태도를 떠올리게 된다. 그러나 보다 더 철학적 태도를 고수하려 한 점에서는 주기·주리를 막론하고 성리학자들이 자연에 대하여 성선적 특성을 적용한 사례들을 논자는 더 주목한다. 이를테면 기(氣)철학자인 장재는 자연의 본체적인 기(氣)의 입장에서는 '민오동포(民吾同胞), 물오요야'(物吾與也)를 인정하면서도 또 인간에게만은 기질의 성(性)과 다른 선한 본성인 '천지지성'(天地之性)이 있음을 주장한 것이 그 한 예이다. 또 자연의 리(理)법을 최초로 논의하기 시작한 《주역》에서, 자연의 생성과정 자체를 선이라고(계지자선, 繼之者善) 파악한 발상도 같은 예로 주목된다. 다시 말해 자연 자체를 가치중립으로만 파악하지 않고, 일종의 제일성에 해당할 총체적인 리법(理法)이 있음을 믿는다면, 그 리법을 기초로 선의 경향을 상정하고 선택하는 태도가 보다 더 바람직하지 않을까 한다. 이러한 입론이 가능하다면 주돈이 등이 자연의 궁극의 근원적 원리인 '태극'에 대하여, "일음일양(一陰一陽)의 도일 뿐만 아니라 극호지선(極好至善)의 표덕(表德)"이라고 한 것도[160] 서로 같은 자연이법의 신뢰에 대한 형이상학적 반영으로 새겨볼 만하다.

유학자들의 이러한 사고는 결코 위의 예에서만 그치지 않는다. 주희나 이황 등은 '자연'의 개념을 원용할 때, 그 명사로서의 '대상적 객체의 총화'라는 의미보다, 형용사·부사로서의 '인위의 반대'라는 의미를

159) 16세기에 秋巒 鄭之雲은 《天命圖》와 《天命圖解》를 지었고, 退溪 李滉은 《天命圖》(新圖)와 《天命圖說》을 지었다. 그 외에 당시의 河西 金麟厚와 高峯 奇大升도 각각 그들의 《天命圖》를 지었다. 윤사순, 〈한국성리학과 천명사상〉(《조선시대 성리학의 연구》, 고대민족문화연구소, 1998) 참조.

160) 주115)와 주116) 참조.

더 중요시하였는데, 그것도 이러한 종류의 사고경향이다. 인위의 반대의미를 중요시한 그들의 사고야말로 자연에 대한 이해를 인간생활을 위하는 실용의 시각에서 이룬 실학적인 사고이다. 그것은 바로 인위의 조작을 지양한 태도(자연적 태도)가 가져다 줄 유용성을 찾는 사고경향이다. 아무튼 그들은 '자연'을 '필연', '능연'(能然) 및 '당연'과 동일한 '리(理)의 의미'로 일치시하려 하였다.[161] 논자의 견해로는 그들의 이런 태도는 곧 당연으로 파악되어 행한 능연의 행위(인위)가 자연 질서인 필연과 일치할 때, 그 인위의 행위가 자연한 것으로 인정받을 수 있음을 믿는 사고에 근거하지 않았나 생각한다.

'자연'이라는 단어의 문자적 의미는 '스스로 그러함'과 '저절로 그러함'이라는 두 의미를 함유한다. 전자가 당위를 자율로 행하는 의미인데 비하여, 후자는 필연적 자기원인의 의미에 해당한다. 이러한 두 가지 의미가 하나로 쓰이고 있는 사례는 바로 상반되는 두 세계의 일치가 결코 불가능하기만 한 것이 아님을 시사하는 증거가 아닐까 한다. 논자로서는 '자연'이라는 글자의 두 의미인 '스스로 그러함'과 '저절로 그러함'이 일치할 때가 곧 자연의 개념을 통하여 그리는 바람직한 태도의 실현이라고 생각된다. 따라서 유학의 자연철학이 앞으로 지향해야 할 지표 역시 이러한 방향에서 찾아져야 할 것이 아닌가 한다.

161) 윤사순, 〈退溪(李滉)의 자연觀 — 그 生態學的 含意〉(《조선시대 성리학의 연구》, 고대민족문화연구소, 1998)에서 이미 이 점을 상술하였다.

찾아보기

ㅁ

ㅂ

ㅅ

ㅇ

나남커뮤니케이션스 ⑥

나남신서 　 나남출판사의 책은 쉽게 팔리지 않고 오래 팔립니다 　 2006. 4

943 **위대한 피아니스트**
쇤베르크/윤미재(이화여대) 역
944 **한국인 이해의 개념틀**
조긍호(서강대) 저
946 **민족과 국가**
로버트 거/이신화(고려대) 역
954 **일본 - 성장과 위기의 정치경제학**
손 열(중앙대) 저
957 **광고매체기획론**
박현수(단국대) 저
958 **정보체계론**
권기헌(경희대) 저
959 **미디어와 정보사회**
오택섭(고려대)·강현두(前서울대)·최정호(울산대) 공저
963 **영상콘텐츠산업론**
공용배(단국대) 저
968 **콘텍스트 브랜딩**
아쿠츠 사토시·이시다 시게루/휘닉스커뮤니케이션즈 마케팅플래닝본부 역
970 **사회과학데이터 분석법 I**
최현철·오택섭(고려대) 공저
971 **사회과학데이터 분석법 II**
최현철·오택섭(고려대) 공저
972 **노사관계와 국가경쟁력**
이원덕(한국노동연구원) 외
973 **기호학 마케팅 커뮤니케이션**
장마리 플로슈/김성도(고려대) 역
975 **경제사**
김준호(대전대) 저
976 **영상이미지의 구조**
주창윤(서울여대) 저
978 **언론과 명예훼손 소사전**
이재진(한양대) 저
981 **지역사회복지론**
표갑수(청주대) 저
982 **미디어 인터뷰**
박성희(이화여대) 저
984 **세계화와 문화**
존 톰린슨/김승현(고려대)·정영희(고려대 강사) 공역
986 **한국저널리즘 관행연구**
이재경(이화여대) 저
987 **정책평가기법 - 편익분석론**
김홍배(한양대) 저
988 **리영희: 살아있는 신화**
김만수(대전대 강사) 저
989 **방송·통신융합 이해**
김국진(정보통신정책연구원) 저
990 **장애인복지실천론**
김미옥(이화여대) 저
995 **카피라이팅론**
김동규(동명정보대) 저
996 **반민특위 연구**
이강수(정부기록보존소) 저
997 **저널리즘: 위기·변화·지속**
이민웅(한양대) 저
999 **광고 What & How**
이화자(호남대) 저
1004 **폭력과 싸우고 근본주의와도 싸우기**
김진석(인하대) 저
1006 **사회구조와 행위**
김용학(연세대) 저
1007 **사회복지 질적 연구방법의 이론과 활용**
에드먼드 셔먼·윌리엄 리드 편/유태균(숭실대)·이선혜(중앙대)·서진환(성공회대) 공역
1008 **한말애국계몽운동의 사회사**
신용하(前 서울대) 저
1009 **한국의 문화유산**
최정호(前 연세대) 저
1010 **증보 신채호의 사회사상연구**
신용하(前 서울대) 저
1014 **커뮤니케이션 이론**
세버린·탠카드/박천일(숙명여대)·강형철(숙명여대)·안민호(숙명여대) 공역
1015 **학교와 사회복지실천**
한인영(이화여대)·홍순혜(서울여대)·김혜란(서울대) 공저
1019 **사회복지연구조사방법론**
김환준(계명대) 저
1022 **민주주의는 실패한 신인가**
한스헤르만 호페/박효종(서울대) 역
1023 **일상문화읽기: 자기성찰의 사회학**
일상문화연구회
1025 **환경이 아프면 몸도 아프다**
시민환경연구소 환경보건위원회 편
1026 **브레이크아웃**
마틴 러스/임상균(ING은행) 역
1027 **수화의 이해와 실제**
이준우(나사렛대)·남기현(나사렛대) 공저
1030 **비언어적 커뮤니케이션론**
김우룡(외대)·장소원(서울대) 공저.
1031 **대통령의 무혈혁명**
조용중(성곡언론문화재단 이사) 저
1035 **한국권력구조의 이해**
진영재(연세대) 편저
1036 **영원한 재야 대인 홍남순**
홍남순평전 간행위원회 편
1038 **한국사회 이해의 새로운 패러다임**
송호근(서울대) 편
1042 **강대국 국제정치의 비극**
존 미어셰이머/이춘근(자유기업원 부원장) 역
1043 **사회복지실천이론의 이해와 적용**
연세사회복지실천연구회 역
1045 **표류하는 한국경제, 활로는 없는가**
윤건영(연세대) 외 공저
1048 **남북경제통합론**
박상봉(미래한국신문) 저
1049 **질병의 사회심리학**
알랜 래들리/조병희(서울대)·전신현(한국디지털대) 공역
1051 **영상경제학**
브루스 M. 오웬·스티븐 S. 와일드맨/최양수(연세대) 역
1052 **현대 중국의 대외경제정책**
오용석(경성대) 저
1054 **세상은 꿈꾸는 사람들의 것이다: 참여연대 실천경영론**
박원순(아름다운 재단) 저

나남커뮤니케이션스 ⑦

나남신서 나남출판사의 책은 쉽게 팔리지 않고 오래 팔립니다 2006. 4

1055 사회과학 데이터 분석법 ③: 인자분석·Q방법론·MDS·생존분석·LISREL
오택섭·최현철(고려대) 공저

1056 시각영상 커뮤니케이션
신항식(홍익대 겸임교수) 저

1058 범죄학 이론
로널드 L. 에이커스·크리스틴 S. 셀러스/민수홍(경기대) 외 공역

1059 공영방송론: 한국의 사회변동과 공영방송
강형철(숙명여대) 저

1060 한국의 내일을 묻는다
정범모(한림대 석좌교수) 저

1063 뛰는 스포츠, 나는 마케팅
에비즈카 오사무/휘닉스커뮤니케이션즈마케팅 플래닝본부 역

1064 9·11의 충격과 미국의 거대전략
존 L. 개디스/강규형(명지대) 역

1065 에로스와 문명
허버트 마르쿠제/김인환(고려대) 역

1066 대한민국 어디로 가야 하나
김진현(세계평화포럼이사장) 외 공편

1068 변화하는 세계 바로보기
하영선(서울대) 외 공저

1069 21세기 동북아 국제관계와 한국
이승철(한양대) 외 공저

1071 한국 원민족 형성과 역사적 전통
신용하(한양대 석좌교수) 저

1073 김일성시대의 중소와 남북한
오진용(포스코경영연구소 연구자문위원) 저

1074 한국전쟁과 미국 외교정책
윌리엄 스툭/서은경(AFX NEWS) 역

1075 한국 경제의 인프라와 산업별 경쟁력
이근(서울대) 외 공저

1076 열린 통상대국
안세영(서강대) 외 공저

1077 인적 자원의 확충과 보호
안종범(서울대) 외 공저

1078 한국사회의 세대문제
박재홍(경상대) 저

1079 사람이 나라의 미래
중앙인사위원회 편

1080 가족복지론
김연옥(서울시립대) 외 공저

1081 시각영상기호학
신항식(홍익대 겸임교수) 저

1082 천도반대운동의 사회학
김형국·최상철(서울대) 공편

1083 디지털시대의 방송미디어
김규(서강대 명예교수)·전환성(청주대)·김영용(서강대) 공저

1084 도시와 인간
여홍구(한양대) 외 공저

1085 김대중 정권의 흥망
〈비화 국민의 정부〉 동아일보 특별취재팀 저

1086 정책·행정 서비스의 업그레이드
송하중(경희대) 외 공저

1088 사회복지조사방법론
최성재(서울대) 저

1090 프로젝트 청계천: 갈등관리 전략
황기연·변미리(서울시정개발연구원)·나태준(연세대) 공저

1091 한국영화 정책사
김동호(동서대 객원교수) 외 공저

1094 시각영상 세미나 ③, ④
신항식(홍익대 겸임교수) 저

1097 떠날 것인가 남을 것인가
앨버트 O. 허쉬만/강명구(아주대) 역

1099 영화마케팅 PR론
이수범(인천대) 저

1101 재벌의 사업구조와 경제력 집중
송원근(진주산업대)·이상호(참여사회연구소) 공저

1102 재벌의 재무구조와 자금조달
이윤호(순천대) 저

1103 재벌의 소유구조
김진방(인하대) 저

1104 재벌의 경영지배구조와 인맥 혼맥
김동운(동의대) 외 공저

1105 재벌의 노사관계와 사회적 쟁점
강신준(동아대) 외 공저

1106 동아시아 안보공동체
한용섭(국방대) 외 공저

1107 법·정치와 현실
안경환(서울대) 외 공저

1109 사회복지자료분석론
최성재(서울대) 저

1110 설득 커뮤니케이션
김영석(연세대) 저

1111 지역사회복지론
감정기(경남대) 외 공저

1113 새로운 한국경제발전사
이대근(성균관대) 외 공저

1114 현대중국의 이해
김익수(고려대) 외 공저

1116 새로운 제국-중국
로스 테릴/이춘근(자유기업원 부원장) 역

1118 한국현대사: 진실과 해석
전상인(서울대) 외 공저

1123 학문의 조건
정범모(한림대 석좌교수) 저

1124 한국 보수세력 연구
남시욱(세종대 석좌교수) 저

1125 미국의 대전략: 외교정책과 군사전략
로버트 J. 아트/김동신(前 국방부장관)·이석중(국방대) 공역

1126 위기의 교육과 교육시장
앤드류 코울슨/서은경(AFX NEWS) 역

1128 지역사회복지실천론
강철희(연세대), 정무성(숭실대) 공저

1129 사회복지정책론
이태복(사) 인간의 대지 이사장), 심복자(사) 인간의 대지 상임이사) 공저

1130 공정거래정책혁신론
신광식(연세대 겸임교수) 저

1131 의사소통행위이론 1, 2권
위르겐 하버마스/장춘익(한림대) 역

1135 일본의 국가전략과 안보전략
배정호(통일연구원 선임연구위원) 저

1138 땅은 사유재산이다
김정호(자유기업원 원장) 저